品读
——叩响书院之门
阅读教育的实证研究

谭鑫之 ◎ 著

河海大学出版社
·南京·

图书在版编目(CIP)数据

品读：叩响书院之门：阅读教育的实证研究 / 谭鑫之著. -- 南京：河海大学出版社，2023.12
ISBN 978-7-5630-8551-4

Ⅰ.①品… Ⅱ.①谭… Ⅲ.①阅读课－教学研究－小学 Ⅳ.①G623.232

中国国家版本馆 CIP 数据核字(2023)第 237032 号

书　　名	品读:叩响书院之门——阅读教育的实证研究 PINDU：KOUXIANG SHUYUAN ZHIMEN——YUEDU JIAOYU DE SHIZHENG YANJIU
书　　号	ISBN 978-7-5630-8551-4
责任编辑	齐　岩
文字编辑	陈晓灵
特约校对	季苏懿
封面设计	张世立
出版发行	河海大学出版社
地　　址	南京市西康路 1 号(邮编:210098)
电　　话	(025)83737852(总编室) (025)83722833(营销部)
经　　销	江苏省新华发行集团有限公司
排　　版	南京布克文化发展有限公司
印　　刷	广东虎彩云印刷有限公司
开　　本	718 毫米×1000 毫米　1/16
印　　张	14.75
字　　数	300 千字
版　　次	2023 年 12 月第 1 版
印　　次	2023 年 12 月第 1 次印刷
定　　价	79.00 元

青春書院

穆家善（著名画家、艺术教育家）题写

連雲港市青口中心小學

李啸（著名书法家、江苏省书法院院长）题写

书香盛景　以御年华

(自序)

在人杰地灵的黄海之滨，在风光旖旎的青口河畔，孕育着一颗璀璨的明珠——连云港市青口中心小学。历史的厚重和现实的成就，无不彰显出青口小学的时代风范。

抚今追昔，岁月如歌。青口小学是一所百年老校，其前身是赣榆"选青书院"，始建于道光二十六年。著名实业家、教育家、清末状元张謇赴京应试之前，曾在此担任三年山长，他主张"国家思想、实业知识、武备精神"三者为教育之大纲，强调知行并进，注重躬行实践，他"诚以待人，恒以学问"的教育名言已立为校训。学校将张謇塑像立于教学楼前广场中央，是传承张謇精神、启航新征程的文化寻根和基因赓续，为全体师生树立了立身的楷模、精神的支柱、求学求知的典范。

学校倾力打造"尚实"校园文化，让每面墙壁说话，让每个角落育人，让每棵花草传情，处处散发着书香的味道，充分发挥"润心"功能。园林绿化与校舍建筑交相映衬，桃李芳菲，亭廊掩映。教学楼、综合楼、办公楼布局合理，徜徉在色彩斑斓的绿植旁，缓步于幽静的小路中，芦苇掩映假山，睡莲静卧碧波，野鸭嬉戏，鱼翔浅底。"文开新宇"印章石雕、会文亭等各类景观小品点缀其间，移步易景，各具特色。学校建有"选青文化"广场、"中国梦"书台群雕、"红色文化"长廊和"尚实"劳动教育实践基地，自然景观与人文景观水乳交融，树林荫蔚，禽鸟相鸣。校园的一草一木，安静地散发着清新的气息，任年轻的生命欢畅地呼吸；阳光下自由舒展的叶片摇曳着层层叠叠的绿，如同裹着青纱的梦，见证着他们努力的岁月与幸福的童年。

学生当孜孜于学，立志于业，重视实验。"游人不知春何在，只拣儿童多处行"，学校以儿童视角为出发点和落脚点，聚焦核心素养，注重学科实践，重塑"童行"课堂教学范式。学校践行张謇的"学必期于用，用必适于地"的教学理念，着力建设"尚实"课程文化，提升学生的关键能力。开辟出中草药种植园，将中华国粹与综合实践活动有机融合，激发学生对中华优秀传统文化的热爱；强化传统手工和现代科技两个系列的社团建设，培养学生的工匠意识和创新能力，茶艺、柳编、木工、烹饪、烘焙、机器人、无人机、3D打印、创客等社团活动丰富多彩，描绘出孩子们全面发展的空间，拉近了热爱与梦想的距离。学校以"作业辅导＋特色课程＋社团活动"的模式开展课后服务,组织学生走出课堂、走出校门,走进社区、走进生活。

学校运动场气势宏伟。蓝色的天空,金色的阳光,绿色的草地,红色的跑道,构成一幅色彩浓烈的运动激情图。生命如火,誓言如歌,体育是人类文明的灯火。学校每年举行春季运动会和秋季运动会,同时举办足球联赛、篮球联赛、冬季长跑等各项体育活动,为校园增添了一道亮丽的风景。赛场上行云流水的动作,美妙绝伦的身姿,一招一式,放如江河,收如山岳。孩子在"文明其精神,野蛮其体魄"中,感受"同一个世界,同一个梦想"。

潮平两岸阔,风正一帆悬。学校领导班子勇立潮头,开拓创新,求真务实,锐意进取,践行"做孩子生命中的贵人,给学生诗意般的童年"办学理念,培养出了一支德才兼备、素质精良的新型教师队伍,形成了"进德修业,知行合一"的校风,"因材施教,诲人不倦"的教风,"乐学好问,善思躬行"的学风,让学生在书香氤氲中"益读·日进"。"三尺讲台,终岁莫问枯荣事;两袖清风,回首只闻桃李香。"一张张笑脸的背后,都镌刻着贡献;一双双牵引的大手,都铭记着忘我。青口中心小学的全体教师始终以高度的行动自觉、饱满的工作态度、执着的教育情怀,用爱心对待每一个孩子,为学生架起迈向成功的桥梁。

看过春天的花开,吹过夏天的凉风。在这里,"选青"少年增长了知识,结交了师友,成熟了心智,遇见更好的自己。闻过秋天的果香,赏过冬天的莹雪。在这里,青小学子恰似破土而出的幼苗,又如振翅欲飞的雏鹰,正茁壮成长为社会主义事业的建设者和接班人。

百年积淀,历久弥坚;教书育人,硕果累累。青口中心小学先后被评为"全国艺术教育先进单位""全国课堂教学先进单位""全国青少年科技教育先进学校""江苏省文明单位""江苏省书香校园""江苏省绿色校园""连云港市示范性党支部""连云港市课改领航学校""连云港市园林学校"等荣誉称号。

百年风雨润桃李,百载春秋育民魂。一百多年的传承,一百多年的执着,一百多年的耕耘,一百多年的收获,挥就了一部写满荣誉的大典。一百年不短,但青口中心小学依然恰似少年,风华正茂;一百年不长,青口中心小学将乘着新课程改革的浩荡春风,劈波斩浪,一路向前!

走在"青小"的春光里

王秋侠

赣榆有"两好",海鲜好,教育好。

于我,赣榆海鲜唾手可得。原因很简单,只要到小区楼下超市的海鲜专卖区,赣榆海鲜想买就买。教育的好,虽说相距50多公里,却感觉遥不可及。

仰慕赣榆教育,由来已久。特别是每年全省高考分数线公布后,"赣榆"二字,在街头巷尾成为金光闪闪的关键词。赣榆高考连年创奇迹,成为全市教育界的神话。

春三月,草木萌发,柳绽新绿,万物向春。

周日,随连云港市杂文学会一行前往连云港市青口中心小学采风。终于有机会去一探赣榆教育的究竟。

一路惠风和畅。

下了沿海高速,路边巨幅广告牌上,"海纳百川"四个字端然入目,气势磅礴。车子驶入青口中心小学校门,一条宽阔的路面建在整个校园的中轴线上,路东边是阔大的塑胶操场;路西的空间点缀树木、花草,曲径通凉亭。三栋教学楼坐北朝南,呈"品"字状矗立。

"青小,好大哦。"走在校园里,众人边走边看,啧啧称赞。交谈中,"青口中心小学"随口就简称"青小"了,透着一种由衷的喜爱。

青小,校史悠久。1846年建校,彼时名曰:青口选青书院。著名实业家、教育家、清末状元张謇赴京应试前,曾在书院任职山长三年,并题写"诚以待人,恒以学问"的校训。

走在洒满和煦阳光的校园里,恍惚间重回少年。教学楼南立有张謇塑像,高大、挺拔,仿佛他刚题写完青小校训,100多年来未曾走远,令拂面的春风有了谦逊之意。伫望张謇塑像,不禁慨叹:青小,不小哦。

一行人到三楼会议室落座,书香气息扑面而来:谭鑫之校长写的《追寻有品质的教育》《红星教育——德育课程文化样态》两本书、《张謇与青口》精装本和一本封面雅致的读书笔记本,每人一份。学生、老师、课堂、校园、师德、校风,在谭校长的书里,无不渗透着"进德修业,知行合一"的理念。朴素里,隐藏着大爱和责任,淡而有味。

一杯在手,茶颜,悦色。

著书立说的谭校长,一言一行儒雅文气,欢迎辞热情洋溢,让人如沐春风。在阅读和倾听中,青小的教育,如流岚飞泉在眼前,清晰、透明。我的心呈开放状态,会议室的西墙上挂满青小各个时期的奖牌。奖牌闪着耀眼的金光,吸引着我去一点点了解青小的教育历程……每一块奖牌背后,凝聚着青小高质量发展奋进的集体力量。

谭校长在教育上高标卓识,激励全校225位教师,在各自的岗位上比学赶帮超,不断创先争优。塑师德、强师能,名师引领促教学相长,携手并进绽校园芬芳。名师课堂、名师心得、名师风采,不断壮大青小的师资力量,市"333工程"模范班主任、市名师、市学科带头人、市骨干教师……不胜枚举。

校园的春天,是一个梦想生长的地方。我很希望从一个"播种人"那里,了解青小教育的春天。

在美女如云的女教师中,与执教20年的胡世娟老师相遇。胡老师长发,皮肤白皙,粉色外套配上白毛衣,说起话来轻声细语。胡世娟老师倾心教育,而我仰慕优秀教师,我俩一见如故。隔着玻璃窗看教室里的课桌、黑板、粉笔……小学教育的话题,就从胡世娟老师的课堂教学聊起。

"那会儿,幸好有多年教学经验的同事那么负责认真地对我'传帮带'哦。"谈及教学之初,胡世娟老师的感激之情溢于言表。刚到青小执教,面对讲台下一张张稚嫩的脸,一双双闪亮的眼,她心里底气不足,生怕误人子弟。

她提早到同事的课堂听课,虚心向优秀的同事学习,听过三节课后,她才胸有成竹地走进自己的课堂,在学生面前"秀"自己。不仅如此,胡老师还邀请同事到她的课堂上"挑刺",要求同事对她说的每一句话,一句一句地去"挑",还要连"挑"三节课。

"胡世娟老师上课——一句不能差",成了同事们的歇后语。

"你不知道哦,同事帮助我一句句'挑刺'的时候,我心里特别感动,当时就想,等我以后成了经验丰富的老师,我一定要像他们那样,尽心尽力去帮助新入职的老师尽快熟悉教学业务。"

胡世娟老师谈吐自然朴实,宛若一湖春水,清澈宁静,悠远晶莹。作为青小的"中坚"力量之一,胡世娟老师安其位、尽其责、竭其智、展其长、成其事,在平凡的岗位上做出不平凡的业绩,获得的荣誉和表彰颇多:她是连云港市中小学高层次人才"新333工程"培养对象,赣榆区优秀课评比一等奖……

"这些,都不算什么呀!"胡世娟老师对我微微一笑说,"课堂上,孩子们眼睛变得亮晶晶,有笑声或掌声响起时,那会儿,觉得很有成就感。"胡世娟老师喜欢她的课堂和课堂上的孩子们。学生的一声"胡老师好",就能让她内心愉悦,绽开万千花朵,再次充满激情地走进课堂。

我笑胡世娟老师太容易满足了,她却直言很感动:"教育工作是分内之责,更是成就自我的另一种体现。与其说是我培养了学生,不如说是学生成就了我。"

老师爱学生,学生懂感恩。"双向"奔赴的师生情谊,是最美好、最纯粹、最令人难忘的感情之一,也是学生生涯里,最初最美的相遇。

"有时候,也很有压力哦!"胡世娟老师轻轻地说,"特别是孩子家长那句'把娃交给你们,就放心了'。"

那句话就是沉甸甸的责任和实笃笃的信任呀!启智润心,胡世娟老师潜移默化地用爱的力量去呵护每个学生的成长。"把娃给我,我会把他们教好",胡世娟老师和她的同事们,用行动和爱心,给学生的家长以最踏实、最安心的回答。

聊起20年的从教感受,胡世娟老师话语由衷、真诚,算是最好的年华吧,很幸运地从事自己喜欢并适合的职业,同样幸运的是,遇到了优秀的同事。南来的、北往的,年轻的、年长的,汇聚在青小,接力赛一样,凝心聚力培养好学生们的德智体美劳,把接力棒交到下一个赛道。从小学、到初中再到高中,学生的每个阶段,赣榆教育的接力棒,就这样一棒一棒地奋力传递着。

久闻赣榆教育其名,终于得见。窥一斑,而知全貌。文化底蕴深厚的名校、集书卷气与文气于一身的名校长、倾心教育的名教师……给我留下难以忘怀的记忆。

曾经的美慕,春天的青小给我最美的答案。

(作者简介:王秋侠,思想政治工作助理研究员,中国近现代史史料学会会员、连云港市作家协会会员。)

目录 contents

一、文化客厅：品读文明的风景 ··· 001
- 敦尚行实：小学生"尚实"品格涵育行动 ···························· 002
- "尚实"理念下提升小学生学科实践能力的研究 ···················· 020
- 建构"尚实"课堂　强化学科实践
  ——学校教育教学改革实施方案 ·································· 030
- 在管理中求证规范　在规范中创新管理
  ——创新管理规范的实践与思考 ·································· 038
- 益读日进　悦动生活
  ——亲子"品读行"活动方案 ······································ 044
- 春风十里　笔墨传情
  ——在市作家采风活动开幕式上的致辞 ·························· 050
- 致敬先贤　继往开来
  ——在张謇塑像落成典礼上的致辞 ································ 052

二、心灵空间：品读书香的味道 ··· 057
- "致用"理念视域中语文教学策略的行动研究 ······················ 058
- 只向儿童多处行
  ——"童行"课堂教学改革纲要 ···································· 072
- "致用"理念观照下语文教学目标的制定
  ——以《拉萨的天空》教学为例 ·································· 082

启迪儿童心灵的"种子"
　　——统编教材中的儿童形象及其教育价值探析 …………… 086
用美浸润学生的心灵 ………………………………………… 093
追寻古诗词教学的诗意 ……………………………………… 099
品味——让语文教学异彩纷呈 ……………………………… 106
构建灵动的小学语文课堂 …………………………………… 109
面向全体，构建个性化阅读平台 …………………………… 115

三、精神牧场：品读生命的气息 …………………………… 119

小学语文课堂教学中生成问题分类与处理策略的行动研究 …… 120
和而不同　乐在其中
　　——"和乐"课堂教学改革方案 ………………………… 128
语文课堂的智慧生成与处理策略 …………………………… 133
捕捉"动态生成"演绎语文课堂教学的精彩 ………………… 139
绘本：儿童语言生成的"种子" ……………………………… 143
优化师生交往活动　增强语文课堂教学效果 ……………… 149
情感教育：后进生转化工作的主旋律 ……………………… 153
激活想象　引领感悟
　　——《蚂蚁和蝈蝈》教学案例分析 …………………… 155
片片落叶情
　　——《秋姑娘的信》教学案例分析 …………………… 159
在回环往复的吟咏中升华情感
　　——《清平乐·村居》教学感悟 ………………………… 163

四、素养高地：品读童年的色彩 …………………………… 167

"基于PBL教学模式下小学语文主题习作教学的实践研究"课题开题报告
　………………………………………………………………… 168
提质增效："双减"背景下的教学行为转向 ………………… 177
优化农村小学校本教研的"软环境" ………………………… 183

建设德艺双馨团队　赋能学生和谐发展 …………………………… 186
微记:让"小作家"快乐成长 ………………………………………… 191
让童真童趣落笔生辉 ………………………………………………… 198
口语交际训练的"慢四步" …………………………………………… 204
克服"顿读"现象的几点做法 ………………………………………… 207
为学生起步作文铺路 ………………………………………………… 209
外化于"形"　内化于心
　　——多媒体辅助教学促进感悟例举 ………………………… 214
要把握好学法指导的"度" …………………………………………… 216

附录:选青书院赋 ……………………………………………… 220

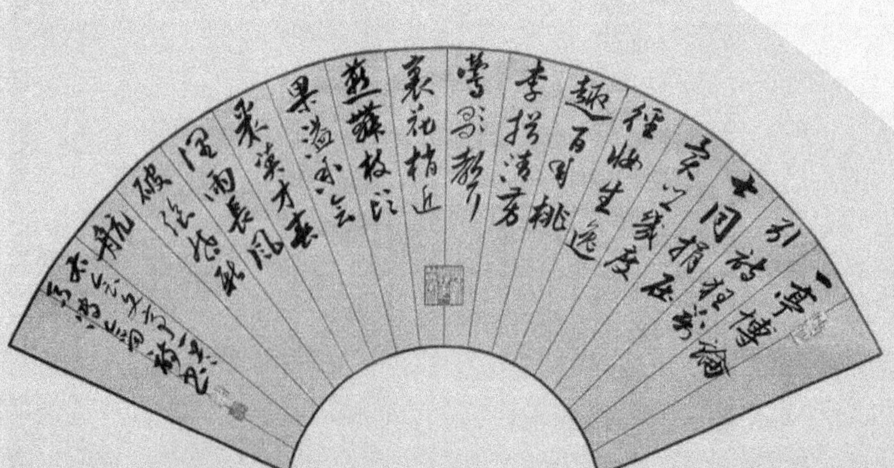

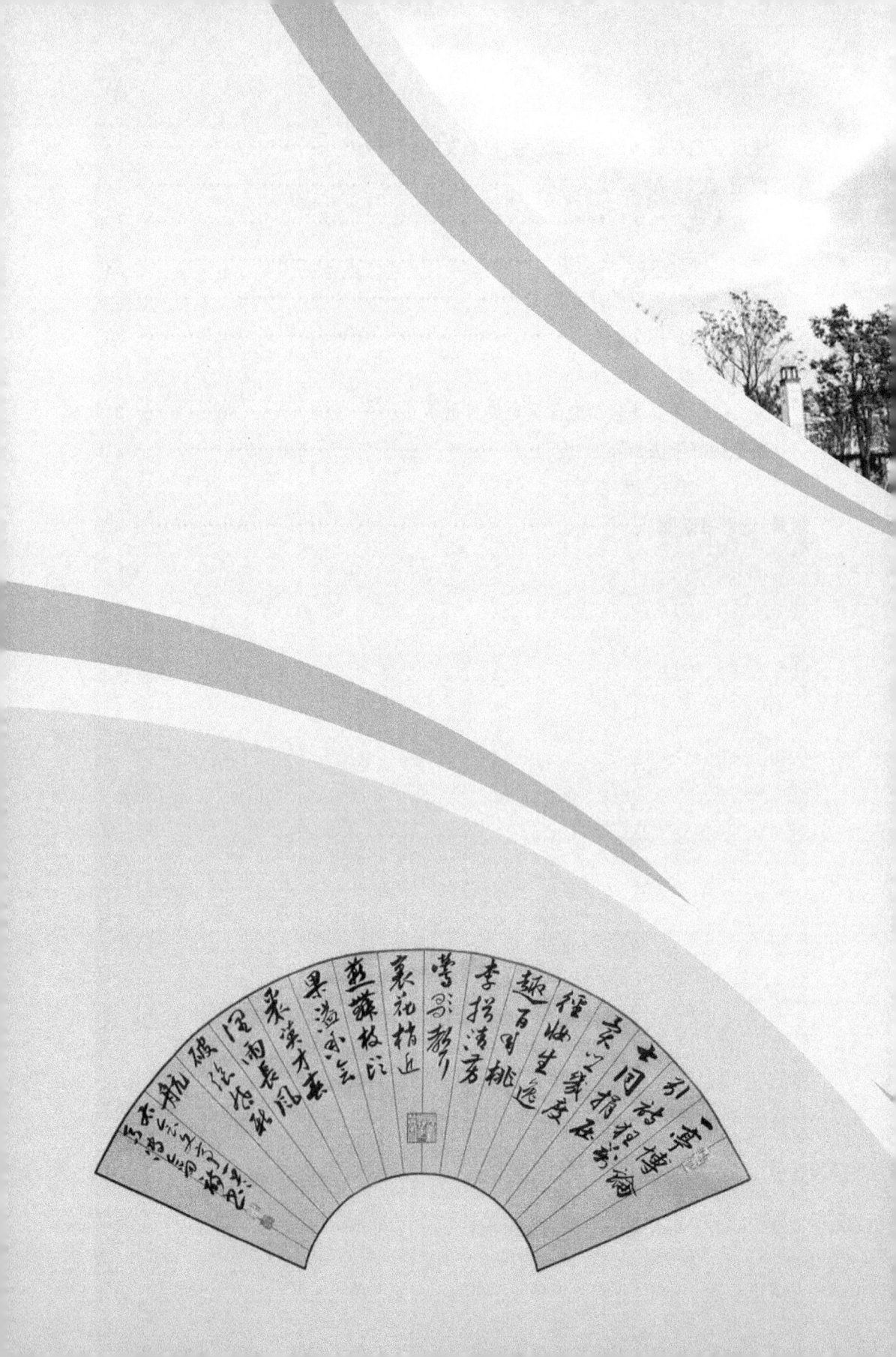

文化客厅：品读文明的风景

敦尚行实：小学生"尚实"品格涵育行动

　　戊戌建校，百年积淀。连云港市青口中心小学是一所地处城区的省级实验小学，现有学生 3 900 余人，教师 225 人，学校占地 46 690 平方米，建筑总面积 15 903 平方米。其前身是建于道光二十六年的"选青书院"，著名的实业家、教育家、清末状元张謇赴京应试之前，曾在这里担任三年山长，并亲题"诚以待人，恒以学问"的校训。光绪二十四年（公元 1898 年）改"选青书院"为"青口初等小学堂"，从此，青口小学诞生，至今已有 120 余年历史。

青小校训

　　学校秉承"诚以待人，恒以学问"百年校训，践行"做孩子生命中的贵人，给学生诗意般的童年"办学理念，着力建设"尚实"课程文化，推进"尚实"课堂教学改革，形成了"进德修业，知行合一"的校风、"因材施教，诲人不倦"的教风、"乐学好问，善思躬行"的学风，全面落实立德树人总要求，建构尚实教育核心价值体系，并内化为全体师生的道德素养，推动各项工作不断迈上新台阶。

　　学校内强素质，外树形象。先后被评为全国关工委"特色文化建设"实验学校、全国节约型示范校、江苏省教育工作先进集体、江苏省绿色学校、江苏省书香校园、连云港市示范性党支部、连云港市特色文化十佳校园、连云港市"廉政文化示范校"、连云港市教学工作先进集体、连云港市课改领航学校、连云港市文明校园、连云港市生态文明教育特色学校,多次被评为赣榆区教育工作先进集体、德育工作先进集体。

一、立项优势

我们深入研究学校一百多年的办学历史,总结丰富的教育实践,发扬"爱国爱民、创新务实、坚韧顽强"的张謇精神,聚焦儿童未来成长的核心素养——"社会参与"与"自主发展"两个方面,构建"尚实"品格建设项目。

1. 文化优势:独特的教育资源形成"尚实"品格文化基础

青口小学120多年的办学历史,传承"选青书院"的文化基因,不断开拓创新,积淀了厚重的校园文化。

(1)"尚实"的教育主张。"教育救国"是张謇先生的核心思想,他认为"国家思想、实业知识、武备精神三者为教育之大纲"。他主张教育要"尚公""尚武",更要"尚实",强调知行并进,注重躬行实践:崇尚实学——培养实用型人才;注重实践——负责任,知实践,务合群,增阅历,练能力;讲究实用——学必期于用,用必适于地。

(2)英雄的革命实践。中共赣榆县(今赣榆区)第一个总支部在青口小学诞生,校友卢伯玉为保护党组织壮烈牺牲的故事在青小广为传颂。离我校1 000米远的火叉巷,就是著名的"青口十八勇士"英勇抗击日寇的地方,"青口十八勇士"战旗不仅飘扬在国庆大阅兵的天安门广场,也在青小的校园高高飘扬。

王其志画作《张謇画像》

2. 环境优势:立体的校园布局创设"尚实"品格环境基础

学校充分利用楼体、走廊、院墙等有限空间,镌刻"尚实"文化印迹,达到润物无声的教育效果。

广场显内涵。"选青"文化广场以"会文亭"为主体,北面悬挂着张謇为选青书院拟写的对联"地临齐鲁大区,愿诸生绍述儒林,广为上都培杞梓;客是江淮男子,笑十载驰驱幕府,又来东海看涛山"。南面悬挂着青小校友周自然拟写、著名焦墨画家穆家善书写的对联"奎元博论经书义,志士敢捐少年头",饱含着学校对莘莘学子的殷切期望。"青口十八勇士"纪念广场东西相连"季直亭"和"伯玉亭",两个纪念亭分别取张謇和卢伯玉之名命名,寓意"不忘初心,实干报国"。革命先辈的红色

会文亭

基因融入一代又一代青小人的血脉里。

　　书雕立精神。办公楼前立了"张季子九录""光绪赣榆县志"两座书雕，前者是为了让青小全体师生深入了解张謇"实业救国"的政治主张、经济思想、教育理念、人文精神；后者是为了纪念张謇先生在任选青书院山长期间对赣榆人文发展作出的杰出贡献。

"张季子九录"书雕　　　　　　　　"光绪赣榆县志"书雕

基地呈硕果。学校精心建设了"百草园"和"半亩方塘"。"百草园"占地20亩[①]，种植各种花草树木近百种；"半亩方塘"养殖了多种淡水鱼，成为学生养殖实践基地。300米长的"尚实"文化墙充分展示了师生实践创新的丰硕成果，师生漫步其间，育心于形，履责于行。

3. 实践优势：多彩的实践活动丰润"尚实"品格实践基础

每学期，学校都开展"知国情，学党史"主题系列活动。聘请"五老"为校外辅导员，指导学生开展以"青口河，母亲河"为主题的综合实践活动，增强学生的忧患意识及社会责任感、使命感。五月举办"尚实"学习品格实践成果展；十月开展"尚实"好少年评选活动，激发学生爱党、爱国、爱家乡的思想情感。在课堂教学活动中，注重"做中学"，引导学生参与学科实践活动，经历发现问题、解决问题、建构知识、运用知识的过程，体会学科思想方法，增强学生认识真实世界、解决真实问题的能力。

4. 师资优势：优秀的教师团队奠定"尚实"品格师资基础

我校有连云港市十佳教师1人，港城名师1人，市"333工程"模范班主任3人、市名师6人、学科带头人5人、骨干教师28人，区"411工程"名师5人、骨干教师33人。教师"海英草"社团被评为市十佳社会志愿服务团队、"港城叶欣仁"青年教师团队被评为市"青年文明号"。一批师德高尚、业务精湛的教师已成为育人骨干。《中国教育报》《江苏教育》《关心下一代周报》《连云港日报》《连云港教育》和连云港电视台等多家媒体报道了学校的办学成果和办学经验，学校特色课程建设经验在全省小学教学工作推进会上作交流分享。

二、项目价值

1. "品"实铸魂：指向"国家认同"核心素养，培育"文雅尚实"品格。通过优秀文化的熏陶感染，促进学生和谐发展，提高思想道德修养和审美情趣，逐步形成良好的个性和健全的人格，涵养家国情怀，为党育人，为国育才，培育"尚实"品格。

2. "创"实求新：指向"国际理解"核心素养，培育"坚毅创新"品格。了解生活实际中艺术对文化生活和社会发展的独特作用，培养音乐、美术兴趣，提高艺术鉴赏能力和创新能力。通过艺术的感染力来提高学生素质，陶冶情操，塑造完美个性，自觉地为实现人类崇高的审美理想而奋斗。

3. "学"实塑行：指向"问题解决"核心素养，培育"合作担当"品格。在合作中

---

① 1亩≈666.7平方米。

体会知识之间、学科之间、学科与生活之间的联系,在实践中经历发现问题、解决问题、建构知识、运用知识的过程,运用科学的思维方式思考,增强认识真实世界、解决真实问题的行动力。

4."行"实致远:指向"劳动意识"核心素养,培育"躬行探究"品格。主动发现和提出问题,能运用所学的知识和方法解决问题;对学习的内容有兴趣,遇到困难不轻易放弃;逐步养成实事求是、崇尚真知的科学态度,初步掌握科学的思想方法。

5."健"实强体:指向"技术运用"核心素养,培育"阳光自信"品格。学会学习和锻炼,发展体育健康实践和创新能力;体验运动的乐趣,养成体育锻炼的习惯,发展良好的心理品质,提高自觉维护健康的意识,形成健康的生活方式和积极进取、乐观向上的人生态度。

(二) 项目内涵

"尚实"语出三国时期曹丕《典论·论文》:"奏议宜雅,书论宜理,铭诔尚实,诗赋欲丽。"意思是文章的本质是相同的,而具体的体裁和形式又是不同的,奏章、驳议适宜文雅,书信、论说适宜说理,铭文、诔文应该崇尚事实,诗歌、赋体应该华美。

敦尚行实源自北宋著名教育家胡瑗的教育思想。"敦尚",即推崇、崇尚;"行实",即作为朴厚、朴实,含有求实、务实、诚实之意。清末时期我校"山长"(校长)张謇的"尚实"思想与其一脉相承,他主张教育要"尚公""尚武",更要"尚实",注重"躬行实践",即崇尚实学,注重实践,讲究实用。从教育的角度来说,倡导实学,就是培养实用型人才;注重实践,就是主张"知行合一",鞭策学生"负责任,知实践,务合群,增阅历,练能力",以适应今日世界竞争的需要;讲究实用,就是希望学生了解历史,知耻而勇,学好专业,实干报国。新时代,我们赋予其新的内涵,不忘初心,全面落实立德树人根本任务,弘扬求真务实、勇于担当的精神,引领全体师生身体力行、勇于实践、全面发展。

"尚实"品格的核心理念是"崇尚实学,躬身实践"。"崇尚实学"是从学生的品行修养、学业质量等方面尊崇乐学好问,注重知行合一;"躬身实践"是以人为本,学会学习,学会生活,学会做人,学做现代社会的高尚的人。把"敦尚行实:小学生'尚实'品格涵育行动"作为我校的品格提升工程,就是要通过"学思结合、知行合一"的特色课程体系,优化实施路径,提高育人效能,让青口小学全体师生做到"敦尚行实",与时俱进,达到尚真、尚善、尚美,诚以待人;求真、求活、求效,恒以学问。

涵育行动:涵养化育,具有连续性、一致性和发展性的系统工程。让儿童站在教育的正中央,用精彩纷呈的课程和丰富多彩的学科实践涵育童年特有的品格,需要呵护、回归、捍卫、激发,指向生命健康成长、滋养心灵品格的完整教育。

尚实门

三、实施目标

1. 项目育人目标：提炼全科育人的"尚实"品格育人价值。聚焦核心素养中"自主发展""社会参与"维度，确立"敦尚行实"总目标，建构学思结合、知行合一、实践创新交互的特色课程体系，统筹各学段、各学科、各环节育人资源，高质量实施三级课程，丰富"尚实"教育资源，优化实施路径，实现全科育人、全程育人、全员育人和实践育人。

2. 文化建设目标：创设情智共生的"尚实"品格文化磁场。立足于"躬行实践"的思考与坚守，以"尚实"文化为指引，以儿童视角为出发点，深度开发校内外育人场景，形成立体式、综合化、有指向的环境资源，进一步提升学校的物型环境建设水平。

3. 课程建设目标：构建知行并进的"尚实"品格教育课程。"课程哲学是对所有课程进行连续决策的基础，是课程建设的逻辑起点"。以"尚实"品格为核心的课程哲学，奠定了课程建设的坐标，具体阐述为传承"选青"基因，强化跨学科主题式学习，注重履职尽责和学科实践，培养学生具有责任担当和实践创新的关键能力，奠定学生作为未来公民的社会素养。

4. 师资建设目标：锻造德艺双馨的"尚实"品格教师团队。聚焦"塑师德·强师能"根本方向，将学校党建工作与育人工作深度融合，积极塑造一支有深厚教育情怀、扎实专业基础、勇于实践创新、善于协同育人的教师队伍。

5. 辐射引领目标：形成资源共享的"尚实"品格教育范式。将"尚实"品格特色课程打造成集课堂教学与实践活动为一体的育人平台,成为学生能力提升的重要生长点。利用学校的特色品牌优势,孵化理念和经验,辐射城区师生。

四、项目内容

"尚实"品格建设内容,依托"道德与法治""科学""综合实践活动"等国家课程,以及"劳动与技术"等地方课程,系统开发校本课程和活动课程;通过物型场景的打造、"尚实"课堂教学的改革、社团活动的开展、育人范式的建构以及评价机制的跟进诸方面,将国家课程、地方课程进行校本化实施,实现培养学生既能"学会学习""知行合一",又能"责任担当""实践创新"的整体目标。如下图所示。

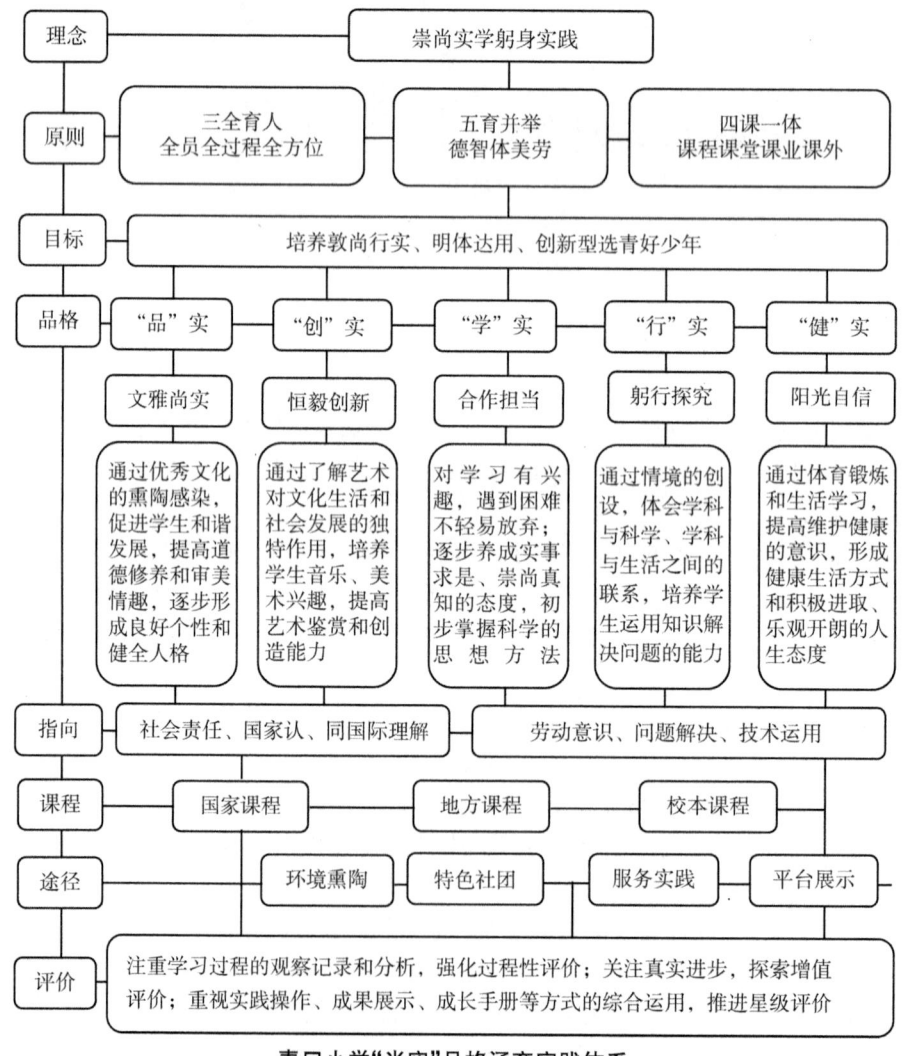

理念	崇尚实学 躬身实践			
原则	三全育人 全员全过程全方位	五育并举 德智体美劳		四课一体 课程课堂课业课外
目标	培养敦尚行实、明体达用、创新型选青好少年			
品格	"品"实	"创"实	"学"实	"行"实	"健"实
	文雅尚实	恒毅创新	合作担当	躬行探究	阳光自信
	通过优秀文化的熏陶感染,促进学生和谐发展,提高道德修养和审美情趣,逐步形成良好个性和健全人格	通过了解艺术对文化生活和社会发展的独特作用,培养学生音乐、美术兴趣,提高艺术鉴赏和创造能力	对学习有兴趣,遇到困难不轻易放弃,逐步养成实事求是、崇尚真知的态度,初步掌握科学的思想方法	通过情境的创设,体会学科与科学、学科与生活之间的联系,培养学生运用知识解决问题的能力	通过体育锻炼和生活学习,提高维护健康的意识,形成健康生活方式和积极进取、乐观开朗的人生态度
指向	社会责任、国家认同、国际理解			劳动意识、问题解决、技术运用	
课程	国家课程		地方课程	校本课程	
途径	环境熏陶	特色社团		服务实践	平台展示
评价	注重学习过程的观察记录和分析,强化过程性评价;关注真实进步,探索增值评价;重视实践操作、成果展示、成长手册等方式的综合运用,推进星级评价				

青口小学"尚实"品格涵育实践体系

1. 创设场景资源，涵养"尚实"意识

（1）选青书院：以清末状元、近代著名实业家、教育家、政治家张謇曾在选青书院执教三年为背景，展示光荣校史，重建"选青书院"，面积约600平方米。在"选青书院"前面开辟"尚实苑"，中间矗立张謇先生全身雕像（青铜），作为"尚实"教育基地之一，弘扬中华优秀传统文化，传承济世救国思想。

（2）"尚实"步道：利用主干道右侧百米空地，建设"尚实"文化步道，定期展示革命家、科学家、劳动模范事迹以及我校"尚实"好教师、好少年风采。

（3）中草药园：在"百草园"南侧开辟一块中草药种植园，将中华国粹与综合实践活动有机融合，在劳动实践中强化劳动教育，培养学生热爱劳动的习惯和解决问题的能力，培育热爱中华优秀传统文化、热爱劳动人民的思想感情。

（4）社团教室：强化两个系列的社团活动室建设，一是传统手工艺系列，如茶艺室、柳编室、木工室、烹饪室等；二是现代科技系列，如机器人、无人机、3D打印、创客室等。在不同性质的劳动实践中，培养工匠意识、工程思维和创新能力，强化学生尊重劳动成果、用知识报效祖国的意识。

2. 搭建立体平台，滋养"尚实"精神

为实现全员、全程、全科推进"尚实"教育，结合我校学校特色文化，着力搭建"自主、家校、互助、社会、互联网"五位一体的立体教育平台（见下图），形成教育合力，共同促进学生"尚实"品质的形成。

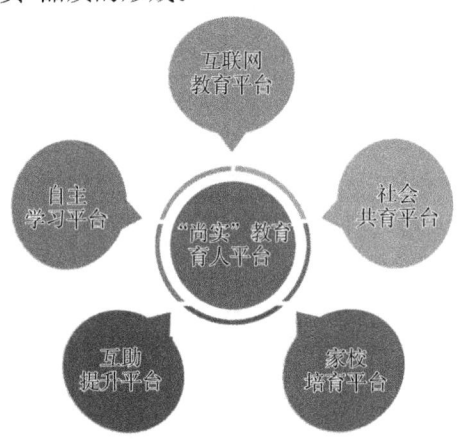

"五位一体"教育平台

（1）自主学习平台。"尚实"文化映照在课堂上，形成了"童行"课堂。实践中，通过建构"五步十环"教学范式来探索国家课程、地方课程的校本化实施。学生通过自主学习、自主探究、活动体验等学习方法，进行内化吸收，达到提升"尚实"品质

的目的。

（2）互助提升平台。学校通过开展结对帮扶、课堂互助、"小手拉大手"活动，营造尊重理解、关心友爱的氛围，建立和谐互信的人际关系，和谐互补的教师关系，和谐互动的师生关系，和谐互助的生生关系，促使师生、生生在互动中探索实践，体悟"尚实"文化内涵。

（3）家校培育平台。学校采取"一定三讲"的方式让家长参与到实践创新中，从而发挥家庭应有的教育职能。"一定"，即定期召开家庭教育讲座；"三讲"，即外聘专家培训讲、校内教师主题讲、家长分享讲。让"尚实"教育从学校延伸至家庭，形成"尚实"教育的合力。强化家庭教育，突出家长在家庭教育中的主体责任，通过建立家校教育融合平台，让家校实现随时随地的自由沟通。

（4）社会共育平台。聘请"全国道德模范"以及当地劳模、先进典型及市关工委、区关工委、妇联、团委等部门人员作为学校的客座辅导员，定期到学校开展活动，形成全社会齐心协力共同提升学生实践能力的氛围，发挥社区教育平台的作用，适时安排学生走进社区、走进乡村、走进广场，体验生活、了解社会。

（5）互联网教育平台。学校选择网络教育视频让家长学习，将教育的热点难点问题在网络上讨论，将先进的事迹在网络上发布，学生将不受时空的限制随时沉浸在"尚实"教育中，实现能力提升。

3. 架构全景课程，润养"尚实"品格

考量"尚实"品格教育课程，其价值取向聚焦于"责任担当"和"实践创新"两个要素，具体概括为"两个系列六个模块"：即"责任担当"系列的"社会责任、国家认同、国际理解"，"实践创新"系列的"劳动意识、问题解决、技术运用"。我们着力建构"尚实"教育课程核心素养模型（见下图），对应指向不同的课程体系，以开放的心

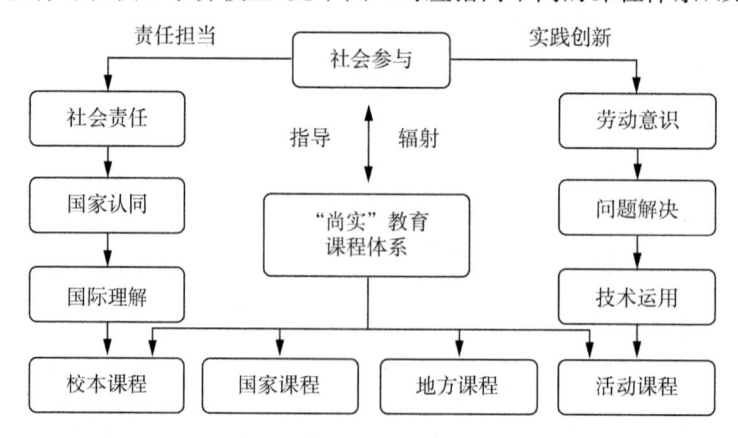

青口小学"尚实"教育课程核心素养模型

态、融合的视角,整合"道德与法治""科学""劳动与技术""综合实践活动"等课程中的"尚实"文化因子,系统开发校本课程、活动课程,设立校园"尚实"教育网络平台,丰富课程资源,开展综合性实践活动,在学思结合上出特色,在知行统一上见成效,整体提升学生能力,以全面达成"尚实"品格总目标。如下表所示。

青口小学涵育"尚实"品格的内容与途径

涵育途径	国家课程	校本课程	特色社团	核心品格	展示平台	评价形式
学科类	道德与法治	编印: ①《"尚实"少年心向党》 ②《青口英雄谱》 ③《战旗飘扬》 ④《"二道街"名人传》 ⑤《许鼎霖》 ⑥《抗日山研学之旅》 口袋书: ①《张謇与青口》 ②《青口十八勇士》	①红领巾广播站 ②春雨报社 ③魔方社团 ④小蓓蕾写作社团	1."品"实:指向"社会责任、国家认同"核心素养,培育"文雅尚实"品格;通过优秀文化的熏陶感染,促进学生和谐发展,提高思想道德修养和审美情趣,逐步形成良好的个性和健全的人格。 2."学"实:指向"问题解决"核心素养,培育"合作担当"品格;在合作互助中体会知识之间、学科之间、学科与生活之间的联系,运用科学的思维方式进行思考,增强发现问题和提出问题的能力,以及分析问题和解决问题的能力	①课本剧表演 ②童话剧表演 ③历史剧表演 ④英语手抄报 ⑤语文手抄报 ⑥数学故事会 ⑦红色文化诵读	文明之星
	语文英语	①《国学》 ②《七彩语文》 ③《少儿英语》				文学之星
	数学	①《国际数棋》 ②《小学奥数读本》 ③《数学家的故事》 ④《好玩的数学绘本》 ⑤《帮你学数学》				思维之星
艺术类	美术	①《少儿素描》 ②《舞蹈》 ③《布贴画》 ④《剪纸》 ⑤《篆刻》 ⑥《铜管乐队》等	①儿童画素描社团(书画、石刻、素描) ②铜管、架子鼓社团(声乐、器乐) ③七彩梦舞蹈社 ④"选青"合唱团	3."创"实:指向"国际理解"核心素养,培育"恒毅创新"品格;通过了解艺术对文化生活和社会发展的独特作用,培养对音乐、美术的兴趣,提高艺术鉴赏、创造能力	①社团成果展示会 ②海报设计 ③摄影展览 ④书法比赛 ⑤器乐演奏比赛	艺术之星
	音乐					

续表

涵育途径	国家课程	校本课程	特色社团	核心品格	展示平台	评价形式
体育与心理健康类	体育与健康	①《小学足球》 ②《阳光体育系列课程》 ③《"选青"心理健康》	①"选青"棋艺社团（围棋、象棋、国际象棋） ②"海之韵"啦啦操（抖空竹、花棍舞、竹竿舞等） ③快乐宝贝（篮球、田径、武术等） ④青小"三宽"家校共育委员会	4."健"实：指向"技术运用"核心素养，培育"阳光自信"品格；学会学习和锻炼，发展体育健康实践和创新能力；体验运动的乐趣和成功，养成体育锻炼的习惯，发展良好的心理品质，提高自觉维护健康的意识，形成健康的生活方式和积极进取、乐观开创的人生态度	①五月：五年级体育运动会 ②大课间活动评比	健美之星
	心理健康教育					
技能类	科学 信息 劳动与技术 综合实践	编印： ①《"尚实"教育综合实践活动案例》 ②《青口河，母亲河》 ③《疫情防控你我他》 ④《我爱绿色校园》 ⑤《我爱小发明》 ⑥《我是文明小主人》	①科学制作和实验社团（航模、机器人、动力飞机） ②花卉栽培基地 ③中草药种植园 ④创客教育 ⑤青禾亲子体验基地	5."行"实：指向"劳动意识"核心素养，培育"躬行探究"品格；主动发现和提出问题，能运用所学的知识和方法解决问题；对学习的内容有兴趣，遇到困难不轻易放弃；逐步养成实事求是、崇尚真知的科学态度，初步掌握科学的思想方法	①环保活动 ②家庭劳动 ③社会考察 ④书签制作 ⑤科技发明	劳模之星
环境与活动类		①环境文化（尚实文化步道、文化长廊、校园师生风采宣传廊、尚实文化墙） ②校本化制度建设 ③特色文化建设（选青书院、张謇雕塑、文会馆、伯玉亭、季直亭、精品社团活动室） ⑥特色系列活动		6.明体达用：聚焦知行并进、内化提升；进一步培养学生脚踏实地、朴实无华的作风以及崇尚实学、注重实践、讲究实用的良好品质	①一年级：入学仪式 ②三年级：十岁成长仪式 ③六年级：毕业典礼 ④校园文化节 ⑤校园艺术节	选青少年

(1) 整合"尚实"品格基础课程

整合教学内容。聚焦"道德与法治"课程标准中"负责任、有爱心地生活"板块12项指标,与核心素养"责任担当"中的3个要点建立起——对应关系;整合"科学"课程标准中"生命科学、技术与工程"两大领域的植物、动物、家用电器、人工智能等15个学习内容;整合"劳动与技术"课程标准中的劳动、家政、技术和职业准备四个方面中的纸艺、烹饪、种植、电子小制作等12项学习内容与核心素养"实践创新"中的3个要点——对应。在整合过程中,要与本地区、本校实际师资力量、设施设备紧密结合。

整合教学目标。将"道德与法治"课程标准中的四个维度"情感与态度、行为与习惯、知识与技能、过程与方法","科学"课程标准中的"科学知识,科学探究,科学态度,科学、技术、社会与环境","劳动与技术"课程标准中的"知识、技能、方法、观念、情感、态度"等,以及相关教学要求,与"尚实"品格教育特色课程目标进行有机融合。

整合教学形式。通过引导学生互助互动,自主参与各类活动来进行教学,是"道德与法治"教学的一大特点;在教师的指导、组织和支持下,让学生主动参与、动手动脑、积极体验,经历科学探究的过程,以获取科学知识、领悟科学思想、学习科学方法为目标的探究式学习是学生学习"科学"的重要方式;让学生根据不同的学习内容采取模仿、体验、探究、反思,以及自主学习、合作学习、网络学习、社会实践等方式,使劳动与技术的学习过程成为一个手脑并用、生动活泼、丰富多彩、充满乐趣的过程,是"劳动与技术"教学的主要特点。因此,教学中将国家课程、地方课程与校本课程、活动课程融会贯通,拓展活动的延续性,可增强"尚实"品格教育的可操作性。

(2) 开发"尚实"品格校本课程

"尚实"品格教育校本课程是由学校自主开发的、能够体现学校办学思想和特色的、可供学生选择的课程。2022年11月,我校成功申报由苏州市新教育研究院主持、香港田家炳基金会资助的"基于生命长宽高"中小学教育课程实践推行项目合作学校,我校将以此为契机,围绕课程建设目标,从主题内容和学习方式两个方面入手,系统性开发两大模块的校本课程:一是聚焦"责任担当"开发"尚实"人文课程,编印《"尚实"少年心向党》《青口英雄谱》《战旗飘扬》《"二道街"名人传》《许鼎霖》《抗日山研学之旅》等校本教材,出版《张謇与青口》《青口十八勇士》等口袋书,培育学生的家国情怀;二是聚焦"实践创新"开发"尚实"知行课程,编印《青口河,母亲河》《疫情防控你我他》《我爱绿色校园》《我是文明小主人》《"尚实"教育综合实践活动案例》等校本教材,培养学生面向未来的社会生活能力。聘请省、市、区专家作为课程标准和校本教材的研发顾问,并指导学校科学制订"尚实"品格教育课程教学计划,落实课时,形成校本特色。

口袋书《张謇与青口》

（3）拓展"尚实"品格活动课程

建设"尚实"品格活动课程，以其自主性、实践性和多元性，满足学生品格提升需求。我校根据教师特长，进行了活动课程的师本化开发，有机地拓展了国家课程、地方课程和校本课程，进一步系统规划、整体建设"尚实"品格活动课程。

活动课程重点以核心素养的"责任担当"板块系列的"社会责任、国家认同、国际理解"，"实践创新"板块系列的"劳动意识、解决问题、技术运用"这六个基本点设置活动课程具体目标（见下图），研发"认知类课程"和"体验类课程"。

认知类课程：一是以校本教材为主体拓展，主要包括《我跟老师学党史》《"尚实"少年心怀天下》《福城赣榆我的家》《讲述"尚实"的故事》以及"尚实"教育媒体资源等；二是以主题教育为主的责任教育形式，包括校会、晨会、班会、队会、主题讲座、主题报告等。

体验类课程：一是"尚实"教育社团活动。强调在劳动实践创新中培养责任情感，形成责任能力。比如全方位值日活动、校园自主管理、家庭劳动、公益劳动、关爱行动、社会考察、社区服务、环保活动、志愿者服务等活动。二是"尚实"教育主题活动，围绕主题开展活动，在活动中体验责任。比如升旗仪式、开学典礼、毕业典礼、十岁成长仪式等各种主题教育活动。按照"尚实"品格教育课程架构设置中的主题性活动和综合实践活动安排定期开展活动，让学生在活动中体验责任，培养"尚实"品格。

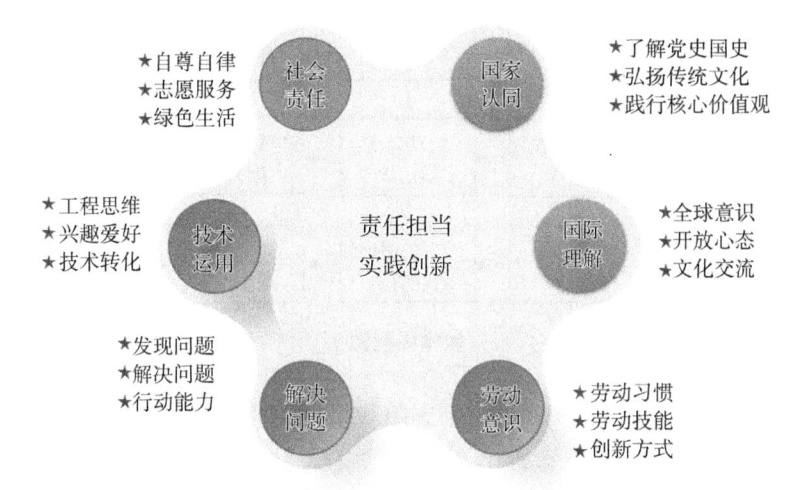

```
        ★自尊自律                              ★了解党史国史
        ★志愿服务   社会        国家          ★弘扬传统文化
        ★绿色生活   责任        认同          ★践行核心价值观

  ★工程思维                                      ★全球意识
  ★兴趣爱好   技术      责任担当      国际      ★开放心态
  ★技术转化   运用      实践创新      理解      ★文化交流

        ★发现问题                              ★劳动习惯
        ★解决问题   解决        劳动          ★劳动技能
        ★行动能力   问题        意识          ★创新方式
```

青口小学"尚实"教育活动课程目标

4. 重构课堂范式，濡养"尚实"品格

（1）知行合一。张謇认为"学生当孜孜于学，立志于业，重视实验""注意实地练习，以养成切实应用之智识"。在知与行的关系上，我们主张"知行并进"，强调知中有行，行中有知，知行合一。我们汲取张謇的教育思想，确立"尚实"课堂基本理念：源于实践、经历实践、为了实践。以儿童视角为出发点和落脚点，激发其学习内驱力，注重具身认知，引导学生参与学科探究活动，让儿童行动起来，经历发现问题、解决问题、建构知识、运用知识的过程，体会学科思想方法，加强知识学习与学生经验、现实生活、社会实践之间的联系，注重真实情境的创设，增强学生认识真实世界、解决真实问题的能力。

（2）体验感悟。打造看得见的"尚实"文化场域，探索"知行合一、体验感悟"的育人范式，包括"创设情境—探究释疑—认知建构—评价总结"四个环节。其中，"探究释疑"是活动的起点，注重打造有利于活动的场景，激发学生的问题意识、责任意识；"认知建构"是活动的核心，学生入情入境，主动参与各类综合实践活动，在真实可感的实践中发现问题、解决问题，重构新知，勇于运用、勇于担责、勇于创新；"评价总结"是活动的重点，通过学生与自我、学生与同伴、学生与老师等互助对话，发生观点的分享、思维的碰撞，培养解决问题的能力。"体验感悟"需要学生将新的技术自觉地在现实生活中践行，促进学生"尚实"品格的形成。如下图所示。

5. 锻造育人团队，润育"尚实"品格

在"尚实"特色课程建设中，学校着力打造三支育人团队。团队成员通过行为

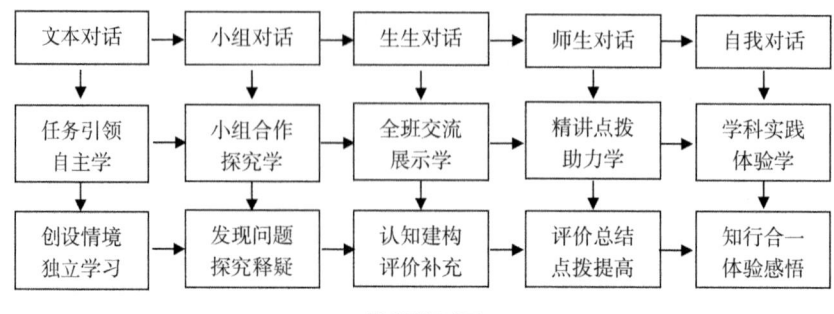

```
文本对话 → 小组对话 → 生生对话 → 师生对话 → 自我对话
   ↓         ↓         ↓         ↓         ↓
任务引领   小组合作   全班交流   精讲点拨   学科实践
自主学  → 探究学  → 展示学  → 助力学  → 体验学
   ↓         ↓         ↓         ↓         ↓
创设情境   发现问题   认知建构   评价总结   知行合一
独立学习   探究释疑   评价补充   点拨提高   体验感悟
```

教学模型图

引领、情感迁移、实践智慧、唤起学生情感的共鸣,最终使学生理解"尚实"、体验"尚实"、践行"尚实"。

(1) 建立名师专家团队。一是聘请校外专家。邀请校外不同领域的专家、劳模、岗位标兵、技术能手走进校园,利用"选青讲堂"定期开展劳动实践教育,引领广大学生树立远大目标,做一个对社会有用的人。二是设立名师工作室。学校将投入资金建设"名班主任工作室",教育一批人、引领一批人、带动一批人,开展"尚实"教育研讨,交流实践经验,指导"尚实"课程基地日常建设工作。

(2) 建立党员先锋岗。在全体党员教师中开展"留取丹心照汗'青'"的校本化主题实践教育,将党员干部、党员教师的"责任担当"落实在"尚实"品格教育中,提升教师的综合素养与学生的关键能力,打造青小校本化党建品牌。

(3) 建立发展共同体。建立城区小学的"尚实"教育发展共同体,加强校际交流。通过参加市"道法"共同体和综合实践共同体活动的机会,积极探索"尚实"教育课程实施水平提升的路径。

6. 构建多元评价,培育"尚实"品格

学校从总体上构建"尚实"课程实施评价体系,尝试从评价内容、评价主体、评价方法三个维度进行。评价内容从活动参与度、情感态度、行为表现等三个方面进行,评价主体将实现教师、家长、学生、社会等多元参与,评价方法将采取问卷调查、情景测试、行为观察、访谈了解等方式进行评价。如下图所示。

学校为每个学生建立成长档案,记录下学生成长的点点滴滴。日常采用"群星闪耀"的"尚实"评价工程,激发学生积极参加各类实践创新活动的热情和自我发展的内驱力。所谓的"群星闪耀",即"尚实"教育争章行动。学生通过一次次"尚实"行动摘取"星",用一定数量的"星"换取"章",再用一定数量的"章"换取更高层次的"章"。不同层次的"章"可得到不同程度的表扬与奖励。

一、文化客厅：品读文明的风景

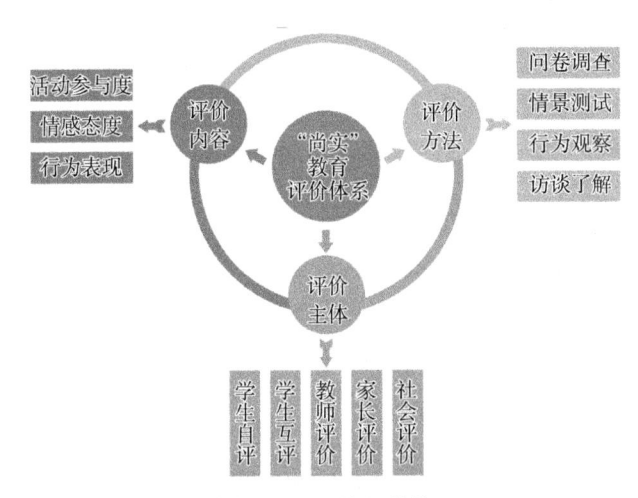

"尚实"课程实施评价体系

"星"，即小小红色五角星。红色，代表着活力、激情、热烈。"章"设三级奖章，都为圆形，上有校名、校徽等图案。第一级为红色奖章，第二级为绿色奖章，第三级为蓝色奖章。

争章办法：一个优秀的"尚实"行动得一颗红色五角星，10颗红色五角星换取1枚红色奖章；5颗红色奖章换取1枚绿色奖章；3颗绿色奖章换取1枚蓝色奖章。学生获得的所有奖章都将放入"尚实"成长档案袋中，作为学生关键能力的阶段性和终结性评价的重要依据。

每学期，学校根据积分情况评选"尚实"好少年、"尚实"好团队，在班级门口、学校灯柱、廊柱等显眼的地方宣传他们的事迹，树立典型，每学年评选出"感动校园十大'尚实'少年"。此外，我们还利用校园网络平台，引导家长、社区人员参与评价，为孩子量身定制评价报告，以大数据分析绘制出一份智能化的"尚实"能力发展走向图，从而改善教师的教育行为，促进孩子们的健康成长。

五、项目创意

1. 提出"尚实"品格课程文化主张

"社会参与"是一个只有起点没有终点的过程，它追求的是真实的实践，而不仅仅是可视的成果。"尚实"品格涵育着作为学校品格提升工程的重要抓手，要挖掘其深刻的内涵，可通过丰富多彩的课程体系，将品格提升工程建设转化为师生的实际行动以及学校的办学方向，真正实现学校的品牌战略和自主发展。

2. 建构"尚实"品格课程逻辑体系

学校充分利用可视化场景资源，纵横联合，架构活动序列"坐标轴"，整体设计与实施多样活动，注重勾连贯通，努力做到横向模块成列、纵向递进成序，达到人景合一、润物无声的效果。

3. 探索"尚实"品格课程育人范式

打造看得见的实践性文化场域，探索"实践塑格，知行合一"的育人范式，包括"明责感知—实践探索—互助体验—内化提升"四个环节，全面助力儿童的社会参与体验，使他们的"责任担当""实践创新"素养在校园内外绽放光彩。

六、效能分析

对项目的构建、运行、效果进行全方位的跟踪、评价。"尚实"品格涵育行动是一种文化的传递，精神的传承，更是指向学生品格的培育，指向新时代育人的要求，指向学生积淀一生必备的素养与关键能力。学校运用系统论、控制论和协同论的顶层设计理念，用整体思维审视项目的结构性变革，注重课程、教学、组织、管理的"链条式"架构，从场景资源、课程架构、课堂教学、平台搭建、育人团队、评价体系六个维度进行建构与实施，实现"五育"并举、"五育"融通。总之，项目实施"化育德行"，砥砺性情，启迪智慧，愉悦身心，让孩子在实践中经历发现问题、解决问题、建构知识、运用知识的过程，运用科学的思维方式去思考，增强其认识真实世界、解决真实问题的行动力，同时促进教师专业研究及团队力的发展，提升学校的办学活力与品位。

七、预期成果

1. 物化成果

（1）形成面向时代特点的实物型课程资源。建设"一廊一室、两场两园"等场馆，打造"尚实"实物型文化，延伸学习场域。

（2）形成体现核心素养的教学内容。包括《"尚实"品格涵育行动实施纲要》和校本教材、电子信息资源库、课程任务群。从知识逻辑走向素养立场，从能力发展走向心智共生。

（3）形成便于实践操作的教学范式。包括"尚实"品格教学模型、"尚实"课型的教学范式、课程及教学评价体系，促进育人方式转变。

（4）撰写凸显"尚实"品格的教学成果。完成"尚实"品格的课题、论文、案例、成果报告、经验总结等，凝练物化成果，推动科研成果转化。

2. 实践成果

（1）聚焦学生"尚实"品格显著提升。用"尚实"理念建构项目，形成融通"五育"效能的目标，培根铸魂、启智润心，着力培养学生的关键品格，在人格上健全发展、学习上显现潜力、心理上张扬个性、身体上强健体魄，形成与学生终身相伴的关键能力与必备品格。

（2）聚力教师课程开发及深度实施。提升教师课程开发与实施的能力，重新审视师生关系，构建"尚实"课堂，增强合作意识，激发探索热情，促进专业水平提升，形成终身学习的习惯。通过每一位教师个体的小进步，实现学校教育的大进步。

（3）聚能校园环境文化的潜在浸润。彰显校园环境文化涵养化育的价值，改善硬件设施内涵缺失现状，让"尚实"文化居于本体地位，统帅学校文化生态各要素，建构出具有儿童指向与价值的学校文化，滋养和丰实儿童教育的生命品质。

（4）聚合学校办学品质的引领、辐射。生成新的增长点，创新课程文化，铸就特色品牌，塑造学校内在品格和外显文化品质，助推学校从考核管理走向文化自觉，撬动学校内涵发展。发挥引领作用，将成果转化为可复制、可操作、可借鉴的经验，辐射到更多学校。

（注：本项目为申报江苏省中小学校内涵发展之"品格提升工程"。）

"尚实"理念下提升小学生学科实践能力的研究

一、课题的核心概念及其界定

本课题的核心概念有三个,分别是"尚实""实践""学科实践"。

1. 课题核心概念的界定

(1)"尚实"的界定

"尚实"语出三国时期曹丕《典论·论文》:"奏议宜雅,书论宜理,铭诔尚实,诗赋欲丽。"意思是铭文、诔文应该崇尚事实,诗歌、赋体应该华美。清末时期,我校"山长"(校长)张謇主张教育要"尚公""尚武",更要"尚实"。从教育的角度来说,"尚实"的核心理念是"崇尚实学,躬身实践"。"崇尚实学"是从学生的品行修养、学业质量等方面尊崇乐学好问,注重知行合一;"躬身实践"是以人为本,学会学习,学会生活,学会做人,学做现代社会的高尚的人。

(2)"实践"的界定

从国外看,实践通常指"实际的人类行为",这些实际的行为包括政治与道德的行动,与严格的知识活动有区别。从国内研究实践概念的角度来看,《辞海》的解释为"实行、履行",是相对于"理论、空谈"而言的;《现代汉语词典》的解释为"人类有目的地改造自然、社会和人自身的一切实际活动"。笔者认为,马克思主义的实践观对实践的内涵有比较正确的诠释:人具有一定的意识形态,主观能动地改造客观现实世界的一切社会性物质活动。

(3)"学科实践"的界定

"学科实践"的思想源自20世纪五六十年代美国学科结构运动所遵循的过程(process)哲学。施瓦布所建立的"实践课程范式"(practical curriculum paradigm)强调,课程不是脱离实践的抽象理论,而是学生、教师、教材、环境四个要素不断产生交互作用的动态"生态系统",学生学习要以实践的兴趣(practical interest)为最终旨归。《义务教育课程方案和课程标准(2022年版)》(以下简称《新方案》)中指出:"学科实践是指具有学科意蕴的典型实践,即学科专业共同体怀着共享的愿景与价值观,运用该学科的概念、思想与工具,整合心理过程与操控技能,解决真实情境中的问题的一套典型做法。"

2. 课题的界定

"尚实"理念下提升小学生学科实践能力的研究,是立足核心素养的形成,强调用学科特有的方式学习或获取学科知识,探讨如何在校园环境内结合社会资源、家庭资源培育学生个体在实践活动中解决实际问题所必须具备的思考能力和行为能力。

二、国内外相关研究领域现状述评及研究意义

(一)国内外同一领域研究现状

20世纪末,"实践能力"问题已经引起了我国政府的高度重视。1999年,国务院颁布的相关法律规定"以培养学生的创新精神和实践能力为重点",这是我国与实践能力相关的最高文件。自此,我国零星出现了直指"实践能力"的研究成果,实践能力越来越引起社会各界的普遍重视。

在知网以"实践能力"作为关键词进行搜索,我们一共能得到1 569篇论文,通过年度汇总的可视化分析发现,1992—2020年,与"实践能力"相关文献的发表趋势大致可分为两个方面:一是1999—2011年间,随着1999年国家颁布了法规首次提出实践能力以来,关于实践能力的研究就逐步增加,2012—2014这四年到达研究高峰,并且在2014年达到峰值(137篇),年均发文量能达到132篇;二是相对之前的研究高峰,关于实践能力的研究从2015起至2020年间逐步减少,呈现"降温"趋势,并于2020年达到最低,只有43篇。

通过对相关文献的学科分布情况进行分析后可以发现:49.26%的文章发表在高等教育上,职业教育达到9.15%,中等教育和初等教育分别是3.75%和0.68%;通过对相关文献作者分布情况进行分析后可发现:辽宁师范大学的傅维利和刘磊发文最多,均达到6篇,其次是来自河海大学的朱昌平,有5篇。

由于对实践能力研究的目标不同,其中大部分都对培育对策、培育现状、培育模式进行了研究。

1. 实践能力培养现状研究

我国相关专业人员在实践能力的培养方面进行了深入的研究,认为中小学阶段缺乏实践经验,导致这个结果的主要原因是学科实践能力的不足。杨欢欢对国内当前的教育环境和教育水平进行了一定调查,认为当前我国对小学阶段的实践能力重视程度远远不够,在小学阶段的实践能力培养缺乏可持续性,没有明确的体系结构。陆小菊对相关部门以及学校进行了大范围的问卷调查发现,在初中阶段,许多学生在实践能力的发展过程中受到了限制,主要原因是大多数学生在人际交

往中自信心不强以及自主意识较低。

针对当前形势,大量的研究人员进行了多次研究,刘三朵指出:大学阶段阻碍实践能力培养的原因就是"眼高手低",其中"手低"是指学生在学习过程中,缺乏动手能力,这使得许多大学生在毕业后不能很好地融入社会。邓辉、李炳煌对此理论提出:我国大学院校在对学生的实践能力培养方面极其缺乏经验,尤其是相比于许多国际大学,我国大学生的实践能力亟待提高。

从上文总结如下:第一,已有的研究表明,目前我国对学生实践能力培养并不重视,缺乏科学性、合理性;第二,对目前已有的研究对象进行分析,各个学段都存在实践能力不足的问题,因此我们应当准确地找出问题并进行归纳整理,然后推行一套科学合理且有效的培养方案,对目前的环境进行改良;第三,从当前研究的过程和方向来看,许多研究在最终总结经验的时候,经常出现实证研究方法少于学生实践能力培养现状的情况。

2. 实践能力培养模式研究

在教育要与生产劳动相结合的思想指引下,我国的各级各类学校都开始了学生实践能力的培养活动。国外学校能找到许多在实践能力培养层面上的可行性案例,比如美国的著名教育家杜威表示,培养实践能力应当运用实用主义的思想,提出"做中学"的理论,让学生在实践中学习,并且在授课过程中将内容与体系设计相互统一。

国内对于实践能力的培养模式也有较为深入的探讨,就中小学而言,学生实践能力的培养出现了"课外依附"、"专门设课"和"课堂渗透"三种基本模式。

（1）课外依附模式

所谓课外依附模式,是指不在课堂里培养学生的实践能力,而是依附于各学科教学,在课外活动的过程中培养学生实践能力的育人模式。1952 年教育部颁布的《小学暂行规程（草案）》就明确规定:"劳作在各科教学的实验、实习中和课外另定时间教学,不列入教学科目内。"很明显,作为学生实践能力培养重要组成部分的生产劳动教育,在我国最初是以课外依附模式出现的。我国教育学者傅维利将其划分为"产学合作模式""合作教育模式"等。

（2）专门设课模式

所谓专门设课模式,是指通过专门设置课程的形式来培养学生实践能力的育人模式。1955 年,小学设有手工劳动课和农业常识课,中学设有制图课、工农业基础知识课和实习课。1992 年原国家教委颁布的《九年制义务教育全日制小学、初级中学课程计划（试行）》规定:在小学阶段设置劳动课,在中学阶段设置劳动技术课。从 1992 年开始,原本就带有实践教育成分的课外活动,也以"活动课程"的形式出现在课程计划之中。从 2001 年开始,在新课程改革背景下,原有的劳动课、劳动技术课、活动课全部归并到了"综合实践活动课程"之中。"综合实践活动课程"在我国已开设20年了,但总体看,实施状况并不理想。有的学校在吸收借鉴国外的STEM课程建设经验,有的学校在自主积累乡土化、项目化、常规化建设经验,更多的学校则有淡化、弱化该课程的迹象。

(3) 课堂渗透模式

所谓课堂渗透模式,是指在语文、数学、外语等诸学科的课堂教学过程中,渗透开展实践能力培养的育人模式。例如,在育才中学八字教学模式中的"议议"环节,在黎世法的五步教学模式中的"研讨学习"环节,在魏书生的六步教学模式中的"讨论"环节,在邱学华的尝试教学模式中的"学生讨论"环节,在杜郎口中学"三三六"自主学习模式中的"分组合作"和"展现提升"环节,在太谷"二十四字"课堂教学模式中的"合作交流、展示点评"环节,均蕴含了实践教育的成分。实际上,除了在一些著名的课堂教学模式中不自觉地蕴含着实践教育的成分外,还有一些教师积极探索在课堂开展"合作""对话""交流""展示""研讨""探究""实验""实操""短剧"等实践或准实践活动的方式方法,为培养学生的实践能力作出了积极贡献。

但是,目前我们的中小学教师、家长和学生对实践教育的重要性还缺乏清醒的认识,实践课程存在走空、走虚、淡化、弱化的情况。在卢仲衡的自觉辅导教学模式中,在洋思中学"先学后教、当堂训练"模式中,在中小学教师广泛研习的凯洛夫"五环节"教学模式中,均没有实践教育的踪影。

3. 实践能力培养对策研究

关于小学生实践能力培养对策,许多专家学者都提出了极具指导意义的建议。有相关专业人士将中小学生的实践能力结构作为实验对象进行深入研究,如陆小菊通过对初中授课过程中的实践能力培养进行了深入的研究,提出了该阶段的培养实践能力的对策。许多学者受到启发,如吴钢、陆海珍提出,通过对学生加强实践能力培养的效率研究,学校要构建出更加适合学生学习的教育体系。熊琦伟、万文涛等相关学者从教育的生态学层面上考虑,如果想提升小学阶段的学生们的实践能力,应当对以往传统的考试制度进行改革,并且对当前的教育形式进行更加科学且合理的革新,使每个家庭对实践能力培养理念更加重视,从而为学生构造更加适合当今社会的环境。吴志华认为,中小学阶段应重视对学生实践能力方面的培养,并且对当前的情况加以研究,表明这一阶段的教育制度和指导意义需进行改善,开发培养实践能力的相关课程,这样才能保证学生有良好实践能力的环境。

从上文可以得知,我国学者专家对学生实践能力的培养层面有着相当多的研究以及对策,但将这些理论整理归纳起来,可以发现两大特点:第一,都是根据不同的学段作为研究对象,并且从中对学生实践能力的培养及特征进行研究;第二,无论是对小学阶段还是中学阶段甚至是大学阶段,都对当前的教育形式提出了全新的对策以及思想。当前的研究成果是根据研究对象现阶段的实践能力进行总结,对实践能力缺失的原因提出说法。

(二) 已有研究述评

通过文献计量分析发现,小学生的实践能力作为重点议题受到广大关注,国内外学者不断探索如何培养小学生的实践能力,得出了系列答案。但是,我国专家学者对小学生实践能力的基础理论研究有所欠缺。

1. 研究深度有待全面推进

学界对实践智力、实践能力、实践性知识的结构已有初步探讨,但显然还是粗浅的、框架式的,看不出它的境域性、动态性、复杂性和多维性。此外,"创新"与"实践"之间的关系也值得深入探讨。杨叔子、张福润认为"创新之根在于实践",李培根认为"主动实践是培养大学生创新能力的关键",但研究深度还远远不够。实践教育的意义和价值也值得进一步深入探讨。因此,相关实践能力研究的纵向深度有待进一步推进。

2. 研究对象有待聚焦为小学生

国外的STEAM课程模式、吉安三锡坊小学的项目化教学模式等,均只适合于科技探索,并不能普遍适用各种类型的综合实践活动。学界对综合实践活动课程实施模式的研究,还需要分类细化。目前学界对课堂融入实践教育的研究,还处在怎么开展"合作""对话""交流""展示""研讨""探究""实验""实操""短剧"等活动的阶段,还没有上升到实践教育的层面,更没有上升到尊重素养发展规律、均衡多方面素养发展的层面。到目前为止,我国对中小学课堂教学模式的实践探索看似"百花齐放",实则基本上都是经验总结外加相互借鉴的结果。实践能力的发展与养成主要是在小学阶段,这也是一个至关重要的时期,因此要加强关注与重视。但学术界大部分关注的是中学群体和个体,而忽略了以小学生为对象的实践能力培养的研究,要实现实践能力培养的全面研究,就要学会把小学生、中学生联系起来,整体性进行探讨。未来我们需要加强对素养成长机制的认识,加强对育人工程原理的认识,并在此基础上设计创造出兼顾多方面素养协调发展的课堂教学模式,即需要在全面把握育人目标的前提下,积累"合作""对话""交流""展示""研讨""探究""实验""实操""短剧"等教育经验,攻克实践教育融入课堂的难点。

3. 研究方法有待多样化

学术界对学生实践能力培养的方法大多从历史经验和自我的主观认识中得出。实践出真知,它的本质属性与结构也决定了实际能力的培养要从哪个方面、哪个领域实施,实践能力的本质内涵可以从它自身的概念得出,加上正确的思辨,又可以进一步诠释它的本质,不过这也是主观臆测的方面,只是用经验和主观思辨的方法进行解释,并没有进行实证,不能反映出实践能力结构的信效度和科学性,也不能完全被学生所试用。"实证研究是教育学走向科学的必要途径",所以,实践是检验真理的唯一标准,要想使研究科学化,实践是不可或缺的一步。综上所述,小学生实践能力培养不仅要从理论入手,还要从实践出发,其内涵的研究价值值得学者们不断探索与持久关注。

(三) 研究的意义

1. 立足核心素养的形成,研究"尚实"理念下提升小学生学科实践能力的策略和模式,明确实践能力对提升小学生核心素养的理论价值、内涵及实施意义。

2. 开发促进小学生学科实践能力提升的资源、活动设计;探讨如何在校园环境内结合社会资源、家庭资源培育学生个体在实践活动中解决实际问题所必须具备的思考能力和行为能力。

3. 构建"尚实"理念下小学生学科实践能力的量化评价体系。

4. 研究用学科特有的方式学习或获取学科知识,从品行修养、学业质量等方面培养学生尊崇乐学好问,注重知行合一;通过具体实践锤炼学生学会学习,学会生活,学会做人,学做现代社会的高尚的人。

三、研究的目标、内容与重点

(一) 研究目标

通过对小学生学科实践能力发展现状的调查研究,归纳分析小学生实践能力发展方面存在的问题,研究"尚实"理念下提升小学生学科实践能力的策略和模式,明确实践能力对提升小学生核心素养的理论价值、内涵及实施意义;开发促进小学生学科实践能力提升的资源、设计活动;建构"尚实"理念下提升小学生学科实践能力的课堂教学模式,明确培养小学生实践能力的课堂教学策略,构建"'尚实'理念下提升小学生学科实践能力"的量化评价体系,最终提高小学生的实践能力与核心素养。

（二）研究内容

1. 研究"尚实"理念下提升小学生学科实践能力的资源开发与实践活动设计。
（1）开发生活资源,设计体验性实践活动；
（2）开发教材资源,设计探究性实践活动；
（3）开发社会资源,设计延伸性实践活动。
2. 建构"尚实"理念下提升小学生学科实践能力的课堂教学模式。
3. 明确"尚实"理念下提升小学生学科实践能力的课堂教学策略。
（1）研究"尚实"理念下提升小学生学科实践能力的情境创设策略；
（2）研究"尚实"理念下提升小学生学科实践能力的活动设计策略。
① 着眼知识特点,激发实践需求,形成问题链,孕伏实践需求；
② 着眼学生特点,挖掘实践层次,形成问题场,丰富实践体验；
③ 着眼生活运用,延伸实践效能,构建生活域,促进能力提升。
4. 研究"尚实"理念下小学生学科实践能力的深化及提升策略。
5. 研究制定"尚实"理念下提升小学生学科实践能力的量化评价体系。

（三）研究重点

1. 研究课堂中学科设计、学科呈现、学科评价等对提升小学生学科实践能力的作用,架构并形成培养小学生实践能力的有效模式、教学策略、评价方法。

2. 开发设计与学段特点及教材知识体系相切合的、促进小学生学科实践能力提升的实践资源。根据课堂观察及问卷调查,设计小学生学科实践能力的量化评价标准。

四、研究的思路、过程与方法

（一）研究思路

围绕课题研究目标,在研究过程中遵循"理论学习—实践研究—过程记录分析—调整实施计划—再实施—模式建构—策略总结"的思想,确定以下研究思路：

通过文献研究,挖掘学科实践的内涵及特质；通过问卷及课堂观察,了解教师课堂教学的常态,从课堂教学的角度寻找改变途径；针对不同学段的学习内容设计书面问卷,在数据分析中明晰学生"学科实践"的水平,探寻提升学科实践能力的教学策略；解读教材,开发提升小学生实践能力的资源,设计学科活动；加强课堂教学实践与反思,制定课堂教学评价量表,在行动中总结提升小学生学科实践能力的教学模式、有效策略、评价标准。

（二）研究过程

1. 准备阶段

这个阶段主要采取文献研究法，阅读相关文献，了解该项目的研究现状和发展趋势。

（1）查找有关提升小学生学科实践能力的文献资料，阅读一些教学和儿童心理方面的文献，两位课题主持人商讨课题研究方向；

（2）成立课题组，制订课题研究方案，积累材料与经验，撰写调查报告，课题组成员进行分工，各自制订子课题研究方案。

2. 实施阶段

这个阶段主要采取行动研究法，有组织、有计划地开展各项活动。根据研究情况，适时修改研究方案，调整研究思路，并依据"课题实施计划"定期进行检查、评估，做到及时发现问题、合理解决问题，以促进课题研究的深入开展。

（1）根据研究方案开展调查，寻找研究的重点。

（2）生本研读：组织课题组成员研读教材，根据小学生学科实践能力的分布特点与儿童的年龄特点，分年段进行前测，分析研究小学生的学习起点；梳理小学生在学科实践能力实施过程中存在的问题，开发设计学科资源，在学科教学中进行学科实践。

（3）活动研讨：根据学习起点的定位进行教学案例的预设，结合不同学段、不同内容，分别设计学科实践，分类组织研讨课，以课促思，带动研究的深入，探寻提升小学生学科实践能力形成的途径、方法，讨论构建基于"尚实"理念下提升小学生学科实践能力的课堂教学范式。

（4）评价量化：通过调研、问卷等形式，对比小学生学科实践水平的变化情况，制定提升小学生学科实践能力的课堂教学评价量表。

（5）材料梳理：根据研究进展，收集提升小学生学科实践能力的课堂教学案例，在研讨、行动、概括的基础上形成研究论文。

3. 总结展示阶段

（1）整理研究资料，总结成果，撰写研究报告；

（2）形成成果展示集；

(3) 推介课题研究成果。

（三）研究方法

本课题实施过程中主要采用文献研究法、行动研究法、调查法、经验总结法等。

1. 文献研究法：通过查阅、分析相关理论文献资料，进一步提升课题研究的设计与实施，形成相关"研究综述"。

2. 行动研究法：根据课题方案进行研究，在研究过程中步步落实，在教学实践的基础上进行验证，根据实际情况随机进行调整、修改及补充，对已有的经验进行筛选，提出新的实施策略，以求研究的实效性，形成新的教学思路，致力于改善教育现状。其步骤为"制订计划—采取行动—进行观察—总结反思"。

3. 调查法：通过问卷、座谈等多种形式，全面具体地了解学科实践资源的开发、组织与实施情况，以及学生学习状况、学习经验，收集关于课题研究的素材，对课题研究的状况进行分析，改进研究思路。

4. 经验总结法：定期进行课题阶段小结，将教师在教育实践中比较零碎的初步认识成果进行汇总。对在实践中搜集的材料进行提炼并进行适时分析，得出能揭示提升小学生学科实践能力的本质和规律。

五、主要观点与可能的创新之处

（一）主要观点

学科学习的终极目标不只是建构一套知识原理，而是将知识运用于实践，并在实践中变为核心素养。《新方案》在"深化教学改革"部分明确提出：强化学科实践，注重在"做中学"，引导学生参与学科探究活动，经历发现问题、解决问题、建构知识、运用知识的过程，体会学科的思想方法。加强知识学习与学生经验、现实生活、社会实践之间的联系，注重真实情境的创设，增强学生认识真实世界、解决真实问题的能力。

在小学生实践能力形成的过程中，学科教学的设计、呈现方式以及评价方式等也会产生一定程度的影响，通过课堂观察量表的设计，在数据比对中分析这些因素的影响程度，从而让课堂教学更好地促进小学生学科实践能力的培养。

开发、设计小学生学科实践资源，构建基于提升小学生学科实践能力的课堂教学模式，形成教学策略。这不仅丰富了教学资源，还可以让学科实践与课堂教学有机融合，使知识学习充满探究与体验，促进学习的深入。

(二) 可能的创新之处

本课题目的是研究学科教学对小学生学科实践能力的影响,在此基础上梳理建构"提升小学生学科实践能力"的课堂教学模式。该类课题目前在国内的研究并不多,研究成果也很少,所以本项课题的研究可以在一定程度上填补关于提升小学生学科实践能力的空白。

(1) 学习方式的创新:构建学习、生活、实践一体化的体验教育,在研究中让小学生积极主动地投身到学习和生活实践中,通过自己的观察、体验、感悟,大胆尝试,学会学习、学会生活、学会相处,进而培养小学生自立自强的意识、求真务实的态度、辩证看问题的思维和创新实践的精神。

(2) 评价方式的创新:传统的评价方式都是静态的、单一的,评价结果注重的是学生的最后成果,评价对象聚焦的是少数学生。本课题将立足于小学生实践能力的发展、潜能的发挥,创新评价方式,采用动态、多元的评价方式,运用"阶梯评价",让小学生构建个性化的自我。

(注:本课题为申报江苏省教育科学规划领导小组批准的普教立项课题。)

建构"尚实"课堂　强化学科实践

——学校教育教学改革实施方案

青口小学以习近平新时代中国特色社会主义为指导，全面贯彻党的教育方针，聚焦立德树人根本任务，坚持"五育并举"，深化教育教学改革，完善学校管理和教育评价体系，以提高教学质量为核心，以改革创新为动力，以学生的核心素养发展为宗旨，办人民满意的教育，打造更高品质"学在赣榆"品牌。

一、"尚实"理念的确立

连云港市青口中心小学是一所地处城区的省级实验小学，其前身是建于道光二十六年的"选青书院"，著名实业家、教育家、清末状元张謇赴京应试之前，曾在这里担任三年山长。张謇主张，教育要"尚实"，注重"躬行实践"，即崇尚实学，注重实践，讲究实用。崇尚实学，就是培养实用型人才；注重实践，就是主张"知行合一"，鞭策学生"负责任，知实践，务合群，增阅历，练能力"，以适应今日世界竞争的需要；讲究实用，就是希望学生了解历史，知耻而勇，学好专业，服务国家。

我校"尚实"教育核心理念是"崇尚实学，躬身实践"。"崇尚实学"是从学生的品行修养、素质才华、学业成绩等方面尊崇"学无止境"；"躬身实践"是以人为本，注重实践，知行合一，关注学生终身发展。特定的历史文化资源，赋予学校特殊的教育使命。在继承中发展，在实践中创新，建构学思结合、知行并重的特色课堂，着力培育"尚实"品质，给每一个学生赋能，发挥学科实践对于关键能力和素养转化的发展性作用，让学生的核心素养稳步提升。

二、改革目标

1. 务实课堂：强化课堂研究性

（1）榜样带动。学校领导班子要坚持深入课堂，通过课堂观察为改革"把脉"，通过交流沟通为改革"导航"。通过教研沙龙和名师论坛引领课改团队，每周推出"新人汇报课"、"青年成长课"以及"名师精品课"，间周举行教研沙龙和名师论坛，全员参与新课改，群策群力破难题。

（2）教研助推。实施课堂教学改革后，课前如何预习、教师怎样引导、导学单如何设计、小组如何组建、学习如何深入等问题的产生与发现,为课堂教学改革的深入推进提供了新的切入点。学校结合市、区教育局的改革要求,组织教师梳理"微问题",申报"微课题",开展"微研究",以课堂为现场,把课堂变成教学研究室,让每一位教师成为行动的研究者。

2. 立足现实:盘活资源生成性

课堂教学必须走出"一本书的时代",充分利用身边的资源,开放学习,创造生成。盘活资源,从空间和时间两方面把"提笔即练字,正姿好读书"的目标落到实处:(1)利用图书馆、阅览室和书吧走廊,定期开展班级图书漂流活动;(2)聘请校外人员对全体教师开展写字指导培训,提升教师写字"内功"。在延时服务中,每周开设两节"写字工程"推进课,安排人员从学生坐姿、执笔姿势、桌面物品摆放、教师指导、课件使用等方面重点检查,促进"尚实"课堂学生学习习惯的养成。

传承红色基因,弘扬"尚实"理念。挖掘和整合课程资源,开发人文、艺术、体育、烹饪、劳动教育、财商、研学等系列课程,丰富课程内涵,丰盈课程体系,形成校本特色。今年,学校将统筹规划并系统开发统整项目课程,组建10个项目共同体,从"建构模型、研制典型案例""实践改进、辐射推广""调整课程结构、研发综合课程"三个方面进行实践探索。

3. 注重实效:明确素养导向性

以素养为导向的评价必然是一种指向育人的评价,必须超越对碎片化知识技能的检测,指向学生正确价值观、必备品格和关键能力的培育。在评价方式上,标准化测验不能作为唯一的评价手段,而需要采取多元化的评价方式,注重动手操作、作品展示、口头报告等多种方式的综合运用。学生不能仅被视为评价的对象,更应当成为评价的重要主体和评价结果的关键用户,要让学生进行自我评价,并运用评价结果进行自我反思,将所学内化为真实的素养。

要充分发挥评价的诊断和激励功能,促进学生个性化学习与发展。①变"横比"为"纵比",即将自己的发展水平与自己的原有水平比;②变比"高线"为比"标准",即不以全班最优秀、最高标准来评价,而是以学科教学的课程标准、要求来评价,合格即达标。

4. 学科实践:育人方式情境性

(1)注重身体参与和亲身经历。从认识论的角度来说,只有身体参与和亲身经历才能有效解决感性认识与理性认识的转化关系,并促使感性认识和理性认识的良性循环。身体参与和亲身经历能有效解决知识的内化和活化问题,知识由外转内、由惰性转为活性,依靠的是基于身体参与和亲身经历而产生的体验和感悟。

（2）倡导真实情境和项目化学习。以情境、问题、任务、项目的方式进行"登山式"的呈现和推进,这样就促使学生必须去经历、去参与、去探究、去完成,而不是简单地听、记、背、练。显而易见,通过这样的方式去获得知识是费劲的,甚至是"事倍功半"的,但它却是核心素养形成的必经路径,对学生的未来发展具有不可取代的作用。

三、组织机构

1. 领导小组

组　　长:谭鑫之
副组长:韩善亮　李　远　李　勇　孙成斌　王班利
组　　员:董淑贵　张　伟　滕　乐　武传刚　尚明晓　徐宜强　马济敏
　　　　　丁自于　谷圣娟　陆文亮　杨淑惠　张维春　刘子玮　欧　颖

具体职责:组长全面领导并参与教学改革工作,指导教学改革活动;副组长对教学改革进行部署、实施;小组成员负责相应学科课改小组工作的督促指导,实施全校课堂教学改革工作。

2. 引领团队

语文学科:刘江彦　董洪伟　陈学壮　王　静　郑凤萍　钟　慧
数学学科:卢华玲　陈　橙　张秀华　胡　艳　胡世娟　王金秀
英语学科:姚　瑶　慈旭生　汪月琳　苗　伟　秦　娟　周丽萍
综合学科:张海侠　张　雪　郭慧敏　董秀萍　董洪叶　周家娥

具体职责:研究团队要正确理解课堂教学改革的意义,把握课堂教学改革的方向,能创造性地开展各项教学活动,有效落实课堂教学改革的各项要求。

四、推进措施

（一）建模"尚实"课堂,强化学科实践

1. 基于"尚实"理念,建构教学范式

（1）"尚实"课堂基本理念:源于实践、经历实践、为了实践。

注重具身认知,引导学生参与学科探究活动,经历发现问题、解决问题、建构知识、运用知识的过程,体会学科的思想方法。

加强知识学习与学生原有经验、现实生活、社会实践之间的联系,注重真实情境的创设,增强学生认识真实世界、解决真实问题的能力。

（2）"尚实"课堂教学策略：基于学生独立学习能力，锤炼学生独立学习能力，提高学生独立学习能力。

（3）"尚实"课堂学习方式：独立思考、合作探究、体验感悟。

简单的问题自己学会，难点问题、复杂问题通过合作探究、点拨指导学会。

（4）"尚实"课堂教学方式：启发思考、指导探究、学科实践。

（5）"尚实"课堂教学模型：任务引领、合作探究、交流展示、精讲点拨、实践体验。

（6）"尚实"课堂基本特征：情境性、学科性、实践性。

（7）"尚实"课堂实施"五步教学"，基本教学范式如下：

第一步：任务引领自主学；

第二步：小组合作探究学；

第三步：全班交流展示学；

第四步：精讲点拨助力学；

第五步：学科实践体验学。

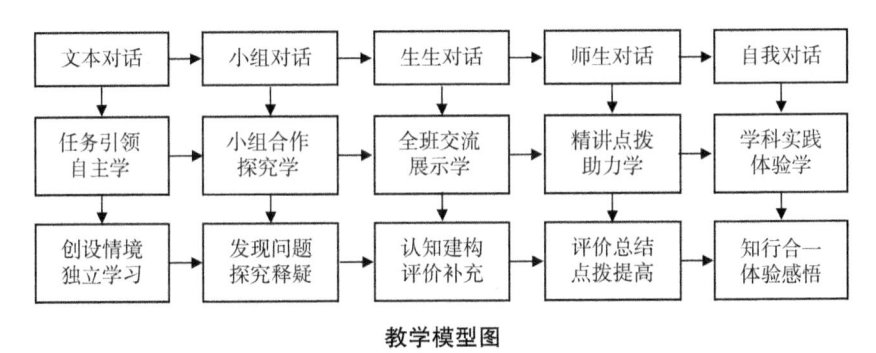

文本对话	小组对话	生生对话	师生对话	自我对话
任务引领自主学	小组合作探究学	全班交流展示学	精讲点拨助力学	学科实践体验学
创设情境独立学习	发现问题探究释疑	认知建构评价补充	评价总结点拨提高	知行合一体验感悟

教学模型图

2. 务实校本研修，提升改革内涵

依托校本研修活动，推进课堂教学改革常态化进行。教研活动要聚焦"尚实"课堂的研究，在教与学的方式上大胆探索，勇于实践，不断总结、提炼，在反复实践中提高"尚实"课堂的教学水平。学科主任、教研组长要切实负起责任，把好课前准备关，没有聚焦"尚实"课改的公开课不要上，没有实践"尚实"教学的课堂视为不达标。评课、说课、演课都要聚焦"尚实"课堂，聚焦如何进行"教"的设计，如何组织学习活动等问题。

依托集体备课活动，组织教师深入解读教材。聚焦"尚实"课堂改革，全面了解学生的知识基础、认知能力、学习态度、年龄特征，依据学科本质与学生原有经验，把握教学梯度，设计学生"怎么学"的环节，聚焦学生核心素养的发展。教学设计应倡导板块化教学，让学生经历体验、理解、内化、迁移的学习过程。在业务"周查"

中,重点检查备课中关于"尚实"教学的设计与反思。

3. 开展教学练兵,人人课堂过关

党员教师先行上好"示范课",充分发挥党员教师在课堂教学上的示范引领和辐射带动作用,树立课堂标杆,引领广大教师立足课堂,不断提升业务水平和教学能力。本学期,结合区教研室"我最满意的一节课"的工作部署,组织全体教师开展"'尚实'课堂大练兵暨'我最满意的一节课'"活动。评价结果作为教师评优评先、教学实绩考核的依据。

(二)打造特色品牌,创新德育方式

1. 校本课程系统化。从主题内容和学习方式两个方面入手,系统化开发两大模块的"尚实"教育校本课程。一是聚焦"责任担当",开发"尚实"人文课程。编印《选青》《战旗飘扬》《抗日山研学之旅》等校本教材,用好已出版的由本校教师策划制作的60页的少儿连环画《张謇与青口》,筹划出版《许鼎霖》《青口英雄谱》等口袋书,以此培育学生的家国情怀。二是聚焦"实践创新",开发"尚实"知行课程。编印《青口河,母亲河》《疫情防控你我他》《我爱绿色校园》《我是文明小主人》《青口小学班会》等校本教材,培养学生面向未来的社会生活能力。

2. 党建文化品牌化。继续树立党员模范先锋岗,在全体党员教师中开展"留取丹心照汗'青'"的校本化主题实践教育活动,将党员干部、党员教师的"责任担当"落实在"尚实"教育中,全面提升教师的综合素养与学生的关键能力,努力打造青小校本化党建品牌。

3. 社团建设精品化。每周三下午设为无作业日,整合课时,进行社团活动,以阅读、运动、艺术等内容组建校级和班级两级社团,采用内聘、外聘形式,融通师资来源,优化资源配置,推动社团发展精品化。班级社团以拓展类活动为主,重点开展各学科的拓展活动,培养学生的学科爱好,走出教材、走出课堂、走进生活、走进实践,形成素养;校级社团以文体类活动为主,打造合唱、舞蹈、轮滑、花式跳绳等精品社团,让学生在社团活动中涵养品德、开发智力、健体审美、愉悦身心,形成技能。推进学生社团的考核工作,实行特长培养达标考核,实现一师一特技、一生一特长。

(三)扎实常规管理,提升核心素养

1. 落实课程计划,开展达标评价。在开齐、开足并上好各门课程的基础上,每学期末,开展课程学习综合评价达标行动,所有学科由学校统一组织达标考核,没有达标过关的学生,经过学习辅导,再接受考核,直到达标过关为止。达标考核,让每个学生学好、学会各门课程,实现综合发展。

2. 推进作业改革,落实"五项管理"。严控作业总量,深化作业研究,完善作业

布置审批制、公示制,强力推进作业设计研究,细化"规定作业、自选作业、探究作业"的设计与批改。加强"五项管理",家校联手引导学生科学管理自己的作息时间。规范考试管理,正确使用考试结果,切实减轻学生的学业焦虑和课业负担。

3. 细化行为指导,形成良好习惯。细化学习行为的指导,一点一点抓习惯,一天一天抓养成。分阶段检查评比学生执笔、坐姿、坐读、站读、物品摆放、个人卫生、文明用语等习惯的养成教育。低年级知规矩,初步形成规则意识,养成专心的习惯;中年级守常规,逐步形成条理意识,养成细心的习惯;高年级成常态,固化形成自律意识,养成思考的习惯。

4. 关爱"特殊学生",呵护心理健康。"特殊学生"涵盖思想道德、行为习惯、学科学习三个主要方面。完善"特殊学生"动态帮扶档案,将帮扶档案责任到年级、班级、任课教师。继续开展"万师访万家"活动,党员先行,教干、教师全员参与,深入家庭进行面对面交流,了解家长的教育需求和学生心理状况,必要时积极开展心理疏导。持续开展"倾听一刻钟"行动,做好"教师听""朋辈听"等工作,及时化解"特殊学生"的恐慌、焦虑等负面情绪。

5. 密切家校沟通,细化教育指导。定期召开家长会,每半年开展一次面向家长的心理健康教育,通过"致家长一封信"、线上线下家长会等多种形式,指导家长建立和谐的亲子关系并营造温馨的家庭氛围,重点关注亲子关系不良和沉迷网络的学生,及时与家长做好有效沟通。利用家长交流群、学校公众号等形式为家长提供关于亲子关系、青春期成长等家长关心的话题的指导。

(四) 落实联合教研,推进联盟共建

加强"祝其"共同体和"青禾"教科研共同体建设,继续做好与夹山小学务实联盟的共建工作,聚焦课堂共建,开展专题研讨、互动交流,引领教师深入研究,着力提高学生的学习能力。

建立"党建联盟",在共促组织建设、共育党员队伍、共享优势资源、共通学段差异、共融文化自信、共提育人质量等方面相互协作,共同发展。互派教师参加听课、说课、评课、集体备课等活动,择优选派党员教师到联盟校挂职锻炼。

五、改革推进安排

(一) 准备阶段

1. 总结、反思前期课堂改革推进工作,邀请市、区专家来校论证、指导"尚实"课堂教学改革实施方案。

2. 组织教师就新课标、新教材、新课改等方面内容进行培训。加强教师研究能力的建设,开展"尚实"课堂教学改革的专题培训。

3. 规划师德建设活动方案,完善学生常规管理细则,开展"尚实"课堂学生学习习惯检查评比活动。

4. 规划、完善课后服务与社团管理。

(二) 推进阶段

1. 开展"'尚实'课堂教学大练兵暨'我最满意的一节课'"活动,各学科教师探索、实践"尚实"课堂教学模式,不断总结、反思、改进。

2. 开展学生人文素养课程和"尚实"课堂学生常规习惯养成教育。

3. 组织教师开展写字等全员培训活动。

4. 课改团队引领课改,针对课堂各环节的操作方式进行细化研究。

5. 开展"尚实"课堂教学研讨,组织立标课、示范课,开展课改沙龙活动。

6. 深入开展"尚实"课堂调研工作,诊断教学问题,提出解决问题的办法,提升"尚实"课堂教学效果。组建评价团队,进行一线调研,凝聚骨干教师智慧,建立定期协商机制,持续推进课改良性发展。

7. 开展"尚实"课堂教学过关达标课活动。

8. 推进师德建设。

基于校情,针对实际问题,持续开展师德专题教育活动。推进师德标兵评选活动,树立身边的师德榜样,以榜样引领教师群体成长。

推进师德综合评价工作,划定师德"红线",学校、教师、家长、学生共同参与,实行师德考核一票否决制。

对教干,实行责任管理,推行日常工作责任制,每项工作责任到人,根据工作实效,评价教干工作作风,评价结果与岗位聘用挂钩;对教师,推行常规工作考核制,从出勤、上课、备课、作业批改、班级管理等方面进行考核,评价教师工作作风。

建立并推动教师发展共同体,根据我校师资状况,成立青年教师成长共同体、骨干教师发展共同体、老教师工作站、班主任发展共同体等。

弘扬教育大爱,开展以"爱"为主题的实践活动,爱学校、爱班级、爱学生、爱工作,培养教师的仁爱之心、道德情操,发现先进典型,进行表彰奖励并宣传推广。

9. 务实课程计划落实的检查,推进社团活动的过程管理,建立相应的考核评价办法。

10. 开展班风建设,推进活动和学习习惯培养,并评价考核活动。

(三) 展示阶段

1. 优化、完善"尚实"课堂评价标准;

2. 开展"尚实"课堂教学示范课活动;

3. 围绕"尚实"课堂教学改革,撰写教学反思,召开经验交流会,对达标课活动

的开展情况进行总结、表彰;

　　4. 召开"尚实"课堂教学改革研讨会,总结得与失,完善学科课型范式的操作;

　　5. 评选校级优秀教师、优秀班主任、师德标兵等活动;

　　6. 社团建设成果展示活动。

在管理中求证规范　在规范中创新管理

——创新管理规范的实践与思考

为全面落实国家《深化新时代教育评价改革总体方案》和"双减"规定,坚持正确的政绩观和质量观,按照全面贯彻教育方针、深入推进素质教育的要求,我校着力构建科学的教育教学考核评价和质量监测体系,完善可持续发展的长效机制。

一、"人本"思想成为凸现教育理念、实施柔性管理的精髓

办学理念是学校管理和学校发展的基本思想和观念。近年来,我校注重新课程背景下的管理理念创新,变革教学管理模式,构建特色学科教育,积极打造和谐校园,彰显学校的规范性、示范性,以清晰的办学理念和思路,扎实推进学校各项工作的可持续发展。

实践中,我们本着"管理育人""服务育人"的宗旨,在教干、教师中强力推行"以人为本"的思想,即学校树立"人本"思想,教干树立"师本"思想,教师树立"生本"思想,一切为了学生,一切为了教师,一切为了家长,立足岗位,敬业奉献。

首先,加强党风建设,发挥党员干部的"堡垒"作用。一是强化党的组织建设。2021年12月学校召开了一次党员大会,2022年1月分支部又组织召开了民主生活会,开展了批评与自我批评,并民主评议了党员,唤醒了党员教师的主体责任意识。2022年1月,中共中央办公厅印发了《关于建立中小学校党组织领导的校长负责制的意见(试行)》,对此,我校将继续完善党总支及各支部的组织架构,强化党组织作决策、抓班子、带队伍、保落实的领导职责,以党建引领师德师风建设向上向好,保障德育工作落实落细。二是开展"留取丹心照汗'青'"的校本化主题实践教育活动。进一步推进区委教育工委"两在两同"建新功行动方案的实施,将党务工作与教干、教师的思想政治工作、教育教学工作以及德育工作紧密地结合起来,努力打造青小校本化党建品牌。

其次,加强作风建设,放大领导班子的"动车"效应。"火车跑得快,全靠车头带",这是过去的管理理念。如今,动车成为高效率的交通工具,其原因是每一节车厢都能能动地发挥自己的职能,从而形成合力,使管理中的"心往一处想,劲往一处使"成为可能。我们学校按照德才兼备原则优化了班子组合,领导班子严格遵守作息制度,实行签到制,为教师做好模范带头作用。班子成员深入教学第一线,主动

承担教学任务,积极参加教育科研和教育改革,同时,在勤政、廉政、优政方面,起到了很好的引领作用。

最后,加强行风建设,塑造教师队伍的群体形象。我校始终把教师的职业道德作为队伍建设的重中之重抓实抓牢,积极开展"三和""四严"教育活动,即全校教师自觉做到对学生和蔼可亲、对家长和气有礼、与同事和睦相处,对学生严而有情、严而有方、严而有序、严而有格。同时,因校制宜地修订了《小学爱生公约》《教师十不准》等一系列规章制度,规范教师的行为,并编辑了《教师风采录》《教师爱生格言集》,引导教师不断提高自身的师表形象。

二、"双减"规定成为规范办学行为、提升素质教育的行动指南

我校严格执行国家课程计划,严格控制学生在校集中教学活动的时间,严格考试次数,坚决制止有偿家教。在管理中又结合实际,提出了本校贯彻省"双减"规定的具体实施方案,进行阶段性自查自纠,不断解决办学过程中存在的突出问题。同时抓好舆论宣传,在当地营造了有利于规范办学行为、提升素质教育的浓郁舆论氛围,引导驻地村队和广大学生家长理解并支持学校规范办学行为及提升素质教育的工作。我们通过设立举报箱、告家长书等形式向社会公开承诺,接受公众、家长和媒体的监督。所谓"名师出高徒",我们在不断优化外部环境的同时,内部挖潜,通过提高教师素质来培养高素质的学生,使素质教育得到不断深化。

1. 做强校本培训工作。校本培训以新课程、新理念培训为中心,以现代教育技术应用和教学基本功比武为着力点,采取了结对子、选苗子和压担子三项措施,对青年教师的教育教学实行导师制。发现素质较高的苗子,瞄准骨干教师的培养目标,加大培养力度;对有培养前途的青年教师大胆启用,将他们推上教育教学工作的重要岗位,提供快速成长的机遇和舞台。同时,学校注重以教育科研来促进青年教师的专业成长,即要求每一位教师都有自己的小课题,教科室负责课题的全过程管理,定期组织教师学习教育科研的前沿理论,对学期初的方案计划、学期中的研究活动、学期末的总结报告实行跟踪管理,每学期一小结,对有课题成果的教师进行奖励。

2. 做优班级管理工作。班级管理是学校常规管理的窗口,班主任管理水平是学校常规管理水平的标志。为此,我校认真贯彻执行《班主任工作暂行规定》,全面落实县局《关于进一步加强班主任工作的意见》的有关要求,我们围绕"十项专题",创新班主任工作。

(1)组织开展班级文化建设活动。为促进班级文化建设,本学期,我校举办了班级环境布置评比活动。师生共同参与,精心装扮自己的教室。有的新颖活泼,生动形象;有的知识丰富,趣味盎然;还有的校内外结合,颇有创意。真是班班有特色,处处皆精彩。同学们看着经自己双手布置后的教室,都不由得发出啧啧赞叹。

(2) 举行班主任工作现场会。为进一步加强班主任工作，提高学校的德育管理水平，我校于2022年3月份举行了别开生面的班主任工作现场观摩会。全学区70多名班主任及各完小校长、主任参加了此次现场会。与会班主任除观看了中心校庄严的升旗仪式、国旗下讲话及学生早操情况外，还参观了校园及各班级的环境布置，特别观摩了一节《赞美春天》的主题班会和一节《爱在校园》的主题队会。这两节班队活动课主题鲜明、创意独特，受到参加观摩活动老师的一致好评。这次班主任现场会起到重要的引领和辐射作用。它的成功召开，把我校德育工作推向一个更高的水平。

　　(3) 表彰奖励一批优秀班主任。为总结经验、树立典型、激励先进，我校还组织了优秀班主任评选活动，且通过召开全体教师会，对优秀班主任进行表彰，并发放班主任专项奖金。此举极大调动了班主任的工作积极性，有力促进了德育工作的深入开展。

　　除此以外，我校还组织班主任工作培训、班主任艺术征文、班主任工作主题征文活动，组织班主任工作材料展评，举行优秀班主任事迹报告会。特别是每一位班主任都积极撰写班主任"心语"，并制成标牌，放于自己的办公桌上，以时刻警醒自己。通过这样一系列活动，切实把班主任工作抓紧抓实，学校被评为县班主任工作先进单位，多名同志被评为区优秀班主任，另有两节班会课被评为区一等奖。

三、"课程改革"成为强化过程监控、提升办学效益的有力推手

　　新课程改革是推动我校的教学质量全面、持续、优质发展的不竭动力。我校以教育科研管理规范为纲，创新管理手段，使教学质量得到不断的提升。

1. 以创新的管理手段推进新课程改革

　　为深入推进课改实验，我们不断完善课改实验制度，狠抓过程管理，在措施上"严"字当头，从"细"处入手，"实"字贯穿始终，深化课堂教学改革，让顶层设计沉下去。我校开发了系列"选青"课程，分阶段推进"童行"课堂教学改革，进一步加强课堂教学管理，在保证"开齐、上足、教好"的基础上，根据不同学科、不同课型的特点建模塑型，在基本课改理念的指引下，尊重教师个性追求，形成"百花争艳"的局面。具体做法如下：

　　(1) 搞好"二个活动"，上好"四节课"。"二个活动"是立体评教活动和中心教研组的集体备课活动；"四节课"是青年教师上好达标课、骨干教师上好电教课、课题组成员上好研讨课、全体教师人人上好年终考评课。

　　(2) 撰写实验周记和教学月记。学年初，我们要求实验年级教师写实验周记，非实验年级教师写教学月记，形式不限，篇幅大小不限。到目前为止，实验周记和教学月记已积累了1 500余份，从而营造了齐抓共管、齐头并进的课改氛围。

（3）编印《课改动态》。中心校在整理实验周记和教学月记的基础上，定期编印《课改动态》，指导、引领课改实验向纵深发展。目前，我校共编印《课改动态》30余期，得到了县局领导的肯定和兄弟学校的好评。

2. 以务实的管理措施规范教学行为

我校严格执行《连云港市中小学教学常规管理要求》，认真制订了本校《课堂教学效益年实施方案》，切实抓好备、教、改、辅、考等教学过程管理。各项教学活动早计划、早落实、讲实效。关于备课作业的检查，做到周查月报与不定期抽查相结合，确保科科过关、轮轮过关、人人过关，力求查细查实。具体做法如下：

（1）坚持领导听课制度。中心校领导班子响应教育局"课堂教学效益年"等主题年号召，每学期对每位教师的课都要听一遍，促进了教师课堂教学水平的提高。有两名教干在2022年全县"校长赛课"活动中获奖。

（2）细化"周查月报制度"。对全体教师的备课、作业、各种记录、手册等工作内容，每周进行定期检查，量化打分，并存入教导处档案，作为教师业务考核的重要依据。

（3）坚持集体备课制度。学校成立了12个集体备课组，定期开展集体研讨与备课活动，全体教师共同参与，集思广益。集体备课活动不仅把教师从繁重的备课负担中解放出来，而且加深了他们对教材的钻研和理解。我校的数学集体备课组被县局评为"优秀集体备课组"，学校先后承办了县语文、英语、科学、体育等大型教学研讨活动。

（4）规范实施课后服务，让作业负担不反弹。一个学期以来，我们不断总结经验教训，形成了"课后服务学会行"的校本化做法，但实践中仍存在诸多困难和阻力，我们将强化过程性管理和监督，制定并完善专项规章制度，避免出现"头痛医头脚痛医脚"的现象。

3. 以科学的评价标准监控教学质量

我校认真贯彻落实《连云港市小学学科质量考核与监控暂行办法》，各门学科的考试、考查根据考核与监控的内容做到单项检测与综合检测相结合，做到笔试、面试、操作相结合，确保教学质量检测的公开公正。我校的成绩稳步提高，在全县小学教学工作会议上，我校3次被区局评为教学质量"十佳"学校。

四、特色办学成为丰富社团活动、打造校园文化的有效载体

打造鲜明的办学特色是现代教育的特征之一，是优质教育资源的重要标志，也是提高办学品位、增强育人功能的必然要求。近年来，我校的办学特色逐步彰显，经过多年的打造，逐渐形成一种文化浸润。

1. 以活动为载体,优化棋艺特色教育工作

棋艺作为我校一项特色教育,已编入校本课程,由专人辅导,定期活动,达到"以棋立德,以棋益智,以棋交友,以棋养性"。我们的具体做法是:兴趣导入,循序渐进,即低年级以跳棋、五子棋为主;中年级以军棋、数棋、中国象棋为主;高年级以围棋、国际象棋为主。有普及有提高,分层推进。另外,还建立班级、年级、校级三级棋艺小组(队),其中校级活动小组近百人,学校利用节假日定期培训,通过设立擂台赛、举办"棋艺节"、参加各种校外比赛等将活动引向深入。

每年"六一"国际儿童节,我校都举办了棋艺节。市区教育局、青口镇及驻地村队领导、企业董事长等应邀先后参加棋艺节的开幕式。学生参加了各个项目不同组别的比赛,整个活动受到了广大师生及来宾的一致好评和广泛赞誉。市区电视台多次做了专题报道。我校还多次组队代表赣榆区小学参加省市棋艺比赛,并取得了优异的成绩。

2. 以经典诵读为依托,建设文化校区

古诗词诵读是我校的又一文化特色,自 2006 年以来,我校开辟了长达 200 多米的古诗词长廊,从《诗经》开始,到《沁园春·长沙》结束,浓缩了历朝历代的几十首古诗词,营造出浓郁的校园文化氛围,真正实现书香校园、诗意校园。为了推进这一特色的开展,我们举行了"古诗词诵读"评比活动,并要求学生在集队放学时诵读古诗词出校园,学生已初步形成了"人人集古诗、人人诵古诗"的良好习惯。自从学校开展放学诵读经典古诗词活动以来,学生的行为得到了规范,既丰富了学生的文化底蕴,又避免了放学时混乱局面的出现,赢得了家长的普遍赞誉。

创新开展社团活动,让校园生活有乐趣。我校将进一步强化社团工作,在面上开展"阅读、运动、艺术"三大系列活动,人人参与;在点上着力推出"戏剧表演""中草药种植""机器人"等品牌项目,内引外联,强化师资保障,因校制宜,加大经费投入。

3. 以学校文化为灵魂,进一步推进内涵发展

一是加强校史文化建设,让校史流动起来,让百年老校处处散发出淡淡的墨香。整体框架已经完成,今年将陆续实施。二是加强精神文化建设,以选青书院"诚以待人,恒以学问"的百年校训为核心,着力构建青口小学的价值理念体系。三是加强行为文化建设,规范升旗仪式,开展最美办公室评比、校园文明大使评比等系列活动,分月推出"选青好教师""选青好少年",并在改建的校园"星光大道"上展出,增强全体师生的归属感、认同感和自豪感。

校史地标

常规管理工作是动态的,不是静止的。管理本身就是一个不断提高、不断发展的持续创新的过程。我们将锐意进取,开拓创新,与时俱进,让"想干事的人有机遇,会干事的人有舞台,干成事的人有名利",自加压力,争先创优,不断开创学校工作的新局面。

益读日进　悦动生活

——亲子"品读行"活动方案

2023年全国教育工作会议指出"要把开展读书活动作为一件大事来抓,引导学生爱读书、读好书、善读书"。让学生养成读书的习惯,需要学校和家长的共同努力。此外,生命在于运动,运动是保障我们健康与幸福的关键所在。新的一年,为给全体家长和学生营造良好的读书氛围,培养阅读习惯,丰富文化生活,提升综合人文素养,经研究,决定开展亲子"品读行"活动。

一、活动目的

1. 积极倡导"爱读书、读好书、善读书"的思想,践行"我读书,我快乐,我成长"的理念,帮助学生养成良好的读书习惯,提高读写能力,夯实文化底蕴,让学生在读书中感知学习的快乐,体验成长的乐趣,提高综合素养。

2. 创建学习型家庭。通过活动,提高家庭教育艺术,使家长成为孩子的榜样,成为孩子知心的朋友。

3. 传播科学的家庭教育理念,培育良好家风,引领亲子读书运动风尚,让更多的孩子与家长在阅读中沁润心灵,涵养品格;在运动中强健体魄,提高家庭生活的质量。

二、活动主题

读书健身,享受健康生活;益读日进,丰润人生底色。

三、活动要求

我校的"尚实"理念根植于深厚的学校历史文化中,是中华优秀文化和先进教育思想的重要凝结。学校秉承"尚实"文化理念,开展"品读行"读书活动。"品读",徜徉书的世界,益读日进,享受愉悦的阅读生活;"行",行起来,动起来,"悦"动生活,进行快乐的体育锻炼。家长要积极行动起来,亲子共读,亲子健身,共同进步。

四、活动形式

每天坚持亲子读书、运动各半小时,让阅读和运动成为好习惯。根据家庭实际和孩子在家时间,结合个人阅读兴趣和健身爱好,每天坚持亲子读书和运动。每学期至少阅读 6 本书以上,每天健身半小时,提倡和孩子先进行有计划的阅读和运动,让阅读和运动成为重要的生活方式。

五、成果展示

1. 朋友圈展示。每周至少 1 次在微信朋友圈发布自己的亲子活动动态,记录阅读、健身情况;在家长群分享阅读、健身心得。微信朋友圈的发布标题为:青小亲子"品读行",图片内容为亲子共读、共运动照片以及共读书目。

2. 读书分享会。学校将分年级组织部分家长参加亲子读书、健身分享交流会,每月开展 1 次。每年举办一个亲子互动的展示节目。

3. 读书心得汇编。及时记录自己的读书心得,记录自己的心灵感悟。心得的篇幅可长可短,每月组织一次亲子共读心得体会征文,并结集汇编。

六、表彰奖励

1. 班主任根据家长发朋友圈、家长群分享、心得体会撰写情况,统计并上报表彰名单,由家庭教育指导中心进行统计、汇总。

2. 学校定期表彰奖励亲子读书、健身先进家庭和优秀家长。

读书越多,内心就越充盈、安静;运动越久,脚下就越坚定、笃实。作为一个乘风破浪的少年,身体和灵魂总有一个要在路上。让我们坚持阅读,坚持运动,在阅读中启迪智慧、滋养心灵,在运动中强身健体、愉悦身心。

书雕

附：

"思想有多远，我们就能走多远！"
——读《不跪着教书》有感

连云港市青口中心小学教师　董洪伟

在床头，我习惯放着几本书。其实我不一定每天都有时间看，有时纯粹是为了心安，有时是在闲暇时间拿起来翻翻，让自己有所收获。其中吴非老师的随笔录——《不跪着教书》，我看得最多，感受也最深。买此书，还是去年夏天逛书店时不经意间觅得的。《不跪着教书》，一个很有骨气、很有个性的书名，一下子吸引了我的眼球，它透着倔强、透着理性、透着思索！我激动地捧起来翻阅，《永不凋谢的玫瑰》《我美丽，因为我在思想》《爱与敬重的阅读》《往高处飞！》《"实话"怎么说》《在欢乐中沉思》等系列文章中显现出一种做人的道理，一种正直纯洁的气质。我立刻喜欢上了这本书。简单地浏览之后，交款，携书回来，细细品味。

轻轻打开书的扉页，一看作者的简介才了解到，原来，"吴非"是王栋生老先生的笔名，他是江苏省特级教师，是教授级中学高级教师，任教于南京师范大学附属中学。他还是一位颇有影响的杂文家，获得过首届"林放杂文奖"，出版过好几本杂文集，著有《中国人的人生观》《中国人的用人术》《污浊也爱唱纯洁》等。这次，他把近几年来写的有关教育问题的随笔杂感汇集成一本书，取名就叫作《不跪着教书》。

这本《不跪着教书》记录了吴非老师对当前各种教育问题的思考。书里没有什么高深的观点，也没有那些晦涩难懂、拒人千里的理论，它收录的都是作者近年来有关教育问题的随笔、杂感，有的是对教育现象的反思，有的是教学随想，有的则是和同行或学生的对话。但是，整本书读下来，我感到作者在用沉甸甸的思考印证着他几十年教育教学工作的信条：不跪着教书。从吴非老师用心书写的文字中，我还感受到了一种思想行走的力量，胸中澎湃着一股教育的激情，为他言他人所不敢言的勇气而感到深深敬佩，对他充满思辨理性的文字而拍案叫绝！这股力量让思想徘徊者顿时猛醒，让那些不思进取者努力奋进！

在《我美丽，因为我在思想》一文中，吴非老师曾写下这样一段让人振聋发聩的文字："如果教师没有独立思考的精神，他的学生就很难有独立思考的意识。常有教师批评学生作文'没有思想'，然而教师超多的所谓'教学论文'与'德育论文'完全是文件资料的克隆与重组，没有独立的思考，缺乏个人智慧。应对一本教参，他不敢说'不'；应对外行领导的错误指责，他会立刻匍匐在地。教师丧失了独立思考精神乃至丧失尊严，能靠他去'立人'吗？我一向有这样的观点：语文教师不能跪着教语文,如果教师是跪着的,他的学生就只能趴在地上了。"这段文字可谓一针见血,切中了当今教育的要害。一个人,假如没有自己的思想,那他只能是一个活在别人影子里的人;一位教师,特别是一位语文教师,如果没有独立思考的精神,那他所从事的教学工作只能是不断地重复自己的劳动,其工作完全没有创造性可言,致使培养出来的学生,好像是从一个模子里出来的"压缩饼干",学生没有自己的思想个性,没有个人的立场观点,鹦鹉学舌,人云亦云,成了名副其实的思想侏儒。

吴非老师在《做最出色的教师》一文中秉持这样的观点:"要让自己的学生出色,教师务必出色;想让学生多读书,教师首先应当多读书,自觉地多读书。"这句话,真可谓是实话实说,我们教师要坚持多读书,才能让自己成为学生的表率,得到学生的尊重,读书应成为我们的一种生活方式。语文课的源头活水不能只是涓涓细流,照搬几本教辅用书,而要有广泛的来源。"征服"学生的不是强权和暴力,而是知识的光彩炫目。我们不能只是要求别人,布置给学生的阅读任务,自己先要去完成,还有不盲目地排斥时尚和流行,要主动取得与学生对话的权利。平时要多与经典为友,以真善美的主旋律引导学生的阅读。"思想有多远,我们就能走多远!"是当下流行的一句广告词,此言非虚!面对思想贫乏的语文教师,要求学生喜欢他的语文学科,喜欢他的语文课堂,实在是强人所难;要求他引领学生迈进瑰丽多姿的文学圣殿,走进浪漫自由的语文王国,也实在是"恨铁不成钢"!想想吧,如果我们语文教师自己本身是"缺钙"的人,要求其培养出来的学生不患"软骨病",除非学生自个儿偷偷吃了"高钙奶粉",不然,要想学生强身壮骨便是痴人说梦!

(注:本文发表于《赣榆教育·读写月报》,2020年4月8日第二版。)

我为您骄傲,您为我自豪

——读《筑梦九天》有感

连云港市青口中心小学五(4)班学生　张语庭

不经一番寒彻骨,怎得梅花扑鼻香。是的,每个人的成功背后都要经历无数次艰难困苦的打拼。这,在我引以为傲的航天飞行员杨利伟身上体现得淋漓尽致。

《筑梦九天》这本书介绍了杨利伟三个感人的故事片段。他做飞行员时,遇到了"空中停车"的危机,当时情况十分危急,在这紧要关头,杨利伟依然沉着冷静地应对着,此时的他有个坚定的信念:一定要把飞机平安开回去!只见他稳稳地握住操纵杆,神情严肃地驾驶着只剩下唯一一个在工作的发动机的飞机。当飞机缓缓地往上爬升时,他又果断采取应急措施,最终将完全失去动力的战鹰安全迫降在跑

张语庭在朗诵

道上,这显现了杨利伟高超的驾驶技术和过硬的心理素质。

1998年1月,作为中国首批航天员之一,杨利伟来到了北京航天员训练中心。从飞行员向航天员转变是一个巨大的跨越和挑战,训练任务的艰巨是普通人难以想象的:训练时有一项要求他躺在床上坚持20天不动,他做到了;模拟训练,即使在炎热的盛夏都要穿上厚重的航天服,一练就是三四个小时,他从不喊苦叫累;有时甚至要到野外进行极限训练……"超重耐力"训练是让人最痛苦的一项,甚至直接影响生命!"离心机"训练是航天员提高超重耐力最有效的方式,离心机在旋转,负荷逐渐加大,杨利伟的面部开始变形下垂、肌肉下拉,整张脸只见高高突起的前额,看了让人十分心疼。

"功夫不负有心人"。2003年9月,杨利伟被确定为中国首次载人航天飞行首飞梯队成员,10月15日他乘坐的"神舟五号"载人飞船由"长征二号F"运载火箭成功发射升空,10月16日在完成21小时23分的太空飞行后,在内蒙古中部返回着陆,他终于实现了自己的航天梦。

杨利伟不畏艰险,敢为人先,创造了彪炳史册的功绩,为祖国、为人民、为民族赢得了巨大荣誉。他的大无畏、沉着冷静、不怕困难的精神值得我们敬佩和学习!

作为一名五年级的小学生,我也有梦想、有追求,我想过考清华、考北大、考国防大学……但在追梦的道路上我发现不是满路的鲜花,而是遍地的荆棘;在逐梦的过程中不是一帆风顺,而是逆水行舟。我害怕过、我退缩过……但是当我读到了杨利伟逐梦蓝天的故事,我被深深地震撼到了。我不能懈怠,不能驻足不前。

一、文化客厅：品读文明的风景

"三分天注定,七分靠打拼",我要向您学习——杨利伟叔叔！您不怕困难,坚持不懈的精神激励着我,为了梦想,我将永不言弃,砥砺前行。牢记使命,强国有我！相信今天的我为您骄傲,明天的您一定会为我感到自豪！

（注：张语庭的另外一个作品《为中华之崛起而读书》获江苏省教育厅、江苏省语委办2023年"书香新时代,'典'亮新征程"中华经典诵读大赛三等奖。）

春风十里　笔墨传情
——在市作家采风活动开幕式上的致辞

在这春暖花开、生机勃勃的美好季节，各位专家学者能亲临我校采风，我们倍感荣幸，这是市杂文学会对我校的关注和厚爱，也必将成为我校办学历史上的一件盛事、喜事。在此，我代表青口小学，对各位的到来表示热烈的欢迎和衷心的感谢！

作者在作家采风活动开幕式上致辞

黄海之滨，青口河畔，戊戌建校，百年经典。青口小学是一所人才辈出、底蕴深厚的百年老校，其前身是赣榆"选青书院"，该书院建于道光二十六年，著名的实业家、教育家、清末状元张謇赴京应试之前，曾在这里担任三年山长，并亲题"诚以待人，恒以学问"校训。自创建成为省级实验小学以来，学校规模不断扩大，现有学生3 897人，教师225人，学校占地46 690平方米，建筑总面积15 903平方米。

近年来，学校秉承百年校训，着力建设"选青"校园文化，推进"尚实"特色课程建设和课堂教学改革，践行"做孩子生命中的贵人，给学生诗意般的童年"的办学理念，形成了"进德修业，知行合一"的校风，"因材施教，诲人不倦"的教风，"乐学好问，善思躬行"的学风，建构"尚实教育"核心价值理念体系，全面落实"立德树人"的总要求，推动各项工作不断迈上新台阶。

在"丹心照汗'青'"党建文化引领下，学校锐意进取，抢抓发展机遇，内强素质，外树形象，办学效益不断提升，先后被评为全国节约型示范校、江苏省教育工作先进集体、江苏省绿色学校、江苏省书香校园、连云港市示范性党支部、连云港市特色文化"十佳"校园、连云港市"廉政文化示范校"、连云港市教学工作先进集体、连云港市课改领航学校、连云港市文明校园、连云港市生态文明教育特色学校等。

学校一直把培育和发展教师团队作为重点工作,聚焦"塑师德·强师能"根本方向,将党建工作与师德建设深度融合,积极塑造一支有深厚教育情怀、扎实专业基础、勇于实践创新、善于协同育人的教师队伍。我校现有市港城名师1人,市"333工程"模范班主任4人、市名师6人、市学科带头人5人、市骨干教师28人。"海英草"教师志愿队被评为市"十佳"社会志愿服务团队,"港城叶欣仁"青年教师团队被评为市"青年文明号"。一批师德高尚、业务精湛的教师脱颖而出。

本次采风时间紧凑,我们衷心期待各位作家在我校多转转,多看看,和优秀教师代表深入交流;相信通过作家们独特的眼光和笔触,为我校优秀教师群体画像,刷新我校教师良好的师表形象,助推我校高质发展。我们更希望本次采风活动成为各位领导和作家的一次美好之约、难忘之旅,与我们结下深厚友谊,在今后的日子里一如既往地、更多地关心青小,宣传青小,支持青小,共同谱写青小辉煌的明天。

致敬先贤　继往开来

——在张謇塑像落成典礼上的致辞

张謇塑像揭幕

在这十里荷花、绿藤绕篱的盛夏，我们怀着崇敬的心情在这里隆重集会，举行张謇先生塑像的落成揭幕典礼。同时举行"喜迎二十大，丹青绘中华"——"张謇杯"赣榆区美术作品展，践行教育部"高雅艺术进校园"的部署要求。

连云港市青口中心小学是一所百年老校，其前身是赣榆"选青书院"。该院建于1846年，坐落在青口前宫大院西侧，以"会文堂"为中心。1888年至1893年间，时任赣榆知县的陈廷璐聘请张謇先生出任选青书院山长，同时负责纂修《光绪赣榆县志》。

张謇先生是南通人，清末状元，是中国近代著名的实业家、教育家。他主张实业救国，积极兴办教育和社会公益事业，造福乡梓，帮助群众，影响深远。

毛泽东曾说："谈到中国的轻纺工业，不要忘记张謇。"张謇一生创办了近百家工商企业，为中国近代民族工业的兴起作出了宝贵贡献，被称为"状元实业家"。孙中山任命他为"实业部长"，他当之无愧地成为我国早期现代化事业的开拓者和先驱者。

张謇具有浓郁的教育情怀，他参与创办的学校从师范学校到小学、中学，再到专科学校、到大学，共计370余所，极大推进了中国教育的发展。无论是实业救国，还是兴办教育，其核心都是救亡图存、强国富民的爱国情怀。

他在赣榆期间，与当地的许多名人志士结下深厚友谊，其中与当时的举人许鼎霖交往特别密切，友情笃厚。他们共同致力于开发苏北，共同探索实业救国之路。他俩在许家后花园交流治学、探讨修志、唱和作诗的故事至今还被赣榆人民传颂。

1898年"选青书院"改为"官立青口初等小学堂"，从此，青口小学诞生。跨越一个多世纪的时空，学校迎来沧桑巨变。今天在这里，我们为先贤立像，不仅仅是为了缅怀先生的功绩，更重要的是让先生的报国情怀引领我们砥砺前行，让先生全面育人的教育思想发扬光大，让优秀传统文化根植于校园，并激励莘莘学子奋发向上！这种敬仰体现了全体师生对先贤、对教育、对学习的敬畏之情。

今天，我们还要传承张謇先生"尚实"的精神，从工作实际出发，聚焦解决问题：坚守正确方向，稳住政治思想；坚守底线思维，稳住校园安全；坚守政策红线，稳住教育改革；克服各种挑战，满足人民群众不断提高的教育期盼，推动教育改革发展成果更多、更公平地惠及赣榆群众。

张謇先生对学生也提出了具体要求，他认为，学生要做到"负责任、知实践、务合群、增阅历、练能力"。希望同学们学习张謇先生的爱国精神，做到德、智、体、美、劳全面发展，将来成为社会主义建设的有用人才，成为国之栋梁。

先生的立体塑像年龄在60岁左右，形神俱佳，面部表情"威而不猛"，既儒雅睿智，又气宇轩昂，眉宇间透露出淡淡的忧国忧民的情愫。在服饰、姿势上，他身着风衣，手持书卷，永远行走在探索救国图强的道路上。

先生塑像由北京天美中创雕塑艺术有限公司制作，高2.13米，采用黄铜材质铸造，作青铜绿质感处理，重达500余公斤。底座高1.05米，采用章丘黑花岗岩石材贴面。"张謇"两个字是根据其本人题字落款采集过来，作阴刻烫金处理。先生塑像脚下的三级铜质台阶，寓意他著名的教育主张，即"国家思想、实业知识、武备精神三者为教育之大纲"。

今日之青小秉承"诚以待人，恒以学问"的百年校训，着力建设"选青"课程文化，推进"童行"课堂教学改革，践行"做孩子生命中的贵人，给学生诗意般的童年"的办学理念，形成了"进德修业，知行合一"的校风，"因材施教，诲人不倦"的教风，"乐学好问，善思躬行"的学风，让学生在书香氤氲中"益读·日进"！

附：张绪武贺电

贺　电

连云港市青口中心小学：

　　欣闻贵校张謇塑像揭幕暨《张謇与青口》连环画册首发仪式于今天举行，谨向贵校表示热烈的祝贺和诚挚的祝福！

　　祖父张謇是我国近代著名的实业家、教育家，他一生践行其"实业救国、教育救国"理想，在中国早期现代化进程中留下了厚重的文化积淀和宝贵的精神财富。习近平总书记高度赞扬张謇是我国"爱国企业家的典范""民营企业家的先贤""民族企业家的楷模"。

　　1888年，张謇应赣榆知县陈廷璐之请，任选青书院（贵校前身）院长，并纂修《光绪赣榆县志》，由此开始了与赣榆以及地方文人志士的不解之缘。在张謇的《柳西草堂日记》中，对在赣榆修订县志、与赣榆贤达许鼎霖等创办实业等均有记载。

　　张謇一生创办了400多所学校，主张"学术不可不精，而道德尤不可不讲"。学校是文化传承的通道，是春风化雨润无声的育人。历经百年，贵校不忘先辈功绩，赓续光荣传统，是为最好的言传身教。

　　祝今天的大会获得圆满成功！祝老师们工作顺利！祝同学们学业进步！

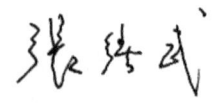

张绪武　2022年7月2日

（注：张绪武先生系张謇之孙，曾任江苏省副省长、全国工商联副主席。）

附:致谢词

致 谢

尊敬的张绪武先生、张慎欣先生同鉴:

  我校于7月2日举行的"张謇先生塑像揭幕暨《张謇与青口》连环画册首发仪式"获得圆满成功!谨此,我代表青口小学全体师生,对两位先生的辛苦付出和鼎力相助表示衷心的感谢!

  岁月沧桑人虽去,名满人间草木香。何以述张謇先生教育之功?艨艟巨舰,非桨舵导引之助不能乘风破浪;北溟鲲鹏,非长风托举之力不能垂翼九天。先生之德,上善若水,利物不争;先生之志,不偏不倚,劲竹逆风;先生之行,淡泊名利,浆饮陋巷。

  先生之风,山高水长。张氏家族,薪火相传。忆往昔,厥功至伟,诉不尽无限赤诚;看今朝,俊彦迭代,道不尽时代传奇;展未来,弦歌继响,唱不完天地芬芳。

  欣闻张绪武先生拨冗致贺,全校师生争相目睹,倍感自豪,激动之情溢于言表。张老的关爱,定将鼓舞全体教师不忘初心,为党育人,为国育才;定将激励全体学生踔厉奋发,为人生的辉煌创造灿烂的起点。

  仪式的成功举办,离不开张慎欣先生的悉心帮助。您的支持和鼓舞,令我们倍感荣幸。然恩长笔短,述之则挂一漏万,是以为情造文,铭而致谢。

  敬请福祉,顺侯夏祺!

连云港市青口中心小学校长　谭鑫之　谨上
二〇二二年七月三日

诗经

易经

国家思想实业知识武备精神三者为教育之大纲

张謇寄怀之文

二

心灵空间：品读书香的味道

"致用"理念视域中语文教学策略的行动研究

江苏省教育科学"十二五"规划课题《"致用"理念视域中语文教学策略的行动研究》历时四年,已完成既定的研究任务。实践证明,研究与实践"'致用'理念视域中语文教学策略"对转变师生教与学的观念,提高师生教与学的效率具有很强的操作性、普适性与实用性。该课题相关研究成果获赣榆区第二届优秀教学研究成果一等奖、赣榆区2016年优秀教育科研成果一等奖、赣榆区2016年教学研究成果二等奖。现将研究情况汇报如下:

一、研究的意义和价值

"致用"理念视域中语文教学策略的行动研究的意义与价值主要表现在理念转型与实践操作两个方面。

(一)直面语文教学改革的现实问题,着力实现语文教学的理念转型

中小学语文教学一直存在着效率不高的问题,"少慢差费""耗时低效"历来为人诟病。中央教科所、《中国教育报》于2009年联合推出的"中国教育发展系列报告"之《中国义务教育质量检测报告》表明,在小学语文、数学、科学、品德与社会四门课程中,合格率最高的是数学,占78.3%,科学为71%,品德与社会63%,语文学科的合格率最低,仅为62.8%,有近30%的学生的语文成绩处于基本合格水平,对一些基本知识和基本技能的掌握不足……这份报告似乎验证了人们对语文教学效率低下的忧虑。

追本溯源,产生上述问题的原因之一,应是我们对语文教学本质的认识出了偏差。

语文教学的"本然"是什么呢?如果从学习者的角度来思考、审视这一问题,作为一个普通的社会人,你学习语文干什么呢?绝大多数人的回答是:形成基本的语文能力,供自己一生的学习、生活、工作之需。因此,语文不管怎样学,到最后考察一个人的语文素养时,语言运用能力(致用)是一个不容忽视、不可或缺的重要指标。说话是否得体、文章是否漂亮是语文素养的重要体现。所以,我们认为,语文教学的"本然",就是言语运用,语文教学的根本任务必须定位在"言语运用"上,这是语文教学的根本出路。因此,强化"言语运用"意识,打造"致用"型语文课堂,让

文本言语得以"增值",让言语技能得到提升,是语文教学的本原与旨归。

语文教育专家潘新和先生也提出:写作能力的培养才是语文教育的根本,应该以写作为本位来规划语文教学。他认为"写作是阅读的目的",在语文课堂里,阅读本身不是目的,而是提高言语素养、写作素养的手段和过程。文章不仅要能读懂,还要使学生学以致用,就是要让学生把从读中学到的用在写作中,让他们能说出来或者写出来。

事实上,不少国家如美国、英国、日本、俄罗斯等国的语文教学都将言语运用放在特别重要的位置,语文课程是以表达能力的培养为重点来组织教学的,语言和言语表达占母语课程时数的50%以上。何文胜博士曾对五种不同编写体系的教科书进行了比较研究,结果发现,教学效能最好的是以写作能力训练为主线编写的教科书。语文课程以理解为重,还是以运用为重,外国的课程取向值得我们借鉴,何文胜博士的研究值得我们思考。用说、写的任务来驱动读,也许能使阅读教学收到事半功倍的效果,从而为目前的语文教学成效不显的顽症开一剂良方。

因此,本课题主张:在价值取向上以发展语言能力为主,在课堂形态上以学习语言为本,在教学思路上以语言学习带动内容分析,并努力实现三个转变:由教学中重语形、语义向重语用转变;由教学中重知识向重能力转变;由教学中以教师为中心向以学生为主体转变。从而摆脱当前语文教学"高耗低效"的桎梏,全面提升学生的语文素养。

(二)致力于探索致用课堂的理论问题,着力解决教学转型的操作策略

本课题主要以"致用"理念为指导,聚焦课堂这一主阵地,将学生的言语发展视为语文教学的头等大事,以此探寻语文教学的最佳路径。通过对教学内容的选择与确定、教学目标的阐明、教学思路的展开、言语表达的指导、教学效果的评价等问题的研究,进行策略建构,给一线老师提供有形的可操作性强的教学框架,实现教师教的方式和学生学的方式的改革。

1. 研究更贴切的语文意识的培养策略。主要对致用理念下如何激发语文意识、培养语文意识的策略进行研究,以期转变教师教的观念与学生学的观念,提高教与学的效率。

2. 完善更确切的教学内容的厘定策略。主要探讨文体意识观照下教学内容的选择与确定的策略、学情视角下教学内容的选择与确定的策略。

3. 提炼更适宜的教学思路的展开策略。一是探索普适性教学思路,解决面向表达的阅读课堂怎么教的问题;二是探讨不同文本的教学思路,解决不同文体的阅读课堂怎么教的问题。

4. 总结更适用的言语表达的指导策略。一是以致用型表达为主,在实际生活的运用中培养学生的语言文字表达能力的策略;二是以文学性表达为辅,在具体的

描写游戏中培养学生语言文字的表现能力的策略。

5. 探索更实用的教学评价的实施策略。主要探索"致用"理念视域中语文教学评价的指向以及教学效果的测量策略，为一线教师提供更为具体、有效、可操作的评价办法。

二、研究的概念和界定

致用：从字面上理解，就是"使学生学会语言文字的运用"，即能让学生在一定的语境中正确、合理、恰当地进行表达，并将已学过的字、词、句、段、篇等内容，根据语境的需要加以规范、恰当、个性地运用。强调立足语言，学习语言，运用语言。

教学策略：是实施教学过程的教学思想、方法模式、技术手段这三方面动因的简单集成，是教学思维对其三方面动因进行思维策略加工而形成的方法模式。教学策略是为实现某一教学目标而制订的、付诸教学过程实施的整体方案，它包括合理组织教学过程，选择具体的教学方法和材料，制定教师与学生所遵守的教学行为程序。

"致用"理念视域中语文教学策略的行动研究：在语文阅读教学中，以"致用"理念为指导，以"致用型"经典阅读教学案例为研究对象；以在阅读教学中指导学生掌握语言知识，发展言语表达能力，掌握"如何运用语言文字"为基本内容和基本目标而进行的教学内容、教学思路、教学方法、教学组织形式和教学评价等因素的选择和确定策略的行动研究。

三、研究的目标和内容

（一）研究的目标

总体目标：在"致用"理念的指导下，明晰教学设计的过程及要素，探索教学系统中各个要素的本质联系；研究并掌握教学内容的选择与确定、教学目标的阐明、教学思路的展开、言语表达的指导、教学效果的评价等方面理论和实践的结合点，形成有别于传统课堂、常规课堂并可供推广的语文教学新方法及新策略。

具体目标：

1. 建立"致用"理念视域中语文意识的激发与培养策略；
2. 建立"致用"理念视域中不同文体、不同学情的教学内容选择与确定策略；
3. 建立"致用"理念视域中阅读教学普适性教学策略，在此基础上建立不同文体的阅读教学具体的教学策略；
4. 建立"致用"理念视域中致用型表达与文学性表达的指导策略；
5. 建立"致用"理念视域中学生言语表达评价策略。

说明：原定的研究目标增加了"建立'致用'理念视域中语文意识的激发与培养

策略"这一目标。

（二）研究的内容

本课题侧重于小学语文阅读教学中如何有效指导学生关注文本的语言表现形式，进而提高儿童语言运用能力（口头表达和书面表达，更倾向于书面表达）的具体操作策略的研究。具体研究内容如下：

1."致用"理念视域中语文意识激发与培养的研究。

主要对"致用"理念下如何激发语文意识、培养语文意识的策略进行研究。

2."致用"理念视域中教学内容厘定策略的研究，主要包括：

（1）文体意识观照下教学内容的选择与确定的策略；

（2）学情视角下教学内容的选择与确定的策略。

3."致用"理念视域中教学思路展开策略的研究，主要包括：

（1）"致用"理念视域中阅读教学普适性教学策略的研究；

（2）文体意识观照下阅读教学策略的研究，即在普适性教学策略的基础上，研究不同文体的一般性阅读教学策略。

4."致用"理念视域中言语表达指导策略的研究，主要包括：

（1）致用型表达策略的研究，主要研究在语言的交际情境中培养学生的语言文字表达能力的策略；

（2）"文学性"表达策略的研究，主要研究在具体的描写游戏中培养学生语言文字的表现能力的策略。

5."致用"理念视域中课堂教学评价实施策略的研究。

说明：在研究中对内容做了适当调整。

调整一：内容的适当删减。主要是对教学评价实施策略的删减。其原因是，受时间、人力及研究水平的限制，将教学效果测量的研究删减为教学评价指向的研究。

调整二：研究内容的适当增加。增加了"致用"理念视域中语文意识激发与培养的研究。原因是，通过这方面的研究尽快转变师生教与学的理念，提高语文教与学的效率。

四、研究的过程、方法与阶段成果

本课题的研究沿着两条路径进行。一条是理论研究的路径，一条是行动研究的路径。理论研究根据国内外的研究现状、研究成果，进行吸收借鉴，以开阔本课题的研究思路，走"理论—实践—理论"的技术路线；行动研究指向"研究目标"和"研究内容"，成立相应的课题组，由课题负责人牵头制订研究方案，经过行动研究，在全校范围内全面推进。该路径侧重于"实践—理论—实践"的行动研究技路线。

第一阶段:准备阶段(2013.02—2013.05)

本阶段主要采用文献研究法,对《全日制义务教育语文课程标准》《言语教学论》《语感论》《语用学与语文教学》《让语文回家——刘仁增语用教学新思路》等专著和曾扬明、刘仁增、陆华山等相关论文进行检索、分析。

阶段成果:

(1)"'致用'理念视域中语文教学策略的行动研究"文献综述;

(2)"'致用'理念视域中语文教学策略的行动研究"开题报告;

(3)"'致用'理念视域中语文教学策略的行动研究"研究方案。

第二阶段:实施阶段(2013.06—2017.08)

本阶段是研究的主体部分,主要从语文意识培养、教学内容厘定、教学思路展开、言语表达指导、教学评价实施等五个方面进行研究。其中对语文意识培养的研究为一条线,其他四个方面为另一条线,两条线并行研究。

1. "致用"理念下的语文意识激发与培养的研究

本阶段主要采用文献研究法对《"语文意识":语文教学的阶梯》《语文意识论》《"语文"的事儿——语文意识烛照下的语文教学之道》《关键是培养语文意识》《"再"论语文意识》等文献进行分析研究,在此基础上通过行动研究法、案例分析法等,对"致用"理念视域中的语文意识的激发与培养进行研究。

阶段成果:

(1)论文《虚实相生:语文意识的涵养之道》获 2013 年江苏省"师陶杯"论文竞赛一等奖;

(2)论文《虚实相生:语文意识的涵养之道》发表于《连云港教育》2014 年第 2 期。

2. "致用"理念下不同文体、不同学情教学内容选择与确定策略的研究

本阶段主要采用文献研究法对王荣生教授专著《新课标与语文教学内容》、陈隆升专著《语文课堂:"学情视角"重构》、王荣生与倪文锦的四种类型选文及其教学的相关论文进行文献研究,在此基础上采用行动研究法、问卷调研法、案例分析法等对"致用"理念下不同文体、不同学情的教学内容选择与确定策略展开研究。

阶段成果:

(1)论文《"致用"理念视域中语文教学关注文体的意义与实践》发表于《基础教育研究(A)》2017 年第 Z1 期;

(2)《"致用"理念观照下语文教学目标的制定——以〈拉萨的天空〉教学为例》发表于《教学与管理》2013 年第 26 期;

(3) 论文《从学情出发,关注儿童的学习需要》发表于《小学语文教学》2015年第20期;

(4) 论文《从学情出发,追寻最佳的学习状态》获2014年江苏省"师陶杯"论文竞赛一等奖;

(5) 论文《从"学情视角"重构语文课堂》获2014年连云港市优秀教学论文评比一等奖;

(6) 论文论文《让阅读伴随孩子健康成长》发表于《山西教育》2014年第10期;

(7) 论文《从"孤立"到"整合"》获2014年江苏省"教海探航"征文竞赛三等奖。

3. "致用"理念下语文教学思路的研究

本阶段主要采用文献研究法对《探索性活动情境策划:让儿童深深卷入语文学习的涡流》《从"知识的传播者"到"学习情境的策划者"》《写作教学教什么》《重构以"读写一体"为本位的语文教学体系》等书籍和论文进行研究,在此基础上,通过行动研究、经验总结、案例研究等方法概括出"致用"理念下语文教学的基本思路,提出了"以情境策动为径:用儿童的思维策划活动"和"以读写一体为线:用匹配的原则串联读写"的基本观点。

阶段成果:

(1) 论文《致用:指向言语表达的智慧》收录于《教师,做个思想者》一书,由天津人民出版社2009年10月出版;

(2) 论文《"致用"理念视域中语文教学的意义解读与个性实践》发表于《基础教育研究》2016年第12期;

(3) 论文《读写一体:基于言语运用的新路径》发表于《小学语文教学》2014年第20期;

(4) 论文《读写一体:走向积极的言语表达》获2014年江苏省"教海探航"征文竞赛二等奖;

(5) 论文《读写共生:走向积极的言语表达》获2013年江苏省"师陶杯"论文竞赛二等奖;

(6) 论文《言语表达:从读写结合走向读写一体》获2014年连云港市优秀教学论文评比一等奖。

4. "致用"理念下表达指导策略的研究

本阶段主要采用文献研究法对《分格写作教学法》《写作教学教什么》《技能作文·活动作文·功能作文》《作文教学中的"支架问题"——从育英老师的教学案例谈起》《关于写作教学起点的思考——来自杜威经验课程理论的启示》《关于写作学习过程的思考——来自杜威经验课程理论的启示》《写作教学设计》《写作教学的有

效策略》《作文教学:写作体验课怎么教》《抛弃"想当然",科学教写作——朱晓斌〈写作教学心理学导读〉》《我国写作教学的主要问题及其解决路径》《交际语境写作:我国写作教学的发展方向》《搭建思维支架,帮学生物意转换》《建构基于"语言文字运用"的语文课程教学体系——2012年语文教育论著评析之五》等论著和论述,在此基础上,通过行动研究法、案例分析法、经验总结法等提炼出了以致用型表达为主,在实际生活的运用中培养学生的语言文字表达能力和以文学性表达为辅,在具体的描写游戏中培养学生语言文字表现能力的策略。同时,在具体的写作过程中,提出了用"象格"支架帮助学生进行言语表达的方法。

阶段成果:

(1) 论文《随文象格习作:抵达语用的澄明之境》发表于《语文建设》2015年第17期;

(2) 论文《在读写结合中培养学生的写作能力》发表于《教学与管理》2015年第35期;

(3) 论文《仿写引领促发展　习作能力巧提升——谈作文"仿写"教学指导的实践与思考》发表于《作文成功之路(下)》2013年第8期;

(4) 论文《如何让小学生的习作与生活一路同行》发表于《基础教育研究》2014年第19期;

(5) 论文《让童真童趣落笔生辉》发表于《江苏教育》2017年第73期。

5. "致用"理念视域中教学设计效果评价和学生言语发展评价策略的研究

本阶段主要采用文献研究法对《吴勇讲"语用"——小学功能性写作教学探索》《写作教学设计的基本取向》《写作教学设计》《写作教学的有效策略》《抛弃"想当然",科学教写作——朱晓斌〈写作教学心理学〉导读》《我国写作教学的主要问题及其解决路径》《交际语境写作:我国写作教学的发展方向》等论著和论述,提出了以"致用"效果评价学生言语表达的观点。

阶段成果:
(1) 论文《从"童眼"到"童言"》获2015年"教海探航"征文竞赛二等奖。

第三阶段:总结阶段(2017.09—2017.10)

本阶段主要采用经验总结法对研究过程中的资料进行整理,对研究的结论进行提炼。同时撰写研究报告,填写"江苏省教育科学'十二五'规划课题成果鉴定申请表"申请结题。

阶段成果:
(1) "'致用'理念视域中语文教学策略的行动研究"研究报告;
(2) "'致用'理念视域中语文教学策略的行动研究"研究论文结集;
(3) "致用"理念视域中语文教学案例结集;

(4) 学生习作结集；

(5) 课题主持人、课题组成员综合性成果。

五、研究的结论和效益

(一) 以"虚实相生"为法，从"致用"的视角培养语文意识

主张语文意识就是强调言语表达，就是对语言文字运用是否得体的有意注意、自觉关注、审美鉴赏。语文意识存在的目的就是对以语言文字运用为核心的语文素养的促进与提升。语文意识烛照下的课堂教学应该向"致用型课堂"转型，即教学内容向语文本体性转型、文本解读向言语形式的转型、教学方式向言语实践的转型。

正是因为有语文意识的存在，我们才更能直接地指向对语文本体性内容的教与学。而语文意识也是在对这些本体性内容的理解、掌握和运用中得到形成和培养的。

1. 化虚为实——语文意识培养的起点

语文意识是一个模糊的概念，难以准确描述。同时，语文意识又涉及心理学的范畴，具有多种性质。因此，必须将不易把握的"虚"的语文意识转化为具体可感的"实"的概念范畴。这样，才能找到语文意识培养的路径。实践中，我们将语文意识分为语言文字意识、文学文章意识、民族文化意识。这样，语文意识的概念就具体化、实在化了，在教学中就易于有意识地培养与训练。

2. 以虚导实——语文意识培养的关键

研究与实践中，我们总结出培养学生的语文意识可以从语文积累、习惯培养、环境熏陶、咬文嚼字、联想与想象、言语实践六个方面入手。其中咬文嚼字与言语实践是重点。

课堂上，教师要引领学生抓住关键的字词、标点、特殊句式、段式，乃至对谋篇布局进行"咬文嚼字"。在对各种言语形式的"咬文嚼字"中，促进言语图式的不断同化和顺应。这个同化和顺应的过程就是语文意识的发展过程。长期坚持，学生必定会走进文字深处，嚼出自觉关注语言的真味，语文意识也就水到渠成了。

如果说咬文嚼字和联想与想象是对言语输入层面的关注的话，那么言语的表达则是对言语输出层面的关注。如果输入层面是激发与培养学生语文意识的基石，那么言语的表达则是学生语文意识的发展与升华。在言语实践中，我们将理解所得转化为言语表达，在表情达意的过程中，揣摩遣词造句是否准确，谋篇布局是否合理。日积月累，学生的语言意识必将日渐丰盈。

（二）以语言学习为本：用"语言"的视角解读文本

"教材无非是个例子"，但多年来我们一直用"人文"的视角打量这个"例子"，致使语文教学"高耗低效"。"致用"理念视域中的语文教学主张用语言的视角解读文本，关注文本的言语内容、探究文本的言语形式、理解文本的言语意图。步步逼近学生的言语"未知"，步步逼近语言表达的"秘妙"。

1. 立足语文本体：将课文知识转化为课程知识

任何一篇课文都具有两个价值，一个是传播信息的"原生价值"，一个是如何传播信息的"教学价值"。"如何传播信息"指向言语表达知识、言语表达策略，更具"语文特征"，是所要学习的本体性内容，称之为课程知识。"致用"理念下的语文教学，首先要将学习的重点放在课程知识的获取和习得上。实现学习内容从"原生价值"到"教学价值"的转变。如此，课文就变成了学习表达的"例子"，就跳出了过去语文教学摒弃言语表达的误区，重新将学习视角向语言聚焦。但课文内容和课程知识共存于一篇课文之中，是一体两面的关系。只有经历课文内容的学习，才能进行课程知识的学习。否则，语文学习将失去趣味。

2. 彰显核心价值：将课程知识转化为教学知识

所谓"教学知识"，就是适合迁移的程序性课程知识。一篇课文蕴含的课程知识往往是丰富的。这些课程知识不可能不加选择地全部教给学生，必须在众多的课程知识中筛选出适合学生学习的教学知识。具体策略如下：

（1）凸显统领功能。所谓"统领功能"，就是从这个教学知识点出发，能够整体地把握文本，起到提纲挈领、纲举目张、牵一发而动全身的作用。

（2）聚焦表达个性。所谓"表达个性"，就是文本独特地或突出地表达知识。换言之，在同类文本中，这一表达属于这个文本独有的特征，是文本中的"这一个"。它一旦被解读出来，往往被公认为是该文本独有的个性表达。

（3）适合学生需要。学生是教学的最终指向。任何教学内容不但要契合语文的特质，还应考虑学生言语发展的实际需要和心理特点。

3. 实施精准定位：将教学知识转化为主体知识

所谓"主体知识"，是指能够被学习主体学得会、带得走的教学知识。其更强调学习过程的可操作性、学习结果的可检测性，更强调用具体的学习方法与策略达到预期的学习效果。"致用"理念下的语文教学强调精准定位，在符合上述要求的基础上，再根据文体特点进行精准定位，即从文体的视角，用文体的观点去确定文本的核心价值。

（三）以凸显个性为主，用"文体"的视角展开教学

传统的语文教学，对任何文体的文本都采用"创设情境—整体感知—语言学习—拓展延伸"的思路展开教学。但是，每一种文体毕竟都有着自己内在的特性和规律。如果所有的文体都按照这个思路去教学，可能无法触摸到不同文体的"这一个"的独特性。因此，"致用"理念下的语文教学提倡在关注这些共性阅读范式的同时，更应该将视点集中在文体本身的突出特点上，依据不同文体的特点展开教学。

如苏教版五年级《我和祖父的园子》一文，用诗一般的语言展现了萧红儿时在祖父的园子中无拘无束生活的画面，洋溢着浓郁的乡土特色。教学时，可以先创设情境，整体感知课文中哪些内容表现了祖父园子的乡土气息，从中感悟课文虽然写了很多事情，但都表现了快乐自由的主题，初步体会"形散神不散"的特点。然后再从文本个性出发品读语言，感受课文诗一般的语言，并进行语言的迁移训练，感悟作者正是用这种独特的语言表现了在祖父园子中生活的无拘无束。这样的教学思路，在遵循散文共性阅读范式的同时，又体现了这一个文本的个性。

（四）以读写一体为线：用"匹配"的原则串联读写

所谓"读写一体"是指在读写的过程中，把读和写自觉构成一个关系密切、不可分割的互动的整体，一个从读的"输入"到写的"输出"的完整的信息流动的过程。这个过程环环相扣，相互融合。把读的过程转换为写的冲动，再把写的体验融入新一轮的阅读活动中，达到阅读和写作的有机结合，实现以阅读帮助写作、以写作促进阅读的良好循环。其基本主张有以下几个方面。

1. 读写并重，强调读与写的一体发展

"读写一体"强调的是读与写在内容上的一脉相承，在形式上的一体化呈现。强调读与写统一于言语，是言语的一体两翼。既重视读的"输入"，又强调写的"输出"。学习者带着理解语言的目的去读，并在具体的言语情境中把读之所得转化为写的实践。不弱化读的价值，不夸大写的功能。读写并重，一体发展。

2. 立足语言，强调读与写的内在联结

无论是"读"还是"写"，都是达成提高学生言语运用能力，提升学生语文素养的手段，而不是目的。它们必须通力合作，才能达到"部分相加大于部分之和"的愿景。而这种"相加"的点应该是有联结的。从语文学习的核心任务来看，这个联结在于语言本身。在阅读时引导学生关注文本的表达形式，即在懂得作者写了什么之外，还要理解作者是怎么写的，为什么要这么写？这些"理解"与"懂得"就是"读写一体"的内在联结点。也就是说，"读写一体"的课堂强调指向言语形式和言语意

图的理解和表达,读与写统一于语言;强调"所读"指向"所写",读写一致。

3. 讲究规律,强调读与写的互动生成

读写一体的致用型课堂强调将言语运用作为教学的核心,不但重视读与写在内容上的内在联结,更要站在学生的立场,遵循言语生成的规律,强调读的迁移、写的迁移、由读到写的迁移,把学生内在的言语热情引导出来,把语文学习的内在规律揭示出来,让学生的智慧获得最大的发展,注重由读到写的互动生成。

(五) 以情境策动为径:用学生的思维策划活动

"全语言之父"古德曼认为:"希望学校的语言学习回归真实世界……当语言是完整的、真实的、相关的;当语言具有意义,且有实用功能;当语言融合在使用的情境中,语言是很容易学习的。""致用"理念下语文教学的"言语实践"环节的教学强调:创设贴切的交际语境,将所学的表达知识镶嵌进去,在具体的交际语境中完成言语表达的历练。即使是作为补充的文学性写作,也要创设出能激发学生表达欲望的语言游戏,以此将学生带入情境中。如果稍微忽视了"情趣",就更容易"陷入技术主义的泥沼"。

1. 致用型表达:策划功能情境,在交际中历练表达

所谓"致用型表达",是指为达成某项交际目的,就某个话题,面向特定的读者而进行的语篇构造。

致用型表达强调:当写作目标和写作内容确定之后,需要创设精准的交际语境,将这些内容镶嵌进去。而一个完整的语境应该包括话题、读者、目的、呈现形式、交稿时间与篇幅。其中话题、读者与目的是关键要素。一个精准的语境,至少应该包括这三个方面。如果三个要素残缺,则必须补全。如此,习作就变成有特定话题、有明确目的、有清晰读者对象的真实写作。写作也就变成了一件好玩的、有意义的事情。

2. 文学性表达:策划言语游戏,在描写中历练表达

所谓"文学性表达",是指为达成某项描写目的,就某个话题,面向特定的描写对象而进行的语篇构造。其主要的作用是补充致用型表达的不足,提高学生语言描写的能力。教学时,应该创设一个能够激发学生表达欲望的语言游戏,让学生在充满情趣的情境中历练表达。例如,为了提高学生的观察能力,训练细节描写的技能,可以创设一个"慢镜头聚焦游戏"。在这样的游戏情境中,让学生进行言语表象,从而提高他们的言语表达能力。

(六) 以精准帮扶为要,用"支架"的方法指导表达

1. 立象支架:调动五感七情,指向表达对象

写景状物,五感并用,提高观察的广度。一切写景状物的文章均指向"五感",即形、声、色、味、触。只有充分调动"六觉"指向"五感",去提高观察的广度,"象"才会愈发清晰,表达才会生动、具体。叙事抒情,定位"七情",挖掘感受的深度。一切叙事抒情的文章均指向"七情",即喜、怒、哀、惧、爱、恶、欲。只有充分调动"六觉"指向"七情",去挖掘感受的深度,"象"才会愈发细致,表达才会更加真切、感人。但所有的"七情"都是通过语言、动作、心理、表情、肖像等来体现的,因此,"六觉"应该具体指向语言、动作、心理、表情、肖像等这些具体可感的范畴。这既符合言语表达的规律,也顺应学生的思维。

2. 表达支架:提供"象格"方法,展开言语表现

"格"是言语的表达形式,只有形而上地认识它,才能进行形而下的实践。诚如削苹果需要用刀一样,认识"格"也应该借助相应的工具才能达到最佳的效果。借鉴著名作文教学专家常青先生将"素、量、序"的概念(素,即构成"格"的内容;量,即"格"中素的数量;序,即"格"中素的排列次序)作为认识"格"的工具。以"狡猾的狐狸眼珠子骨碌一转,扯着嗓子问老虎:'你敢吃我?'"为例,用素、量、序解析如下:素是人物、表情、话;量是1个人物,2个表情,1句话。序是"人物＋2表情＋话"。随着"素、量、序"的解析,神秘的"格"走下神坛,成为普通的存在。教学中,教师可以依格而教,学生可以依格而作,教学活动从而走向简约、清晰。

(七) 以致用效果为准:用"读者"的眼光评价表达

学生习作的完成,并不意味着教学就此完结,而是体现着教学正走向更高的价值追求——言语交往。这时,需要教师搭建交往平台,从读者的视角出发,以语用目的达成为原则,进行评价。如果被读者认同了,就证明了写作的成功,反之,就意味着习作在功能呈现的过程中还存在着种种漏洞和缺陷需要作者进一步来弥补和修正。

(八) 以专业发展为标:用"稳健"的节奏拾级而上

本课题拓展了语用课堂的教学实践研究。自2011年版《义务教育语文课程标准》颁布以来,"语用"成为语文教学研究的主要方向,但研究不够系统。已知研究比较突出的是福建连江县第三实验小学的刘仁增、江苏南京琅琊路小学的陆华山、福建宁化实验小学的曾扬明三位教师。本课题围绕"表达本位"发表或撰写32篇

论文,涉及文本"表达本位"指导下的文本解读、学情建设、教学设计、读写一体方法、教学指导策略等;同时积累了一批成功的教学案例,开设了一些富有影响的示范课和讲座,这些丰富了"语用"研究的领域、广度和深度。

同时,课题的研究促进了课题组成员的快速成长。自课题立项以来,先后有2名教师成长为省特级教师,2名教师成长为市"领雁计划"第一层次培养对象,3名教师成长为"连云港市'333工程'第三层次培养对象",3名教师成长为"赣榆区'411工程'第三层次培养对象";先后有4名教师在市区基本功竞赛、教学研究能力大赛中获一、二等奖,6名教师在区级基本功竞赛、教学研究能力大赛中获奖。此外,参与课题研究的实验班级,学生的言语表达能力明显提升。先后有近千名学生在各级各类作文竞赛、演讲比赛中获奖。

六、研究的缺憾和反思

自课题立项以来,我们课题组全体成员认真按照课题研究的方案,把握好时间节点,在充分学习、实践的基础上进行严谨、科学的分析、总结,提出了语文意识的培养策略、教学内容的厘定策略、教学思路的展开策略、言语表达的指导策略、教学评价的实施策略等。但我们仅仅揭开的是这一领域的一面,因为时间、人力等原因,还存在以下遗憾。

1. 文体观照下,教学范式还需进一步研究。在研究的过程中,我们对不同的文体教学内容的厘定与教学思路进行了提炼与归纳,给出了一般性的指导。但没有涉及不同文体具体范式的研究,缺乏更易操作的教学范式。

2. 致用理念下,教学评价的研究还需进一步深入。在研究的过程中,我们提出了以"致用"效果来评价学生言语表达的观点,但这仅仅是对致用型表达的粗线条的评价指向,缺乏具体的评价策略的研究。

3. 本课题所探讨的仅仅是指向"语用表达"的"直接之用"的教学策略,对于指向"语用构思"的"储备之用"和指向"语用立意"的"无为之用"的教学策略,我们还未进行深层次的研究。

教育教学理念、行为、方法等的改变或转变,绝非一两项课题研究、一两次专家报告就能奏效,可以说,研究始终行走在路上……但我们坚信,在每一位语文工作者持续的研究与自觉的引领下,一定能实现更高的价值诉求!

【参考文献】

[1] 李海林.言语教学论(第二版)[M].上海:上海教育出版社,2006:30-158.

[2] 刘仁增.让语文回家——刘仁增语用教学新思路[M].福州:福建教育出版社,2009:18-139.

[3] 潘新和.语文:表现与存在[M].福州:福建人民出版社,2004:36-175.

［4］王尚文.语感论[M].上海:上海教育出版社,1995:137-174.
［5］王一军. 课程意识与教学觉醒[J]. 教育理论与实践,2003(19):46-49.
［6］王尚文."语文意识":语文教学的阶梯[J]. 语文学习,2003(5):37-39.
［7］李大森."致用"理念视域中语文教学关注文体的意义与实践[J]. 教育实践与研究(A),2017（Z1）:54-56.
［8］李大森."致用"理念视域中语文教学的意义解读与个性实践[J]. 基础教育研究,2016（23）:53-54.
［9］谭鑫之."致用"理念观照下语文教学目标的制定——以《拉萨的天空》教学为例[J]. 教学与管理,2013（26）:34-35.
［10］杜友锦. 在读写结合中培养学生的写作能力[J]. 教学与管理,2015(35):41-42.
［11］欧加刚. 随文象格习作:抵达语用的澄明之境[J]. 语文建设,2015(17):20-21.
［12］王大勇. 从学情出发,关注儿童的学习需要[J]. 小学语文教学,2015(20):3-5.
［13］王少英. 读写一体:基于言语运用的新路径[J]. 小学语文教学,2014(20):12-13.

（注:本课题为江苏省教育科学规划领导小组批准的普教立项课题,批准号为D/2013/02/267,于2017年12月结题。）

只向儿童多处行

——"童行"课堂教学改革纲要

为进一步贯彻落实立德树人、促进学生核心素养发展的目标要求,深化我校课堂教学改革,全面提高教育教学质量,根据我校课堂教学改革取得的成果,结合当前课堂教学现状,从本校优秀历史文化中汲取智慧,将"互助"课堂升级为"童行"课堂。为了深入推进"童行"课堂改革,故制定本纲要。

一、"童行"课堂改革背景

1. 落实《关于深化教育教学改革全面提高义务教育质量的意见》的要求

2019年6月23日,中共中央、国务院发布了《关于深化教育教学改革全面提高义务教育质量的意见》(以下简称《意见》),《意见》中指出,要强化课堂主阵地作用,切实提高课堂教学质量。要优化教学方式,坚持教学相长,注重启发式、互动式、探究式教学,教师课前要指导学生做好预习,课上要讲清重点难点、知识体系,引导学生主动思考、积极提问、自主探究。融合运用传统与现代技术手段,重视情境教学;探索基于学科的课程综合化教学,开展研究型、项目化、合作式学习。精准分析学情,重视差异化教学和个别化指导。"以知识为中心,以书本为中心,以考选为中心"的教育形态,已经不能适应新时代的要求,必须要转型。

2. 校本课堂教学改革实践的必然诉求

2014年底,我校开展了"互助生态"课堂的研究,2015年被评为首批"连云港市小学课堂教学改革领航学校"。2015年12月,在省基础教育课堂教学改革成果展示活动中,展示了我校的课改成果。2016年9月,我校的"互助生态课堂"改为"互助"课堂。六年多的课堂研究,取得诸多成果,2018年12月,学校的"互助"课堂被评为连云港市2015—2018基础教育教学改革与特色项目成果一等奖。

2020年4月,连云港市教育局教研室下发了《连云港市小学"三学课堂"教学改革实施方案》,赣榆区教育局教研室加大了课改推进力度,倡导学生自主、合作、探究性学习,让学生在教师指导下"学",并且当"小先生"教同伴"学"。

我们奉行的是全体质量观,是对每一个学生的关注和促进。坚持"以学生为中心",必须要看到每一个不同的个体,要从个体的角度保证每一个孩子的成长。最现实的问题就是在大班的条件下,转变育人方式,通过开展互助合作去自主学习,切实提高育人质量。

2021年9月,学校强力推进校园文化建设,汲取优秀历史文化传统,迈入发展快车道,办学品质大幅提升。"互助"课堂教学改革也有不尽如人意的地方,年级之间的课改深度推进存在差异,同伴间的深度学习未能普遍达成。为了顺应教育发展新形势,"互助"课堂需要升级优化。

3. "双减"背景下的提质增效需要以深化课改为支撑

2021年5月21日,中央全面深化改革委员会第十九次会议审议通过了《关于进一步减轻义务教育阶段学生作业负担和校外培训负担的意见》并指出:要深化教育教学改革,提升课堂教学质量,优化教学方式,全面压减作业总量,降低考试压力。在"双减"背景下,提高教学质量,必须向课堂教学要质量,所以要深化课堂教学改革。

4. 汲取践行张謇的教育理念深化课堂改革

清末状元、实业家、教育家、政治家张謇,曾在赣榆选青书院任山长,1898年,选青书院改名青口初等小学堂,一百多年的历程,发展为今天的连云港市青口中心小学。张謇的教育思想对我们的教育教学改革仍然具有重要指导价值。汲取前辈的优秀思想文化为我所用,为学校发展服务。对于教学,张謇认为"学必期于用,用必适于地"。提倡学生的实践要做到"知行合一"。汲取其思想精髓,我校将"互助"课堂升级为"童行"课堂。

二、"童行"课堂理论指导

1. 学习金字塔理论

"学习金字塔"用数字形式形象地显示了采用不同的学习方式,学习者在两周以后还能记住内容(平均学习保持率)的多少:阅读能够记住学习内容的10%;聆听能够记住学习内容的20%;看图能够记住学习内容的20%;看影像、看展览、看演示、现场观摩能够记住学习内容的30%;参与讨论、发言能够记住学习内容的50%;做报告、给别人讲、亲身体验、动手做能够记住学习内容的90%。如下图所示。

"学习金字塔理论"告诉我们,教别人是最好的学习。互助生态课堂要求学生在充分独立自学的基础上,学生互教互学、共同体验,这样的学习方式能够实现学习效益的最大化。

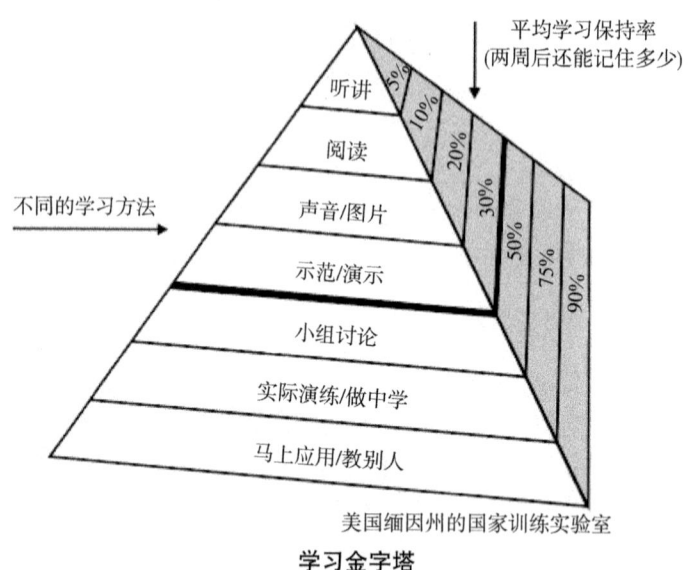

学习金字塔

平均学习保持率（两周后还能记住多少）

不同的学习方法

- 听讲 5%
- 阅读 10%
- 声音/图片 20%
- 示范/演示 30%
- 小组讨论 50%
- 实际演练/做中学 75%
- 马上应用/教别人 90%

美国缅因州的国家训练实验室

2. 儿童本位论

主张教育的目的应根据儿童的本性需要来确定。尊重儿童的自由和自我活动，对儿童进行教育必须遵循自然原则，要顺应儿童的天性，按照儿童自然发展的要求和顺序进行教育，以激发儿童的天赋能力，使人的本性得到最完善的发展。反对不顾儿童特点，强制儿童接受违反自然的教育。

3. 合作学习理论

小组合作学习，通过共同参与探究、讨论，相互启发、互补，以集体智慧解决个体无法解决或短时间内难以解决的问题。小组合作学习改变了在传统集体教学中，师生在单向交流中，教师垄断了整体课堂的信息源，学生处于十分被动的局面。而小组合作学习可使学生的主动性、创造性得以充分的发挥。

三、"童行"课堂理论探索

1. "童行"课堂文化渊源

（1）"学必期于用，用必适于地。"（张謇）

（2）只向儿童多处行。

明末清初学者汪楫，康熙十六年（1677），以明经任淮安府赣榆县（今赣榆区）教谕。他曾作诗《田间》，"小妇扶犁大妇耕，陇头一树有啼莺。儿童不解春何在，只向游人多处行。"此处的游人指田间劳作的人。儿童作家冰心将其化用为"游人不知春何在,只拣儿童多处行"。

儿童,是春之所在,是希望之所在。从教育的视角,我们将其化用为"只向儿童多处行"。寓意着,教者要尊重儿童,相信儿童,领着儿童去学,跟着儿童去学。

2. "童行"课堂教学理念

适合儿童,知行并进;师生"同行","童"做"先生"。具体可理解为:

(1)基于儿童立场,做适合的教育。要相信学生、尊重学生、理解学生、解放学生、依靠学生、发展学生。(2)课堂是由学生一个个的学习活动环节构成的,倡导学生实践,让学生在课堂里充分地"学"起来。(3)教师帮助、指导、点拨学生去"学",精心组织、设计学习活动,当好"大先生";学生在教师辅助下充分学习,互教互学,当好"小先生"。

3. "童行"课堂策略、方式

教学策略:先学后教、以学促教、会学不教、以学定教。

学习方式:独立学、合作学、探究学、评价学、迁移学,简单的问题自己学会,难点问题、复杂问题通过合作探究、点拨指导学会。

教学方式:启发、指导、引领、激励。

教学模型:自学质疑、合作探究、交流展示、精讲点拨、迁移运用。

4. "童行"课堂内涵阐释

"童行"课堂,指在教学活动中,应遵循儿童成长发展的规律,站在儿童的视角来设计教育,组织学习活动,给每个儿童提供适合于他们的教育。相信儿童在教师的指导下能够通过自主学习来学会知识、运用知识。倡导学生主动学、合作学、探究学,让学生在课堂里"行动"起来,知行并进,成为学习的主人。"小孩子是最好的先生,不是我,也不是你,是小孩子队伍里最进步的孩子!"(陶行知)

(1)"童"——儿童立场,适合的才是最好的

顺应儿童天性,就是顺应自然。张謇说:"学必期于用,用必适于地。"其中一个关键词就是"适",张謇认为"凡事必求其适",譬如常人置一冠,购一履,唯适是求,何况教育呢?老子认为,只有顺应自然并尊重自然规律,才能获得圆满的人生。而顺应自然,还得承认差别,正如孟子所说:"夫物之不齐,物之情也。"因此,不必追求整齐划一。

"童行"课堂,基于儿童立场,相信儿童能行。要突出儿童的主体地位,倡导以儿童视角开展教学,了解儿童的内心,明白儿童成长真正需要的是什么,给儿童提供一种真实的成长环境。课堂是儿童成长的课堂,是儿童体验的课堂,是快乐学习

的课堂。

(2)"行"——知行并进,强调实践、养成

张謇主张"知行并进""学生当孜孜于学,立志于业,重视实验""注意实地练习,以养成切实应用之智识"。

知,为认知。行,为实行。知行辩证,一直是中国传统文化的哲学核心。知与行并提始见于《左传》和《尚书》。王阳明心学,提倡"致良知",在知与行的关系中,强调要知,更要行,知中有行,行中有知,所谓"知行合一"。

"童行"课堂,强调学习实践,聚焦于"学",由两人互助升级为以小组合作为主,两个人互助为辅。学生在课堂里充分进行自主学习,通过独立学、合作学、探究学等方式达成课堂目标。教师的任务是指导、引领、激励,组织学生兴趣盎然地"动"起来、"学"起来,使课堂成为深度学习的课堂。

经典诵读

5. "童行"课堂主要特征

(1)儿童立场。老师要了解儿童的内心,把自己当作儿童,思考儿童真正需要的是什么。以儿童视角组织教学,适应儿童的发展特点,遵循儿童成长的教育规律。教育过程中的主人正是儿童自己,教师只不过是儿童自主发展中的服务者。

(2)强调实践。以学生为主体,开展自主、合作、探究学习,学生有一定的可支配的时间和空间。学生是学习的主人,课堂是以学生为主人的课堂,学习是学生自

己的事,没有谁能够替代。教师应将课堂教学由关注"教"向关注"学"转变,由"学会"向"会学"转变,由"传授·接受"型教学向"建构·探究"型教学转变。

(3)强调合作。建构"学习共同体",会的教别人,不会的跟人学。在教师指导下,学生合作学习,共同发现问题并解决问题。在个体自学的基础上,合作交流、探究、体验、总结反馈,在合作中共同建构,共同成长。

(4)深度对话。学生通过交流和互动,分享彼此的理解、体验和观点,从而深化了教学认识,丰富了学习内容,使学习过程成为课程内容持续生成与转化、课程意义不断建构与提升的过程。

(5)教师是引领者、欣赏者。以教师为主导,教师是学习活动的设计者、学习资源的提供者、学生学习的提升者。教师不是课堂的"主演",也不是课堂的"导演",而是学习空间里的引领者、欣赏者。教师责任在于通过指导、引领、激励学生去饶有兴趣地"学",满足学生的成长需求。教师的"教"是为学生的"学"服务,学生的"学"促进了教师的"教"。

四、"童行"课堂改革目标

通过对课堂教学的目标、内容、过程和评价进行研究,构建与实施以"教师为主导、学生为主体、学习为主线"、以"真学、深学、乐学"为追求的"童行"课堂实践范式,发展与提升学生的必备品格和关键能力,发展与提高教师的教学水平和科研能力。

近期"童行"课堂重点目标:

1. 改变课堂现状,让学生"学"起来,实现真学、乐学、深学;

2. 转变教学理念,彻底改变教师的角色定位,基于儿童立场,相信儿童能行,遵循教育规律,优化教学方式,把学习权交给学生。

五、"童行"课堂教学范式

在"互助"课堂教学实践基础上,优化学习方式,由两人互助升级为以小组合作为主、两人互助为辅,如下图所示。"童行"课堂倡导以下"五步教学"。

第一步:任务引领,自学质疑;
第二步:交流展示,补充评价;
第三步:小组合作,互动探究;
第四步:精讲点拨,提炼提升;
第五步:迁移运用,评价反馈。

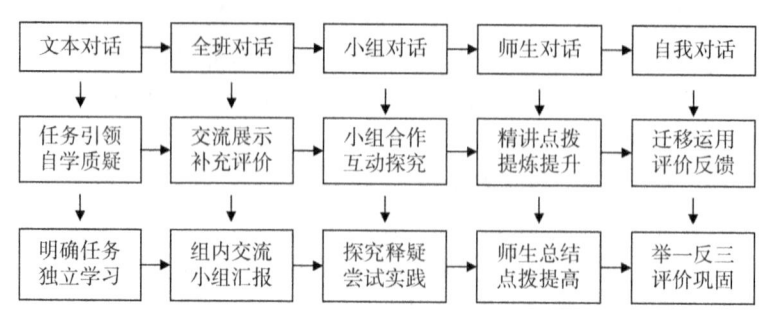

```
文本对话 → 全班对话 → 小组对话 → 师生对话 → 自我对话
   ↓         ↓         ↓         ↓         ↓
任务引领   交流展示   小组合作   精讲点拨   迁移运用
自学质疑   补充评价   互动探究   提炼提升   评价反馈
   ↓         ↓         ↓         ↓         ↓
明确任务   组内交流   探究释疑   师生总结   举一反三
独立学习   小组汇报   尝试实践   点拨提高   评价巩固
```

"互助"课堂教学模型图

1. 任务引领，自学质疑

要做到学习目标明确，学习任务清楚。学生根据学习问题或任务进行自主学习，初读文本，自主探究，独立思考，独立学习，完成学习要求。在学习过程中掌握一定的学习方法，提出自己存在的问题或困惑。

教师要为全体学生提供自主学习的平台或自主学习支撑，要根据教学重难点，精心设计学习活动，创设学习情境，设计"学习单"，组织学生自学质疑。

要给学生充分的时间去独立学习。既要有统一的学习任务与要求，又要为不同层次的学生设计好具有层次性的问题（或任务），要允许学生有不一样的收获与进步。

引导自学质疑的目的是落实自主学习，使学生养成独立阅读与思考的习惯，有助于形成学生的自信品格，有利于培育学生的人文底蕴。

2. 交流展示，补充评价

学不到位或学不透的、似懂非懂的，可以先小组内交流，互相释疑，做到"组内互教"。

组内交流时，小组成员要围坐在一起。可以让学困生先说，中等生补充，优等生总结简单的问题。组内要有序发言、人人发言，这是互动交流、探究补充、共同提高的过程。组内成员交流的机会要公平。

然后，小组在全班内进行交流展示，共同汇报学习成果，做到"全班互教"。小组成员共同上台，交流自己在小组学会了什么，是怎样学会的，还有哪些没有解决的难题。其他小组可纠正或补充、或拓展、或提升。教师适时引导、点评、激励，助推深度对话，要提前思考怎么组织学生进行交流展示，怎么梳理学生学不会的东西。

通过学生自学、互学学会的,教师不必再教;学生能说的,教师不必再说;学生能做的,教师就放手让学生去做。教师要将提出的问题与预设相结合,作为互动探究的问题或任务。

组织交流展示的目的是落实合作学习,逐步养成学生良好的表达习惯,培养学生自觉汲取他人意见并学会与他人分享的习惯。

3. 小组合作,互动探究

开展小组内的互动探究,将教学重难点以及课堂生成的有价值的问题作为探究任务,开展合作学习、探究学习、任务学习等活动。能交给学生探究的问题,教师不要再讲。

小组成员展开对话、思考探究、实践验证、操作体验、解决重难点,完成新知探究。小组成员之间各抒己见、相互讲解、研讨补充,在交流碰撞的过程中共同提升。

互动探究以小组为单位进行,教师提供方法指导和材料支持,要精心提炼问题,引导学生通过一个个项目、一项项任务、一组组活动解决重要学习主题或疑难的学习内容。组织、引导学生深入思考,指导学生开展探究式学习、论证式学习。要力求学习时间充分,组织学生真学、深学。

开展互动探究的目的是落实探究学习,养成合作学习、探究学习的习惯,培养学生合作学习能力、观察实验能力、问题探究能力,有助于形成学生的科学精神与实践创新素养等。

4. 精讲点拨,提炼提升

教师或学生归纳知识点,针对学生交流中的共性问题以及本课重难点进行针对性点拨、补充和评价,促使学生内化知识,形成能力。力求点拨精准,对于普遍性问题要进行精讲,突出重难点。

教师指导讲解时,要讲通过学生自学、合作学习仍不能解决的问题;讲学生出现的易错易混问题;讲拓展延伸时学生感到有困难的问题等。学生在自学之前的不讲,学生能学会的不讲,有问题不经过学生讨论的不讲。

5. 迁移运用,评价反馈

迁移练习:课堂练习以书本上的例题、练习为主,或者以教材中的练习为模板,引导学生进行变式训练,力求做到举一反三。将知识转化为实践能力,运用所学知识与能力解决生活中的实际问题,巩固学习效果。

评价反馈:教师要运用本课所学的知识,精心设计"巩固单",当堂检测,巩固新知。要重视当堂评价。教什么、学什么、评什么,要做到一致,教师"教"得清楚,学生"学"得明白,教学"评"得准确。

迁移运用是学习的核心部分,学生要将所学知识转化为综合实践能力。

进行迁移运用的目的是释放学生自我反思与自我实现的潜能,培养学生举一反三的能力,养成活学活用的习惯,发展学生的信息提取与处理能力、书面展示与表达能力等,让学生真正学会学习、学会运用。

六、"童行"课堂推进工作

成立"童行"课堂改革工作推进领导小组,谭鑫之校长任组长,举全校之力,推进课堂教学改革,向课堂要质量。本阶段"童行"课堂改革工作从2021年10月到2022年7月,重点做好以下工作。

(一)策划准备阶段:(2021.10)

1. 确定课堂教学改革的基本思路,启动"童行"课堂,推进工作。

2. 组织学科教师就课改意义、课改理念、课堂操作三个方面内容的进行培训。加强教师研究能力建设,组织教师开展"童行"课堂的专题培训。

(二)探索实践阶段:(2021.10—2022.04)

1. 各学科教师探索、实践"童行"课堂的教学模式。

2. 以教研组为单位进行研究实践,针对课堂各环节的操作方式进行细化研究。

3. 开展"童行"课堂研讨活动,组织立标课、示范课活动。开展课改沙龙活动。

4. 深入开展"童行"课堂调研工作,每月召开一次教学诊断会,找出存在的问题,提出解决问题的办法,总结提升"童行"课堂教学效果。以组建评价团队的形式,凝聚骨干教师智慧,建立定期协商会议机制,开展滚动式评价"小问题"调研活动,通过团队合作、一线调研,共同协商,科学修订评价标准,在实践中运用并加以改进。

5. 开展"童行"课堂教学过关达标活动。人人听课,人人执教"童行"课堂教学,由学校组织达标过关。

(三)达标过关阶段:(2022.05—2022.07)

1. 优化、完善"童行"课堂评价标准。

2. 组织教师每人准备一节"童行"课堂达标课,再次开展达标课活动。

3. 组织相关人员对每位教师的"童行"课堂教学进行评估。

4. 学期末,每位教师围绕"童行"课堂教学改革,撰写教学反思,在此基础上,召开经验交流会,并对达标课活动的开展情况进行总结、表彰。

5. 在达标课的基础上,利用假期召开"童行"课堂教学改革研讨会。总结得与失,逐步完善语、数、英等课型范式的操作。

"致用"理念观照下语文教学目标的制定

——以《拉萨的天空》教学为例

"致用"理念观照下的语文教学,强调立足语言、学习语言、运用语言,在操作层面至少有两层含义:一是以语言学习为根,理解文本的表达。即语文教学要扎根于语言,充分挖掘教材中的"语言"因子,引导孩子学习文本的表达范式,理解文本为什么要这么表达。二是以言语实践为径,尝试用语言进行表达。即在学习文本表达范式的基础上,从儿童的立场出发,遵循儿童言语认知发展规律,为学生搭建言语实践的平台,引领他们在具体的言语实践中学习用语言表达。

"致用"的教学理念直指语言的学习和运用,是摆脱语文教学"高耗低效"桎梏的有效突破口。而要达成"正确理解和运用语言"的"致用"目标,在教学操作层面必须实现以下几个转换。

一、彰显学科特质:将课文内容转换为课程内容

任何一篇课文都蕴含着"所传播的信息"这样一个课文内容,这是文本诞生后就客观存在的。这种作为社会阅读客体而存在的价值,有学者称之为"原生价值"。如《拉萨的天空》一文,就向读者传播了"拉萨的天空湛蓝、纯净,令人神往"这一信息。这是它的原生价值。但是,文章一旦被选进语文教材,成为课文,它的价值就发生了增值和变化。在保留"传播信息的价值"的同时又增加了一种新的价值,即"如何传播信息的价值",我们称之为"教学价值"。"如何传播信息"更具有"语文特征",是语文所要学习的内容,我们称之为课程内容。如《拉萨的天空》一文,在教学时学生不仅要知道拉萨的天空湛蓝、纯净,令人神往,更要懂得作者是如何描写拉萨天空的,为什么要这么描写。

"致用"理念的顺利实施,要求我们首先要完成从课文内容到课程内容的转化,即从"原生价值"到"教学价值"的转化,将"课文"当作学习语文的"例子",变"教课文"为"教语文"。需要注意的是,我们不能完全舍弃课文内容而只抓课程内容。课文内容和课程内容共存于一篇课文之中,它们密不可分。课程内容的学习必须建立在课文内容学习的基础上,学生必须亲历一个获得课文所传播的信息的过程,才能获得"课文如何传播"的信息。即只有先关注课文"表达了什么",才能探究课文是"怎样表达的",进而深究"为什么这样表达"。

二、突出核心价值：将课程内容转换为教学内容

完成从课文内容到课程内容的转换是"致用"理念迈出的第一步。但是一篇课文蕴含的课程内容往往是丰富的，如《拉萨的天空》一文，可以作为课程内容的价值点至少有三：一是"总—分—总"的结构方式；二是对偶的修辞手法；三是用形象化的表达手法来描写景物的方法。这些课程内容是不是都能或都要作为教学内容进行学习呢？显然不必要，也是不可能的。我们必须在众多的课程内容中，突出文本这个"例子"所体现的语文核心价值，将课程内容转换为教学内容。具体策略如下：

1. 是否具有统领功能。什么叫统领呢？就是从这个语文教学价值点出发，能够整体地把握文本的内涵，起到提纲挈领、纲举目张，牵一发而动全身的作用。以《拉萨的天空》为例，从整体上看，文章采用了"总—分—总"的结构方式。从这一点出发，其结构方式能将全文的内容"一网打尽"，显然，它有统领的功能。从对偶修辞方面来看，其对偶的手法相当明显和突出，但从这一点出发，起不到提纲挈领、纲举目张，牵一发而动全身的作用。因此，它不具备统领功能。再看形象化的表达手法。课文虽然篇章短小，但形象化的表达手法占据了文章的大部分篇幅，并且从这一点出发，直接指向文章的中心，更是高效和简约的，因此，它具有统领的功能。

2. 是否具有迁移价值。什么是具有迁移价值？就是可以上升为"类概念"，可以用于理解同一类文章、同一种语言现象，可以拿来让学生学习、模仿，举一反三，是能在新的语境和情境中运用的教学价值点。在《拉萨的天空》一文中，让学生模仿"总—分—总"的结构方式进行构思谋篇，可以吗？可以。那么，这一条就可以判定为有迁移价值了。再看形象化的表达手法。本文主要采用了比喻和映衬两种手法，显然也具有迁移价值。看来"是否具有迁移价值"这一梳理标准还不足以让我们最终确立本课的语文核心价值。

3. 是否具有表达个性。所谓"表达个性"，就是在同类文本中，这一语文教学价值点是这个文本独有的特征，是文本的"这一个"。这种"表达个性"可能是显性的，也可能是隐性的，但是一旦被解读出来，往往被公认为是该文本的主要特征。在《拉萨的天空》一文中，其"总—分—总"的结构方式不是本文所独有的，很多课文都具有这个特征。再看形象化的表达手法。别的文章不是没有，但没有这篇课文明显。这篇课文虽然篇章短小，但形象化的表达手法占据了文章的大部分篇幅，是本文的表达个性，是本文的"这一个"。因此，我们就可以将教学内容定位在学习形象化的表达手法上。

4. 是否符合儿童的认知规律。小学语文不但姓"语"，还要姓"小"。教学内容不但要具有语文的特点，还应考虑儿童言语发展的认知规律，充分考虑儿童认知规

律的阶段性特点。由这一点出发，再看《拉萨的天空》一文的形象化的表达手法。其中的比喻既有"明喻"也有"暗喻"。根据三年级学生的认知规律，只能学习"明喻"，放弃"暗喻"。至此，本课的教学内容更加清晰、科学。

三、体现目标个性：将抽象的"共性"转换为具体的"个性"

"致用"理念观照下的阅读教学更加强调学习结果的可检测性。因此，这就要求教学目标的表述必须明确指向课堂教学中学生具体的学习结果，便于操作、便于观察、便于测量。但是，这往往被我们所忽视。如《拉萨的天空》一文的第二课时教学目标，有教师确定为：

（1）有感情地朗读课文；

（2）学习本文形象化的表达手法。

从这位教师的表述中，我们无法准确把握达成目标的基本工具或手段，无法把握教与学的最终结果。比如，"有感情地朗读课文"是课程标准中的说法，但这个说法是针对整个语文教学提出来的，具体到教学个例中，这样确定教学目标就显得十分宽泛、空洞，无法落实和检测。再如第二条"学习本文形象化的表达手法"，这里的学习应该达到什么样的程度，这个形象化的表达手法到底是什么，我们无法把握和判断。

为什么会造成上述情况的呢？究其原因是教师在进行教学目标定位时，是从抽象的"共性"角度去把握的，缺乏对具体文本"个性"的深究。抽象的"共性"目标是无法讲授和学习的，只有具体的"个性"目标才是可操作、可观察和可测量的。因此，将抽象的"共性"目标转换为具体的"个性"目标，是语文教学顺利实施的前提。那么，怎样将抽象的"共性"目标转换为具体的"个性"目标呢？这就要结合文本特点，依教材编者意图以及作品表达的特点，再在具体的文本中依据儿童的言语认知规律具体发掘。如《拉萨的天空》一文第二课时的教学目标可修改为：

（1）有感情地朗读课文中对偶的句子；

（2）初步学习"比喻（明喻）和映衬手法突出景物特点"的表达方法。

总之，"致用"理念是语文教学一道亮丽的风景，更是语文教学的回归与守望。在语文"人文性"和"工具性"的反复争论中，"致用"理念始终保持本色，薪火传承。在语文学科特质澄清后的今天，"致用"理念依然熠熠生辉，光彩依旧。我们也坚信，只要我们立足于语言之根本，遵循儿童的言语认知发展规律，探寻言语内容和言语形式自然融合之意，搭建适合儿童的言语实践平台，内化以"求意"，外化以"得言"，我们的语文教学就一定会焕发勃勃的生机，迎来崭新发展的春天。

【参考文献】

[1] 朱晓进.著名特级教师教学思想录[M].南京:江苏教育出版社,2012:99-648.
[2] 潘新和.语文:表现与存在[M].福州:福建人民出版社,2004:36-175.
[3] 王尚文.语感论[M].上海:上海教育出版社,1995:137-174.
[4] 李海林.言语教学论(第二版)[M].上海:上海教育出版社,2006:30-158.
[5] 王尚文."语文意识":语文教学的阶梯[J].语文学习,2003(5):37-39.

(注:本文发表于《教学与管理》,2013年第9期。)

启迪儿童心灵的"种子"
——统编教材中的儿童形象及其教育价值探析

统编教材中有很多生动鲜明的儿童形象,这些儿童形象对小学生具有很强的吸引力,基于这一点,研究统编教材中涉及的儿童形象,挖掘其教育价值就显得尤为重要。

一、统编教材中儿童形象的分析

教材中的儿童形象对小学生的身心发展有重要的影响作用,同时也能从这些儿童形象的选择上折射出整个社会的主流价值观,统编教材中涉及儿童形象的课文有 66 篇(见下表)。

部编版小学语文教材中儿童形象的分布

册数	涉及儿童形象的课文篇数	册数	涉及儿童形象的课文篇数
一上	5	四上	4
一下	8	四下	7
二上	6	五上	1
二下	8	五下	8
三上	4	六上	3
三下	6	六下	6
12 册总计			66 篇

从上表可以看出每册教材中都安排了涉及儿童形象的课文,足以看出教材编写者对儿童形象塑造的重视程度。

文学作品中的儿童形象是作家针对儿童心理特征创作出来的,易于被儿童接受。统编教材在对不同时期儿童形象的选取和塑造上的价值取向重在"弘扬主旋律,传播正能量"。

1. 注重文化品质的传承

统编教材以古代儿童形象为切入点,选取和塑造了一系列的古代儿童形象,希望他们身上的优秀品质能影响新时代的儿童。

教材中呈现的几类古代儿童形象都体现了我国古典文化的内涵。古代文人向往悠然自得的生活,故教材中编入了一些描绘无忧无虑、怡然自得的顽童形象的古诗,如《村居》中放学后"忙趁东风放纸鸢"的儿童;古代有不少勤学苦读的故事,教材中编入了描绘勤奋努力的儿童形象的文章,如《囊萤夜读》中深夜苦读的车胤,《铁杵成针》中发奋努力的李白。统编教材弘扬了中华优秀传统文化中的优秀品质,学生在学习过程中浸润历史文化,心灵可以受到启迪。

2. 注重生本理念的坚守

杜威曾说:"儿童自己的本能和能力为一切教育提供了素材,并指出了起点。"这里的起点就是指遵循儿童发展的规律,将儿童作为学习活动的主体。统编教材中的儿童形象是从儿童的角度来塑造的,凸显了儿童的主体地位。教材中的儿童形象,不管其身处什么年代,是什么身份,都是积极能动的个体。同时,教材也从真实的角度,剖析了儿童害怕、冲动、调皮、贪玩、容易犯错等特点。这样一来,儿童形象就显得真实、饱满,更加贴近儿童的生活。

3. 注重物我相谐的演绎

统编教材中热爱生活、热爱自然、珍爱生命的儿童形象占有很大的比例,他们在自然环境中发现、享受世界的真实与美好,尽情释放天性,体现了人与自然、社会的和谐共生。如《我变成了一棵树》写自己想变成一棵长满各种形状鸟窝的树,让

青小教师陈召萍画作《孩提》

小兔、小刺猬等动物都进来住,表达了她对动物的关爱;又写想象中妈妈拿出花生、牛奶、面包、巧克力等食物分给动物吃,再次宣扬了人与自然万物和谐共生的主题。

教材中,儿童的心理形象是通过他们的语言和行动表现出来的,揭示儿童的心理形象,对于把握影响儿童行为的内在机制有着重要的作用。如《夜色》表现了一个孩子对黑夜由恐惧变为喜爱;《掌声》写了英子在同学们掌声的鼓励下由自卑到自信……这些儿童形象为学生的心灵注入了"强心剂",使他们的内心变得更加强大。

二、统编教材中儿童形象的教育价值

1. 儿童形象:文化的"播种机"

教学中,我们可以运用多种教学手段,让教材中的儿童成为传递中华文化的形象大使,使学生受到中华经典文化的滋养。

从"背后"丰富形象。教材通过儿童的故事、生活经历或者其所处的时代环境来反映社会生活,在分析儿童形象的时候,教师可以适当地补充人物所处的时代背景、作者的相关经历等资料,让学生从"背后"更加立体地、全方位地理解儿童形象。如《少年闰土》一文,学生在感受文中的闰土聪明能干、见识丰富、活泼可爱的同时,还应该再深挖一下这一形象的内涵。闰土的原型是鲁迅小时候的朋友章闰水。离家多年以后,鲁迅再回故乡,看到了辛亥革命后十年间中国农村经济的萧条,看到了以章闰水为代表的农民日益贫困的生活状况,于是他将此次回乡的经历写成了小说《故乡》。了解到这一点,我们就能帮助学生理解黑暗社会对老百姓的摧残。

用表演活化形象。在阅读儿童形象鲜明的文本时,可以引导学生将文本中的精彩故事改编成课本剧。在编排的过程中,学生能够与主人公同呼吸、共命运,这样能更加深入地理解主人公的形象特点。在表演中,学生加入了肢体动作、面部表情等非言语元素,主动呈现出自己对故事的独特理解,通过多种形式享受学习的乐趣。在排练、演出的过程中,学生形成了一个学习共同体,智慧的碰撞、思想的交流,帮助他们在最大程度上达到默契。

2. 儿童形象:语用的"发动机"

课程标准凸显了语言文字应用的地位,为语文教学指明了方向。我们要从塑造儿童形象的写法、篇章结构等方面,挖掘儿童形象的价值,寻找语用的训练点,提高学生的写作素养。

链接想象,激活语用。教材中的儿童富有想象力,教学中,我们要利用这些儿童形象来激发学生的想象。如《沙滩上的童话》用诗一般的语言讲述了小伙伴们在沙滩上堆城堡,编织美丽的童话。故事一方面展现了孩子们快乐、丰富的童年生活,另一方面也歌颂了人间的善良、温情与正义。教学时,教师可以让学生展开想象,想一想"我们"还会编出哪些童话?在这个训练过程中,学生能积极调动思维来编故事,而且在说的过程中锻炼了语言表达的能力。

聚焦写法,提升语用。对比是常用的刻画人物形象的方法,在塑造人物形象方面有独特的表达效果。如《"精彩极了"和"糟糕透了"》主要写"我"在七八岁的时候,写了人生中的第一首诗,妈妈对此的评价是"精彩极了",父亲的评价却是"糟糕透了"。作者将父母的两种态度进行对比,表现了父亲和母亲不同方式的爱,从而揭示出无论哪种评价都是他们对自己的关爱的道理。教学时,教师应该将学生的目光聚焦在对比写法上,让学生对如何塑造人物有更深刻的理解,在此基础上让学生揣摩方法,联系生活进行写作训练。

3. 儿童形象:思辨的"筛选机"

对人物形象的分析,能够培养学生辨别是非的能力和审美的能力。教材中的儿童形象丰富多彩,他们通过各种行为和活动表现自己,他们身上既有优点又有缺点。因此,教师要用辩证的眼光授课,把人物与其所处的社会背景、生长环境紧密结合起来,全面地分析人物形象。此外,教师要有意识地将教材中儿童的道德行为与学生现实生活中的道德行为自然接轨,让学生透过教材中的儿童形象来反观自己,充分发挥教材中的儿童形象对学生的引导作用。

以教材中的儿童形象为切入口来引导学生,有利于培养能够适应未来社会、全面发展的人才。作为教师,我们要多关注教材中的儿童形象,并从儿童的视角去感悟这些形象,挖掘儿童形象背后所蕴含的教育价值,创造性地利用这些儿童形象去完善教学,让学生在有创意的、快乐的语文学习中丰富知识,塑造人格,提高素养。

【参考文献】

[1] 武梦.小学语文教科书中儿童形象选编研究——以人教版、北师大版、苏教版教科书为例[D].福建师范大学,2015.

[2] 刘凯利.人教版与长春版小学语文教科书儿童形象比较研究[D].东北师范大学,2017.

(注:本文发表于《语文建设》,2020年第11期。)

附：

青青芳草地，翩翩蝴蝶飞

连云港市青口中心小学教师　朱义霞

青小，我心中教育的青青芳草地，她引得蝴蝶翩翩飞，煞是一片无限好风光。最近研读《课标》，当我读到"以文化人"的时候，油然而生出"以爱化人"。教师应以博爱之心，助推在茫茫人海中遇到你的孩子们走出人生的第一步。这是教师神圣的使命。

思绪的相机捕捉到几个教育的画面，那是一串串美丽的珍珠——

你纯粹的笑容，温暖了我的世界

去年，五年级升六年级之际，分班了。一个跟了我三年，且三年里的每一次考试成绩总是个位数的学生分走了，说心里话，这令我如释重负。组建了新的班级，来了一批新学生，一切充满了新鲜感。可是我却发现，这个分走的学生——小瑞并没有离开我，他如影随形。许多天里，他早上到校之后先到我的教室门口徘徊许久才离开；每一个课间，在教室窗口张望的是他，在楼梯转角处"窥探"的也是他；如果教室门口没有他，我回办公室经过的走廊里必定会遇到他；更有甚者，学校放学的中心路上，他会溜出班级队伍，等待着我的到来，只为和我见上一面。每次的目光相遇，他必报给我一张笑脸，那人之初的最纯粹的笑容里，一双纯净得如澄碧的湖水般的眼睛，瞬间涤荡了我心头所有的尘埃，治愈了我一切疲惫和伤痛。我融化在他的笑容里，只想轻抚他的头，给他一个师者无尽的爱怜。

想起了我曾经的嫌弃，曾经的恶语相向，惭愧之情涌上心头。我给你的爱本就不多，只是把你当作一个正常的孩子，而你却以为得到了很多。孩子，我何德何能，得你报以如此纯真美丽的笑颜。如果时光倒流，我必是春雨，毫不吝啬地洒向你，润你无声。你是多么需要爱啊！

你是个好孩子，我很喜欢你的

小毅，六年级来到了我的班级里。胖乎乎的脸蛋，圆滚滚的身材，一双炯炯有神的大眼睛流露出机智与聪明，一个可爱的男孩。听说这个孩子以前有个坏习惯，经常不完成课后的学习任务。刚开始的一段时间，他表现得很好，课后任务完成得认真，平时也是很乖巧的模样。某一天，他告诉我作业忘在了家里，说的时候满眼真诚，我无条件地相信了他，只让他回家后记得带到教室里来。又过了几天，同样的情景再次上演，这次我突然感觉到，连同上一次，他都是在骗我，老毛病又犯了。这次我不再让他回家后带回来了，放学后我陪着他在教室里完成。放学了，送走了其他同学,我陪着他写起了作业,并聊起了天。我问他到底有没有完成,他坚持说完成了,但是说话的"真诚"丝毫掩饰不住微微红起来的脸。我没有再追问,而是聊起了其他话题,我说起了对他的印象:"你在我心里是个好孩子啊,我很喜欢你的。"他低着头没有说话,完成了任务,背着书包回家了。不一会儿,我接到了他妈妈发来的信息,孩子回家后对妈妈说了实话,的确没有完成作业,对老师撒了谎。他还说老师说了喜欢他的话,让他感动得直想流泪,他感受到了老师的爱,以后要做个好孩子,努力学习,不辜负老师的期望。读着信息,我心中充满了欣慰之情,幸福的感觉涌上心头。从此之后,小毅完全变了一个人,他努力践行诺言的样子是我眼中最美的风景。

教育无小事,有时候一句话可以改变孩子的行为。教师和学生最好的关系应该是双向奔赴的,教师从爱出发,饱含深情的话语会拨动孩子的心弦,给孩子以极大的力量,引领孩子用饱满的热情,奔赴学习目标,茁壮成长。

校门口,我们确认过眼神

在那间教室,我放飞了无数的孩子,放飞了希望,而守巢的总是我,这是教师工作的真实写照。述说着上面两个故事,我的心中飞来了无数的孩子们,仿佛一群天使把我萦绕,教师的幸福,这一刻我体会到了。

校门口守候的小杰,你还好吗?那年,我送走了六年级的一个班,其中有一个叫小杰的学生,在做我的学生之前,从来不说一句话,上课要么睡觉,要么发呆。所有的课堂作业不用书写,他每天要做的就是背着书包来来去去,把时间度过就可以了。做了我的学生后,我对他的要求与其他同学无两样,必须完成学习任务,不会没有关系,但是努力、尽力的过程不可少,我安排了一个优秀的同桌帮助他,并与他做好朋友。慢慢地,他以如蜗牛般的速度进步了。就这样一直到离开青小,他都是我的学生。升入了初级中学,每个星期五的下午(初中早放学两节课),在我送学生放学到大门口的无数次里,小杰总是站在那里守候着我,他不说话,看见我来了,确定我也看见了他,便默默地离开了。这幅画面深深地印在我的心里,让我很心疼。一个如他一样的孩子,是多么需要关爱啊,而我,只是给了他正常学生的要求,便让他如此守候我。多么希望他遇见的老师都把他当作一个活生生的孩子看待啊。"孩子,我不扔下你,你是我的天使。"我默默地为他祈求着。

校园里,你们让我倍感幸福

连连向我发问"老师,你还认识我吗?"的两个大孩子,你们生活得幸福吗?某一天傍晚放学时分,我走出教室,突然从教室旁边走出来两个大孩子,高出我一头,一个孩子笑眯眯地问我:"老师,你还认识我吗?"笑眼里满是长大的自豪。我还没有辨认出来,另一个孩子也发出了同样的"问候"。见我迟疑认不出,他们争先恐后地报出自己的姓名,那份热情感染了我,原来是多年以前的两个学生,我激动地拥抱着他们,那份欢喜、感动就是幸福啊。他们作汇报一样告诉我自己的现状,仍然是当年做我学生回答问题时孩童般的神情。你们要生活幸福啊,我衷心地祝福着你们。

还有在车棚里等待我的一个男孩和一个女孩,在远方的大学里学习得快乐吗?放学后去车棚,看到了这幅画面:远远的车棚里,两个青春的身影,很美好的样子。心里正赞叹着,也走近了他们。"老师,老师,是我,是我。"激动的、语无伦次的声音里,我认出了八年前的两个孩子,正读高三。他们与我交谈着、诉说着想念,我们一起憧憬着理想的大学,我指着学校的标语牌对他们说,今生无论做什么,都要"诚以待人,恒以学问",他们连连点头。现在的你们,在远方的大学里一定要快乐。

细想我的所作所为,平凡如一棵小草,没有闪亮之处,只是用一颗心对待我的学生们。我知道,离开我的这些孩子,之所以来见我,很大程度上是在见到我之后,虽然我不再是他们的老师,但对他们的教育没有忘记,再见时他们重温了曾经的教诲,好像获得了继续前行的力量。无论多大,走得多远,他们总想聆听。

我是小草,是青小教育芳草地里普通的一棵,修行自我、善良永随是要一直坚守的品格,祈愿引得翩翩蝴蝶飞。

用美浸润学生的心灵

【摘要】语文教学充满着人文关怀,其间有太多美好的东西让我们感动。因此,阅读教学要首先引导学生去触摸美、感知美,在学生的头脑中形成关于美的表象;其次,要从技术层面上指导学生去解读美,即解读语言美,解读亲情美,解读人性美;再次,语文教学要指导学生探究美,充分利用新课程理念下的学习方式引领学生走进文本,与美进行亲密的对话;最后,语文教学还要落实"大"语文教学观,教师带领学生走出课堂,走进大自然,让学生编织自己美的梦想。

【关键词】语文教学;触摸美;解读美;探究美;编织美

新课改使语文课堂教与学的行为产生了根本性的变化,新理念使教学实践充满了生机和活力,同时也改变了教师的行走方式。课堂上充斥着师生情感的碰撞,充满着同品共享的学习愉悦,充溢着放飞灵性的生命欢歌。平等对话、个性阅读、多向互动,使教师、学生、作者的美好情怀在这充满浓郁人文气息的语文课堂同构共生。

一、触摸美

曹文轩在《草房子》的附语中写道:"能感动孩子们的东西无非也还是那些东西——生死离别、游驻聚散、悲悯情怀、厄运中的相持、困境中的相助、孤独的理解、冷漠中的脉脉温馨和殷殷情爱……总而言之,自有文学以来,无论是抒情的浪漫主义还是写实的现实主义,它们所用来做'感动'文章的那些东西,依然有效——我们大概也难再有新的感动招数。"那么,这许多感动招数都藏在哪儿呢?在我们的文学作品中,那些激昂生动的文字,沁人心脾的情趣,深邃优美的意境,都会使学生兴趣盎然、心驰神往、才思泉涌、心灵震颤,从而激发起强烈的求知欲望。

苏教版小语教材在文本的选择、编排和使用中处处体现编者的崇真尚美,而每一篇好文章,总是以它的美好而真挚的情感来打动读者,从而激发读者心灵深处闪光的东西,使读者的感情受到共鸣而得以升华,从而变得更加纯洁、高尚。老师对经典名篇、名诗进行示范美读和背诵,充分调动了学生的听觉和想象力,在顿挫有致、声情并茂中,学生如闻其声,如见其人,如临其境,情到深处,先声夺人。同时,再随着语言基调的不同变化,急与缓、轻与重、长与短、快与慢等,力求用变化的语言去真实、清晰、明白、亲切地表达好课文的思想内容。在读中凸显出诗歌语言的凝练、小说语言的生动、散文语言的优美、戏剧语言的传神、相声语言的风趣……在一遍遍的阅读中,笔者总是努力让学生看得见花开花落、听得到潺潺流水、悟得到灿烂人生……篇篇课文,段段文字,让学生一遍遍咀嚼回味,就像一把犁耕耘在荒芜的心田,让他们的心胸慢慢被一种叫作美的东西填满。

二、解读美

1. 解读语言美

语言是表达的工具,是倾吐的手段,课文的语言美由准确、鲜明、生动构成,它表现在不同的语言结构上,如语音美、语词美、语句美、语段美等。语文教材中选入的皆为文质兼美的经典之作。它们的语言具有不胜枚举的特色:有的婉转曲折、有的巧比妙喻、有的清新凝练等。这些充满诗意的语言,经典的文辞句段,犹如久旱甘霖,酷暑凉风,对孩子们的心灵起着浸润的作用。同时,要适时引导他们养成积累好词佳句的习惯,使他们既受到语言美的教育,又能汲取各家之长,丰富自己的词汇,为逐步提高鉴赏能力和正确使用祖国语言的能力打下基础。

笔者常利用晨读的时间为孩子们诵读一些精美散文,或清新隽永,或文采斐然,或蕴藏哲理,像朱自清的《匆匆》《荷塘月色》,老舍的《济南的冬天》,冰心的《雨荷》等等,师生一起沉淀在祖国博大精深的语言文化中,让美文伴随着孩子们一天天成长!

2. 解读亲情美

曾经有人这样诠释母爱:血浓于水,母爱如山。在更多的时候,母爱或许是我们衣衫上一行疏落的针线,是我们不屑一顾的一碗生日面,甚至是我们身边喋喋不休的可笑而又可恼的唠叨。是的,如今的孩子生活在一个爱的包围圈里,他们像温室里娇嫩的小草,无忧无虑地享受着父母的阳光雨露,沉浸在以自我为中心的情感世界中。有一次,笔者在班上布置一篇作文《我爱妈妈》,可是竟然有许多同学不知道该从什么地方下手,怎么写?面对此情此景,笔者愕然了。可见,这些本性纯真可爱的孩子们内心深处那些美好的情感,等着我们去拨动、去唤醒!

结合课本中的课文,我们可以有针对性地拓展课外阅读,如冰心的《母爱》、朱自清的《背影》等。吟诵孟郊的《游子吟》,让孩子们感受到文学作品里流淌出来的殷殷真情,把这种对亲情的感悟带到生活中去。再来回忆一下生活中那些常常会被我们忽视的爱的细节,可以为亲人做一件事、说一句话、报一个微笑等,以情导行,启动学生心智,让美文产生动人心魄的艺术慑服力。

母亲在包饺子

3. 解读人性美

《小学语文新课程标准》中写道:"语文课程还应通过优秀文化的熏陶感染,提高学生的思想道德修养和审美情趣,使他们逐步形成良好的个性和健全的人格,促进德、智、体、美诸方面的和谐发展。"那么,我们教师在教学中,就应该引导学生多方面、多角度地去看待生活,培养积极的生活态度,感受人性美,寻找人性美,挖掘人性美。

教材《哈尔威船长》一文中的船长哈尔威,在生与死的抉择上,把生的希望留给了别人,把死的危险留给了自己,这种风范闪耀着夺目的人性美。课堂上,让学生针对文中"哈尔威毅然放弃求生的机会"的行为展开了一次辩论,允许他们持有不同观点。但是有一点应让学生明白,生活中并不是所有的放弃都意味着退缩,有时候,放弃也是一种智慧、一种勇气、一种可歌可泣的精神。通过对文本主人公人性闪光点的剖析,大家永远记住了这位具有高尚情操的哈尔威船长。这些高大鲜明的形象,他们所具有的伟大无私的优秀品质,使孩子们在心灵上逐渐积淀了人类道德的精华,形成高尚、恒定的理想、情操和道德品质。

课余,给孩子们推荐的课外读物有沈从文的《边城》,奥斯特洛夫斯基的《钢铁是怎样炼成的》,高尔基的自传三部曲,等等。将语文课堂进行延伸,扩大了语文阵地。从艺术鉴赏的角度潜移默化地感染学生,从而培养他们健康高尚的审美情操。

三、探究美

陶行知先生曾说:"只有民主才能解放最大多数人的创造力,而且使最大多数人之创造力发挥到最高峰。"尊重每个学生,搭建民主平台,让学生真正成为学习的主人。《小学语文新课程标准》明确指出:学生是学习和发展的主体。语文课程必须根据学生身心发展和语文学习的特点,关注学生的个体差异和不同的学习需求,爱护学生的好奇心、求知欲,充分激发学生的主动意识和进取精神,倡导自主、合作、探究的学习方式。因此,笔者在教学中尽量把讲台让给学生,给他们一个展示自我、表现自我的平台,笔者把自己定位为一个他们学习活动的服务者,即在他们表述不清时加以示范,在他们思维受阻时加以开导,在他们碰到疑难时加以帮助,努力保护每一个学生的独创精神,只要是学生的切身体验,笔者都给予充分的肯定。对那些所谓的学困生,则给予特别的关爱,哪怕他们有些许的进步,笔者都让他们一样享受成功的欣喜和收获的喜悦。

为了使教学情境真切地再现于学生面前,笔者还指导学生根据教材内容创设情境,模拟课文角色进行表演。由于学生的心理位置变成了课文中人物的心理位置,因此,使教材的内容迅速形成表象,能很快被学生理解。学生自由组合模拟角色,将各角色的朗读构成一个整体,这样,学生可以听到教材中各种人物不同的声音,虽未见其人,却已闻其声,增进对课文的理解。笔者在教《军神》时采用此法,刘伯承、沃克医生等人物形象栩栩如生,其高尚品质跃然纸上。

四、编织美

小学语文中无论是低年级的写句,中年级的写片段,还是高年级的作文,都是学生运用语言进行书面表达的实践,其中的难度不言而喻。在习作教学中,笔者不但让学生养成留心观察事物的习惯,有意识地丰富自己的见闻,积累习作素材,还要写纪实作文、想象作文,能根据表达需要进行修改,做到行款正确,语句通顺,轻松表达,快乐作文。

笔者带领学生走进大自然,走进社区,走进闹市,在生活大课堂里学习课本里没有的东西。让学生用眼去寻找美,用心去发现美,去河边体验"让我们荡起双桨"的感觉,去山上品味"霜叶红于二月花"的情景,去林中享受"两个黄鹂鸣翠柳"的惬意,去田间感受农民伯伯丰收的喜悦。这样,不但实现了课本与生活的对话,而且使语文学习充满生活与生命的气息,孩子们的笔下就会有蓝天、白云、绿树、红花,就会有快乐的童年,有多姿多彩的世界,写出来的作文自然也就有血有肉、丰富多彩了。笔者还常常让学生将自己的习作读给别人听,与他人分享习作的快乐,交流写作文的方法和感受。让成功者增强信心,让欣赏者产生兴趣,让不甘落后者奋起直追。

一沙一世界，一花一天堂。生活云淡风轻,有太多美好的东西。一篇质朴的文章,一首隽永的小诗,一支悠扬的乐曲,及至一句诚挚的话语都会让人感动不已。作为一名语文教师,对于教材中的美文典范,课外书籍里的精品读物,应充分利用文中所蕴含的美去叩击学生的心灵,浸润学生的情怀,提升学生的思想境界!

【参考文献】

［１］成尚荣.为语言和精神同构共生而教——小学语文教学案例解读[M].南京：江苏教育出版社,2001:32-33.

［２］钟启泉,崔允漷,张华.为了中华民族的复兴,为了每位学生的发展[M].上海:华东师范大学出版社,2001:98.

［３］于永正,潘自由.于永正小学"言语交际表达训练"作文实验[M].济南:山东教育出版社,2001:65-66.

［４］姚文蔚.行知教育论著百篇[M].北京:中国和平出版社,2005:107.

(注:本文发表于《江苏教育报》,2006年12月27日第48期。)

附：

光，一直都在

连云港市青口中心小学五(5)班　魏予晟

阳光带着馨香穿过指缝,我怎么抓也抓不住。看着我新长出的指甲,旧时的思绪重现眼前。

那是一个阳光灿烂的大课间,我扶着楼梯把手,漫不经心地走着。突然,背后传来一股强有力的推劲,我的指甲顺势被铁皮划破了。一股钻心的痛直达心底,很快指甲流出血,鲜血染红了双手。

我不敢看手,抬头望向远处,阳光从树叶间透射过来,隐约跑来一位老师,啊,是我敬爱的苗老师,她迎光跑来,照亮了眼里充满恐惧与害怕的我。

苗老师迅速扶着我,此时的指甲盖变得红肿微紫,血肉模糊,老师急切地问我："啊,疼不疼?"同时又立刻发出命令："赶快去医务室!"说话时,眉毛瞬间皱成一团,急切的目光似烈日般灼热。去医务室的路上,老师一声声的关心驱散了我的疼痛。此时,我觉得老师身上发出一种神圣的光,她在斑驳的光影里来回走动,消瘦的双手紧握着,我知道她在为我担忧。

阳光透过医务室的玻璃窗,在她身上落下光斑,成为我永远珍藏的一幅画。那天,苗老师就像我的母亲。

包扎完,妈妈接我回家休息。听妈妈说,苗老师打电话的声音有些颤抖,听出来非常担心我。我眼角闪烁泪花,为有这样一位好老师而流下幸福的眼泪。心中再次迸溅出闪亮的光圈,照亮了我成长的路。

老师在,光一直都在。

(注:本文发表于《赣榆教育·读写月报》,2022年9月28日第二版。指导教师:苗伟。)

追寻古诗词教学的诗意

【摘要】古诗词是充满诗情画意的,我们也要诗意地进行古诗词教学。教师可以让学生借助浅吟低诵读出诗词之韵味,引导学生于诗眼、矛盾处品读探究,想象画面,还原诗词的意境,将相关诗词组块整合,从而让学生可以入情入境地学习古诗词。

【关键词】诗意教学;现状剖析;策略厘定

古诗词是中华五千年历史文化中一颗璀璨的明珠,它洗尽铅华,蕴含了无数的人生哲理。在小学语文教材中,古诗词教学也是一个很重要的方面。学生在经历古诗词的洗礼时,能够加深对我国优秀文化历史的了解,也能够提升自己的文学修养。但是现在的小学语文古诗词教学还存在一些问题,这严重阻碍了小学生对古诗词营养精华的吸收。海德格尔说过,人是一种诗意的栖居,如果你用一双发现美的眼睛去打量存在于我们周围的事物,曾经被你忽略的这一草一木,一片浮云,一缕阳光,其实都会让你感动。仔细品啜这一份细腻的情怀,诗意的潜流就在不觉中萌生。我们古诗词教学,也要充满诗情画意地进行,让学生进入真正意义上的鉴赏境界,从而受到高尚情操与趣味的熏陶,拓展思维空间,发展想象能力,丰富自己的精神世界。因此,笔者认为应该诗意地进行古诗词教学,让学生在学习中感受到古诗词的意境美。

一、思考归因:小学古诗词教学的现状剖析

1. 只求背诵,不求甚解

新教材的改版,加大了优秀古诗词在课文中所占的比重。这些优秀的古诗文都是研究教学的专家们精挑细选出来的,语句凝练,言语生动,内涵深远,是我们教师带领学生含英咀华、潜心涵泳的。新课标也指出:指导学生诵读优秀诗文,注意在诵读过程中体验情感,展开想象。但是,纵观我们目前的小学古诗词教学,似乎发现只是单纯地背诵,囫囵吞枣地死记硬背,好像会背诵、能默写就是完成了古诗词教学的任务似的,而忽略了感受诗歌的意象、韵律之美。但从长远来看,学生学习古诗词的兴趣还有吗?我们的学生又如何能体会出古诗词的美呢?

2. 支离字词，远离意境

在教学古诗词时，大多数的语文教师只是让学生重点记住诗词中某个字词的解释，或者直接把诗意抄在黑板上让学生死记硬背，而忽略了对整首诗歌意境的想象、把握。这样的古诗词教学，似乎只是为考试而教学，只是让学生远远地看古诗，而没有让学生真正走进古诗词的意境。学生自然也就无法触摸到古诗词所散发出来的生命的温度。

3. 记住作者，忽略背景

对于一首古诗词的教学，记住诗词的作者以及作者的朝代已经成为教学的必然内容。但是我们对诗人、词人的了解也仅限于知道他（她）所处的朝代，最多知道著名诗人的雅号，如李白是"诗仙"，杜甫是"诗圣"，却没有真正与诗人、词人"交心"，去发觉和探究诗人的内心世界，了解他们创作古诗词的背景和当时的心境。如杜甫的《绝句》，这是一首描绘美丽春色的诗，充满了欢快的气息。但是查阅资料后我们知道，杜甫一生经历了唐朝由盛转衰的特殊时期，加上他仕途不顺，经历战乱流离，他的诗大多"沉郁顿挫"。《绝句》这首诗所流露出来的欢快愉悦的心情，明显不同与他一向的写诗风格。其实，这首诗是杜甫在安史之乱平定之后写的。此时，他回到成都草堂，因为国家社会安定，又面对一派盎然春机，所以心中的喜悦不断涌动，因此而写出《绝句》这首诗。这时候，我们再来读这首诗，看到的就不仅仅是春天的美丽景物，不仅仅是斑斓的色彩，更多的体会是杜甫在历经战乱之后对国家、对未来生活的希望。由此可见，我们的小学语文教师，不仅要将学生的目光指向理解诗意，更多的是引向古诗词的创作背景，进而走进诗人的内心世界。

二、内涵定位：小学古诗词诗意教学的内涵

什么是"诗意"呢？《现代汉语词典》中对"诗意"的解释是：像诗里表达的那样给人以美感的意境。王崧舟提出了"诗意语文"的主张，他认为诗意的语文不是表面的、抽象的语文，而是借助潜心涵泳、比较品评、移情体验等手段，去营造美感的课堂，体验完整的语文世界。这是一种感悟生活、传递智慧、彰显人性的课堂。诗意课堂教学的建构，就是要学生从美教、美读、美学中去挖掘古诗词课的独特魅力，体会古诗词的丰富意蕴，在优秀的古诗词作品中"恢复对原生态大自然的记忆，恢复对于单纯的、真诚的、厚道的人际关系的记忆"。在诗意的古诗词教学课堂中，学生是充满活力和新鲜生命力的，他们的心灵得到了诗化，生活也得到了诗化，实现了在课堂里"诗意地栖居"。

三、策略厘定：小学古诗词诗意教学的途径

在剖析小学古诗词教学现状的基础上，我们改变传统诗词教学观念，提出如下进行诗意教学的策略。

1. 浅吟低诵，读出韵味

中国古典诗词一直洋溢着一种独具魅力、生生不息的灵性风韵。灵性是古典诗词的一种鲜活气脉，非吟诵不足以入其境，得其神品其韵。王崧舟老师曾说："一个有智慧的语文老师，教诗的最好途径就是不教诗。让'诗'凭着自己的言语存在说话，让学生直接贴在诗的面颊上感受她的诗意。"而要品读出诗的灵韵，就需要吟诵。古诗词的朗读方式分为"吟""诵""读"三个层次，在读的时候，我们要让学生读出韵味。如何才能读出韵味呢？首先，要教给学生诵读的规律。如五言诗的节奏一般是"二一三"和"二二一"，一般第三个字读得重一些，读得较响，而七言诗的第五个字要读得响一些。在掌握了这些规律后，再告诉学生朗读时要注意适当的节奏、速度、轻重、表情；注意采用个人读、齐读、分角色读、分组读等多种样式；注意采用音读、意读、情读、美读等多种形式。有人说，音乐对于诗歌来说，就如同花香，没有了花香的花就不能称之为花。在朗读诗词的时候，可以给学生配上一些古典音乐作为背景，让学生在诵读中领略诗词意境的韵味、气势、情致，陶冶情操。如教学《绝句》时可以指导学生以喜悦的心情，跳跃的节奏，赞美的语调反复吟诵：迟日／

经典诵读

江山／丽，春风／花草／香。泥融／飞／燕子，沙暖／睡／鸳鸯。吟诵时要努力揣摩诗人的情感，努力在脑海里浮现出诗中描绘的场面，帮助学生在脑海里呈现出形象鲜明的画面，充满情趣，给人以美的艺术享受。

2. 品读探究，体情悟道

在学习古诗词时，我们不应该只是简单地分析词意和诗句的意思，而要抓住"关键点"，紧密联系诗词创作的时代背景、诗人的生活经历等多方面去尽心体会，引导学生将思想内容和语言表达联系起来，把听、说、读、写联系起来，从而更好地体味诗歌的意境。

（1）在诗眼处探究

所谓"诗眼"，就是诗歌中最能开拓意旨和表现力最强的关键词句。在学习古诗词时，我们要抓住这些关键词句来引导学生进行深入的探究。如学习《墨梅》时，可以在"淡"上下功夫品读。让我们一起来看看下面的教学片段：

师：诗中的哪个词语写出了梅花的神韵？

生："清气""淡"。

师：王冕为什么不画艳丽的梅花，而要画这素淡的梅花呢？让我们一起来读读王冕的资料。（出示王冕拒绝做官、为达官贵人画画的资料）从中你读出了一个什么样的王冕？

生：我觉得王冕淡泊名利，他不喜欢做官。

生：王冕选择归隐山林，我觉得他喜欢宁静、恬淡的山林生活。

师：王冕为什么会把名利看得那么淡呢？同学们可以结合"清气"来谈一谈。

生：王冕像梅花一样坚贞不屈，具有高洁的情操。

生：王冕具有一身正气。

师：后人对王冕的评价是"画梅须具梅气骨，人与梅花一样清"。就是由于王冕这种鄙视流俗、贞节自守的高尚情操，才有了这净白无瑕、冰清玉洁的墨梅。

片段中，教师紧紧扣住"淡"和"清气"，引导学生深入探究梅花素雅、高洁的特点，并且由梅及人，将诗歌内容与王冕的生活经历等资料进行无缝融合，从而让学生感受到王冕和梅花一样，具有一身清香正气，具有铮铮傲骨。这样，学生不仅理解了诗意，而且还体会到了诗人在诗中寄寓的志向、情怀，达到了对古诗词的深度阅读。

（2）在矛盾处探究

细读我们教材中的古诗词，会发现诗中人物的行为、诗的前后内容、物与情之间会存在某种矛盾。教学时，我们要善于借助矛盾引发学生思考，引导学生进行深层次的探究。如柳宗元的《江雪》："千山鸟飞绝，万径人踪灭。孤舟蓑笠翁，独钓寒江雪。"短短的二十个字，营造了一个独特的极品意境，千百年来，无数文人墨客在体味,在深思。教学时,教师向学生提出了这么一个问题:"这么寒冷的下雪天,这位老人真的是为了钓鱼吗?"学生被老师的问题点燃了思维的火花,他们纷纷发表了自己的想法。有的说:"老人是在欣赏粉妆玉砌的美景。"江山千里雪,银装素裹,渔翁之意不在鱼,在乎的是雪景之美。有的说:"老人内心十分孤独、寂寞,诗每一行的第一个字连起来就是'千万孤独'。"多么奇妙的发现啊!"我觉得'梅花香自苦寒来',老人可能是在磨炼自己的意志,锻炼自己的身体吧!"有的说:"这位老人与众不同,看起来很清高。"诗人那种不愿同流合污的心迹不正隐含其中吗?还有一位同学说:"他是在钓一个春天!"一语双关!是啊,冬天来了,春天还会远吗?诗人在遭受重重打击之下仍然孜孜以求,不正是在等待"春天"的到来吗?学生用自己的独特体验表达了自己的个性见解,让古诗学习充满了活力和魅力。

(3) 在疑惑处探究

古诗词毕竟是千百年前的诗人、词人才华的结晶,作为现代的我们无法走进当时诗人的心境,对当时的社会背景也只能通过资料了解点皮毛,因而有时候会产生许多疑惑。在教学中,我们及时梳理学生在学习古诗词时产生的疑惑,然后拎出有价值的疑惑点,以此为契机,切开古诗词这块"璞玉",让学生深入地探究古诗词,打磨出它的光彩。如在教学李白的《峨眉山月歌》时,读到"夜发清溪向三峡,思君不见下渝州"时,有的学生问:"诗中的'君'是指谁呢?"所谓"一千个读者就有一千个哈姆雷特",对"君"的所指,有人认为指的是李白的友人,有人认为是李白的亲人,有人认为是月。此时,笔者没有采用"一锤定音"的方法,而是让学生细细品读古诗,从诗中寻找答案。读着读着,细心的同学就会发现,诗以半轮山月写起,写她投倩影于清江之上,随着江水浩荡流去;写她多情陪伴诗人一路到清溪,到三峡。而诗人却没有写其他景物,由此可见,诗中的"君"是指月亮。在学生意识到这一点的时候,笔者趁热打铁。告诉学生李白非常钟爱月亮,他的诗歌中有许多"月"的意象,如"举杯邀明月,对影成三人",如"举头望明月,低头思故乡","我寄愁心与明月,随君直到夜郎西"……可以说,李白借月抒发了他内心的诸多感情。在《峨眉山月歌》中,诗人借月遥寄思乡之情,抒发诗人离乡之际眷恋亲朋之情。在这种咀嚼、体味中,学生不仅了解古诗词中的意象之美,而且深入地走进了诗人的内心世界,与诗歌表达的情感形成了一种共鸣,从而提升了自己的文学素养。

3. 还原画面,催生诗情

诗歌与生活之间如隔江相望的两岸,由此及彼,需要一只渡船,而这只渡船便是想象。对于我们来说,诗歌"言近旨远""意在言外",欣赏诗歌离不开想象。朱光潜先生也说:"应该说只有在欣赏者的创造性想象中,诗才使它的意义得到了实现。"因此,我们在理解古诗词字面意思的基础上,要让学生抓住诗词中描写的景物,想象诗词的意境,将凝固的文字还原成鲜活的画面,从而形成意象。

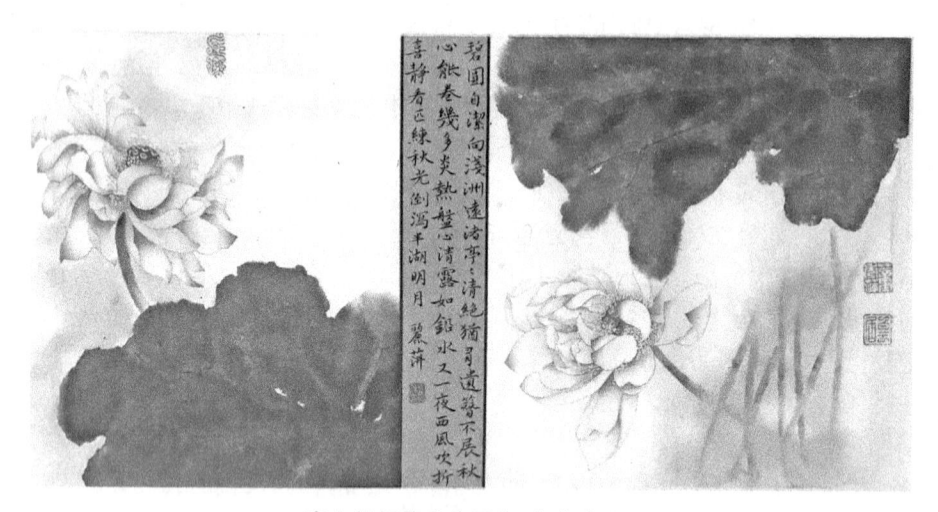

青小教师董秀萍画作《亭亭清绝》

在教学李清照的《如梦令》时,笔者在学生熟读词的时候,引导学生思考:你从这首词中读出了哪些画面?能用简洁的语言概括出来吗?在教师的引导下,学生能概括出"溪亭日暮""藕花深处""一滩鸥鹭"这三处画面。此时,笔者让学生选择一处画面展开想象,说一说自己看到的画面。此时,因为学生能抓住主要事物进入词所描绘的画面,所以妙语连珠。有的说:"小溪边长满了碧油油的小草,充满了勃勃生机。溪水缓缓地流着,静静地欣赏着落日之美。远处,夕阳咬破了天空的嘴唇,染红了天边的流云。"有的说:"在如绿色波浪般起伏的荷叶中,一枝枝荷花冒了出来,亭亭玉立。一朵朵粉红的荷花,像娇羞的少女,满脸绯红,微微含笑。它们有的四五朵聚在一起,仿佛在讨论;有的两三朵在一起,好像在密谈。还有的孤零零地站在那儿,看上去楚楚可怜。正在开放的花朵层层叠叠,似一片白花瓣,又似一片粉花瓣,粉的花瓣依在白色的花瓣上,看上去像小宝宝依偎在妈妈的怀里安睡,粉白相衬,美丽极了。"在想象画面、描述画面的过程中,学生思维的灵性和创造的活力活跃了课堂的教学气氛,升华了学生的诗情,诗的情韵徐徐展开,让人思接千载。

在想画面、说画面之后,我们还可以让学生画一画。如在教学《渔歌子》的时候,笔者先让学生说说这首词中描写了哪些景物?有什么特点?然后再让他们动笔,采用自己喜欢的方式,把词中描写的景物以及自己想象的景象勾勒下来,展示给大家看。为了让同学们更了解、更赞赏自己的画,他们一定想给老师和同学讲解自己画的意思。所以笔者便多给学生们创造"说"的机会,引导、启发他们说出自己心里想说的话。学生们可以为自己的作品当解说员,其他同学还可提问。通过展示、解说,师生可以一起评一评谁的画构思更丰富,符合诗句意思,而且画面美观,比例恰当,从而培养学生们的审美能力,陶冶情操。为了把精炼的古诗中包含的丰富语言、意义体会得更深透,画好评完后,笔者还让学生们把词中人物、景物加以想象,加上自己的见解,写成小练笔,把隐含在诗句中的情境描述出来,更进一步地剖析诗句意境。还可把古诗与小练笔进行比较,使学生们进一步了解古诗这一文体独特的魅力。

4. 组块拓展,整合知识

在教学古诗词的时候,我们可以将主题相关、内容相连或诗人相同的学习内容进行选编、整合,凝聚成一个具有聚合功能的"组块",在对比分析中丰富学生对所学诗词的理解。如学习白居易的《忆江南》,既可以与杜牧的《江南春》整合,让学生感受到千里江南明媚的春光。也可以与白居易写的《魏王堤》进行对比分析,引导学生想一想:"白居易在江南苏杭三年多,曾漫游江南,这首词是他回到洛阳十多年后写的。对比想一想,白居易为什么会那么思念江南呢?"笔者让学生抓住"花寒懒发鸟慵啼""柳条无力魏王堤"这两句诗中的"懒发""无力"进行体会,感受江南的春意早、春情浓。由此,学生深深地体会到了白居易"能不忆江南"所表达的感情了。

在古诗词教学中营造诗意课堂,是对古诗词教学提出的更高要求。对于古诗词的教学,我们要通过读、悟、想、合等方法,让学生走近诗人,体悟诗魂。这样,我们才能增强学生理解古诗词的能力,提高学生鉴赏古诗词的水平,才能让他们感受到中华古诗词的魅力。

【参考文献】

[1] 邱明峰.古诗词教学中的"诗意"追求与探索[J].教学月刊·中学版(语文教学),2017(Z1):79-83.

[2] 李瑞雪.追寻灵动的古诗词教学[J].启迪与智慧(教育版),2014(7):39.

[3] 薛法根.为言语智能而教——薛法根与语文组块教学[M].北京:教育科学出版社,2014:6.

(注:本文发表于《现代中小学教育》,2018年第5期。)

品味——让语文教学异彩纷呈

《语文课程标准》明确指出:"小学语文教学要注重情感体验,应让学生在主动积极的思维和情感活动中,加深理解和体验,有所感悟和思考,受到情感熏陶,获得思想启迪,享受审美乐趣。要珍视学生独特的感受、体验和理解。"的确,要让学生感受文字所传达的情感信息,那么就必须让学生与文本零距离接触,与文本不断对话。

由此,笔者想到了"品味"。何为品味呢?古人认为,品味就是在读书为文之时,讲究含英咀华,在吟诵与品味中,体会文字的底蕴。学生品味之功愈深,愈能切切实实地感受到"语文"的独特和魅力。

一、读书作文,离不开"品味"

朱熹曾说:"读书譬如饮食,从容咀嚼,其味必长;大嚼大咀,终不知味也。"我们读书,有时候是抓住重点词语,反复品味,才理解了文章所蕴含的思想,领略了文字的风采韵味;有时候是从重点段落或篇章结构入手,经过品味,才领悟到文章布局的严谨或作者的匠心;还有的时候,吟罢文章掩卷而默,由文字幻化成的景象会在眼前油然而生,那景象把我们带进特定的情境,心也不禁随着文字的脉搏起伏跳动了。偶尔,也许还会在品味中,突然兴奋异常,拍案而起。

此时不是灵感来叩思维之门,就是对某个苦苦思索的问题产生了"顿悟"。

阅读作文离不开"品味",学习语文离不开读写,两者从来都是相通的。在语文教学中,品味是培养理解、表达和提高认识能力必不可少的一环。可想而知,学生们掌握了品味文章的方法、思路,自学能力就会迅速加强,学习质量也会迅速提高。

青小教师熊小蝶画作
《清风吹进小轩窗》

二、语文教学应强调"品味"

语文教学要强调"品味",这是因为它具有双重价值。一方面,品味有助于读写能力的提高;另一方面,品味教学符合语文学科的教学规律。

第一,品味是在教师点拨、诱导下的学生自我探求活动,是学生为尝到"梨"的滋味去亲口品味"梨子"。品味的过程实际上是头脑中的组合加工过程。"文章自得方为贵",学生通过"自得"来认识事物、理解知识,真正成为学习的主人。

第二,品味是一种包含着感觉、知觉、联想、想象、思维在内的复杂心理活动。在品味过程中,学生要感知教材,要联想生活经验或已有的知识;要运用分析、综合、推理、判断来提高认识;要通过语言表达内心的感受。所以,语文教学中的"品味",是发展语言、发展思维的良好渠道,是实实在在的理解与表达的能力训练。

第三,语文教学中的品味与激发情感是互融互通的。人们读书,强调"披文入情";人们作文,强调"情动辞发",那是因为情感具有调节、感染、强化等多种功能。从这个意义上说,"品味"给学生的不只是认识能力的提高,还包括良好品质的塑造和美的感染与熏陶。

第四,教学实践告诉我们,当前的"满堂灌"还有市场,"满堂问""满堂辩"在某些地方也风行一时。为了改变已经程式化了的课堂教学,我们完全可以借助"品味"来变革一下僵化的授课方式。比如,叫学生放下课本,过一过"脑电影";于"声光电"制造的意境中,谈论一番阅读感受;掂量词语句式的轻重,体验人物、角色的心境;揣摩主人公的神态、动作;搞一点课文片段的小表演。学生的情绪提高了,课堂的气氛活跃了,那么"品味"就给课堂教学带来了勃勃的生机。

三、精心指导,运用好"品味"

"品味"是语文教学中必应强调的环节,引导学生品味文章,需要处理好方方面面的具体问题。

第一,品味教学离不开教师的主导。在学生尚不具备相应的自学能力之前,没有明确导向的"品味",不是放任自流,就是流于形式。

第二,从事品味教学,要精心选择好"品味"的对象。一般来说,它包括突出中心的重点词语,出神入化的重点语段以及有意组织的文章脉络结构。例如《燕子》的第二自然段,那些在"阳春三月",关于雨细、风微、柳柔的修饰语都值得玩味一番。接着,课文写道:"青的草,绿的叶,各色鲜艳的花,都像赶集似的聚拢来,形成了光彩夺目的春天。"此刻,"小燕子从南方赶来,为春光增添了许多生机"。这里一个"赶"字,化平淡为神奇,写出了燕子热爱春天、向往春天、追逐春天的情趣。像这样的传神之笔，怎么能不令人仔细咀嚼、反复吟味呢？

　　第三，从某种意义上讲，"品味"也是一种"心理位置互换"活动。它要求学生把自己的思绪投入文章中，从主人公的境况、心态出发，思考问题、判断是非、表明爱憎、处理事物。因此，如何使学生进入文章的意境，是决定"品味"成功与否的关键。诱导学生入境的方法有多种：设置情境、图文结合、展开想象。此外，对具体行为动作的模仿、揣摩，也是启发学生进入情境的一种方式。一位低年级教师，上了一节《请客人》的口头作文课。课上，不仅教师教"请客人"，师生还扮演角色演"请客人"。临下课时，全班几十名学生还走下了座位，来到听课席，对着听课的来宾真的请起客人来了。他们是在"请客人"的品味过程中，学会了"请客人"的。

　　语言的"品味"为的是更好地解读语言、建构语言、丰满语言，并在这过程中学习和吸收语言，形成初步的语言鉴赏能力，从而激发学生对语言的喜爱和无穷的乐趣，使语文课堂充满浓郁的语文味。

（注：本文发表于《基础教育论坛》，2009 年第 11 期。）

构建灵动的小学语文课堂

新课程理念下的小学语文教学过程是一种特殊的认知活动,是在教师有目的、有计划、有组织的指导下,学生自觉主动学习过程。吕叔湘先生就十分重视学生的主动作用,一向把学生看作是"活"的教学对象。他说:"上课的时候就应该以学生活动为主,教师的活动应该压缩到最低限度。"因此,语文课堂教学需要教"活"、教"灵"。只有"灵""活",教学气氛才不会沉闷,学生的思维训练才会加强,学生的自主探究、团结合作、勇于创新的能力才会得到很好的培养;只有还课堂给学生,最大限度调动学生学习的积极性,充分激发学生的主动意识和进取精神,才会使整个课堂教学充满灵性与活力。

一、激趣才能知趣

法国教育家卢梭认为:"教学艺术就是使学生喜欢你所教的东西。"无数实践证明:激发兴趣是构成学生自主学习的动力,是课堂教学成功与否的重要因素。语文教学若让学生仅凭书面语言理解课文,一则无趣,二则浮浅。因此,教师在教学过程中要注意心理学理论的应用,倡导自主、合作、探究的教学方式。诸如借助作用于视觉、听觉、肤觉等感官的图画、音乐、动作等手段,创造出一个良好的教学环境,激发学生的学习兴趣,使学生的思维活跃,自觉、主动地去理解课文,挖掘文本蕴含的深意。

在课堂教学中运用高超的语言艺术,也是激发兴趣的重要手段。语文教学本身就是语言的积累,语感的培养。因此,我们要充分运用语言的音韵美、节奏美、对称美、色彩美、诗意美等,让它们渗透语文课堂教学的分分秒秒、每个细节,让学生把上语文课当成一种对自我的欣赏、情感的体验,享受到学习的乐趣。

二、自主方能自觉

要使语文课堂始终充满灵性与活力,关键是要让学生成为课堂的主人。众所周知,素质教育是以人为本的教育,实施素质教育必须做到"目中有人"。就课堂教学而言,这个"人"无疑就是全体学生。因此,作为语文教师,在授课时应面向全体学生,全方位、多角度地调动他们参与课堂教学活动的积极性、自主性,让人人得以展其才、尽其能。教学过程是一个以学生认识为归宿的特殊过程。因此,应该让学生在教学过程中成为主动参与者,而教师则要挖掘文中的情趣特点,采取民主、和谐、平等的科学态度,让学生的思维在课堂中活跃起来。

在教学中要集体活动、合作交流、个体发言交替进行,要避免教师和几个尖子学生反复"表演"的现象。在课堂教学中,教师应想方设法调动学生的内驱力——好奇心和求知欲,让学生在自主探究、团结合作、富于创造性的实践活动中,寻找出适合自己的学习方法,培养出良好的学习习惯,这样的课堂教学就能"灵动"起来。

三、方法决定方向

教学方法是教学系统诸多要素中最为活跃的因素,它最能体现时代气息和发展态势。新颖、有趣、有效的教学方法是课堂教学"灵""活"的外在表现形式,使课堂教学动静相生、快慢交替、疏密相间、舒卷有致。因为,课堂教学有时要动,如讨论、问答、朗读等,不断给学生以新的刺激,使其保持兴奋状态;有时要"静",如听讲、思考、默读、想象等,保持教学刺激的有效性和长效性;有时要"快",在非难点和学生已知处要快,不能拖沓,否则会使学生感到厌倦;有时要"慢",在重点、难点处要给学生充分的吸收消化时间,倘若一味求快,学生跟不上,产生不了成功感,反倒增加不少心理负担,自然会降低学生学习的兴趣,影响学习效果。

课堂教学要"灵""活",最直接有效的方法莫过于加强学生的合作活动,如学生唱一唱、做一做、画一画,以玩激趣。课本中一些诗歌已作为歌词谱了曲,如《让我们荡起双桨》这篇课文可以唱代背,《卧薪尝胆》可以配合电影来学习,《升国旗》可让学生画一画红旗、五颗五角星等;又如以抢答、比赛的方式上复习课,既能激发学生的兴趣,又能培养思维、记忆等能力。所以说,语文教学从传统走向现代,从封闭走向开放,从表态走向动态,最为显著的就是在教学方法的运用上。

四、创设生成创新

让语文课堂教学充满灵性与活力,就是要适应创新教育的时代需要,创设"灵""活"的教学方式——启发式、讨论式、合作式和探究式,培养学生主动创新能力。在课堂上多提供科学信息,让学生展开想象,使学生思维能力在求异、求新过程中得到进步和发展。

培养学生的创新精神,要的就是这种民主合作、轻松愉悦、生动活泼的学习环境。我们提倡"童言无忌",提倡儿童"思维无禁区",让儿童畅想、畅言,精神上处于一种自由、放松的状态,任想象驰骋,任感情激荡,任思路纵横,多种想法涌动交汇,自然而然地会碰撞出创造的火花,引发创新的潜质,有利于培养学生的求异思维。如《军神》一文中,学生对刘伯承十分敬佩,老师说:"假如刘伯承叔叔就在你面前,你会对他说些什么话?"由于学生已经与文本进行过深刻的对话,所以学生能真情实意地有感而发,他们会说得很感人。这样,学生学会了自主感悟、合作交流。不但培养了学生的自主探索精神,而且掌握的知识更牢固,还为创新能力的形成奠定了基础。

用生命记录知识,知识更鲜活;把知识融入生命,生命更厚重。因此,在课堂上教师要充分尊重学生的天性,努力发展学生的个性,大胆激发学生的灵性,使整个课堂焕发出生命的活力,使学生的生命绽放出异样的光彩。

(注:本文发表于《小学教学研究》,2011年第11期。)

附:

课堂教学实录:《手指》(第二课时)

一、复习回顾

1. 今天,谭老师带着大家继续学习《手指》(板书:手指)。

上节课,给大家布置了一个任务,咱们班级里谁最像大拇指,谁最像食指?(投影:大拇指、食指图)为什么这么像?

学生随机回答,教师点评。

2. 同学们读着《手指》,想到的却是我们班的同学,写出来还很有趣。什么原因呢?因为作者丰子恺先生写手指,抓住手指的姿态、作用,从不同角度写出了手指的特点(板书:特点)。不看书回忆一下,大拇指有什么特点?(生:肥大)大拇指还有什么特点?(生:干吃力活)干吃力活比较多,还有吗?(生:默默无闻)

作者在上课

食指有什么特点呢？（生：直直落落的）还有吗？（生：机敏）

中指有什么特点？（生：线条优美、相貌堂皇、略为扶衬，中指只出工不出力）

无名指和小指呢？（生：体态秀丽，是其他手指的附庸）

二、品读课文

（一）呈现单元训练主题

1. 归纳表达方法

同学们，丰子恺先生写手指的不同特点，他的语言有个突出的风格就是风趣（板书：风趣）。这是本节课要跟你们重点交流的。风趣幽默不光是令人发笑（投影单元页；生读：风趣和幽默是智慧的闪现；板书：智慧）。我们这节课的一个重要目标，就是"感受课文风趣的语言"（出示，生齐读）。

我们五年级的同学已经有了很好的语文学习经验了，想一想，作者是怎么做到风趣幽默的，他是怎么写出来的？（板书：拟人）这是我们读这篇文章显而易见的。

除此之外呢？打开书，快速浏览，找一找，还有怎样的表达方法，把特点写得风趣幽默的？

举手的越来越多了。你来说？（生：举例子）你们发现了没有？是一处还是很多处？（学生上台写"举例子"）还有哪些，你们注意到了吗？（生：还有对比、比喻、排比）学生依次上台板书。

2. 品读表达方法

（1）同学们，黑板上的这些表现方法都是我们最常见的几种，但是，用在这篇课文中，怎么就变得风趣幽默了呢？我们先从拟人开始，感受一下。看大屏（出示），我把写手指姿态的语言放在了一起，自己读一读，感受一下，是从哪些细节当中把手指当成人来写的（生看屏幕，自由读）。

你发现了哪个细节？

学生随机交流，教师相机点评。例如，①窈窕是什么意思？（生："窈窕"是美好的样子，形容身材好的女子）②"堂皇"是什么意思？（生：写中指个子最高，地位最优，相貌堂皇）你觉得我堂皇吗？关公身材高大魁梧可以叫堂皇。把形容人的词用在了手指上，这样的地方处处可见，你能不能再找到一处特别有趣的？（生回答略）③写手指时，我们通常用的是"长、短、粗、细"，他用的是什么？（生：大拇指矮、胖、肥）④还能找到其他的句子吗？（生：第5段中"体态秀丽，样子可爱"）拟人手法在本文处处可见，对于五年级的学生来说，你要敏感，要能从这些字词中看到用这种表达方法写一个事物时，可以借用这些形容人的词语。

（2）再来看，（出示）课文中有许多比较的句子，每一段都有，男生读第一段（大拇指在五指中……）是不是对比？谁和谁比，比出了什么？（生：是对比，大姆指与其他四指比，大姆指最肯吃苦，只有一个关节）

再看第二段食指，女生读。谁和谁比，比出了什么？（生：和食指比，食指比大拇指"不吃力",比其他三指"不窈窕")

第三句(中指段),一起读。谁和谁比,比出了什么?(生:和中指比,中指地位最优,相貌堂皇)

最后一句,齐读。谁和谁比,比出了什么?(生:和无名指及小指比,无名指与小指体态秀丽,样子可爱,能力薄弱)

同学们很容易发现,作者在写手指时,每一段都用了对比,一对比,特点就出来了。

(3) 再看:文中还有比喻,有几处比喻?写哪个手指用了比喻?(出示:比作关平和周仓;生齐读:他居于中央,左右都有屏障……)伸出三个手指看看,仔细端详一下他们三位,再看看这幅图(出示京剧人物图),有趣吗?这就是作者的联想——由这三个手指联想到了他们三位,再读。

再来看第二处比喻,读(出示:舞蹈演员的手指不是常作兰花状吗?……)。把两根手指比作什么?(示范兰花指,生跟着学)女孩子手指作兰花状,这叫美;男孩子做,像蜘蛛侠。从手指的特点联想到了其他的事物去写,预备,读(略)。

(4) 拟人、对比、比喻都是我们语文课上常用的表达方法,每一段都用他们来写手指的特点。今天我还要重点介绍的是"举例子"。文中每一段都有举例子。大拇指吃苦的例子是怎么举的?谁来读?该强调的词要强调出来,读出一种可怜大拇指的感觉(生读:但在五指中,大拇指……)。(出示此段,师生合作读)我们一起读读看,我读前面,你们读后面。文中连续举了6个例子写大拇指,你发现了什么特点?(生:用典型的例子反映大拇指能吃苦)还有什么发现?(生:排比句)同学们,排比句常常能给人们带来一种强烈的情感和气势。师生再次合作读,注意节奏,体会排比。你有什么感觉?(生:感觉做了很多事)再齐读。

食指怎么举例的?指两生读。大拇指干的是苦力活,食指干的是复杂的活、机敏的活。这两个例子放在一起比一比,有什么发现?(生:都是先总写,再举例子。写大拇指是一句一句地表述,写食指是一个词一个词地举例子)师生合作读红色的部分。这样先列出写食指做的事情,有什么好处?(生:突出食指干的活非常多,干脆利索,一目了然)师生合作读并体会。

再看中指,齐读。(出示中指段)此处有几个例子?一个例子还那么长,这背后还用到一个写法(板书:夸张)。写中指,是扩大夸张地写还是缩小夸张地写?(生:是集中用一个例子,并缩小夸张地写,就更加体现了中指的"养尊处优")

再看无名指和小指,师生合作读前后两方面的例子,前面写薄弱方面,后面写重用的地方。这个例子有什么特点?再分别读前后两个部分。这是从不同角度举例子。但举例子有秘诀,有时可以举一连串的例子,比如写拇指、食指;有时只是一个例子,比如中指;有时从不同角度举例子,比如无名指和小指。同学们,像拟人、对比、比喻等都是我们熟悉的表达手法,但是我们读着读着,这风趣幽默的背后体现了作者表达的智慧(完善板书:风趣的语言表达的智慧)。

三、学以致用

接下来,学以致用,显显身手。(出示,读)你觉得他们有什么长处和短处?学生随机发言。五官都各有长处,也有短处。选一个器官,仿照课文的表达特点写一段话,要用比喻、拟人、举例子来写(生写,师巡视,提醒:围绕特点)。

小组合作交流。

指名汇报,听他用了哪些手法。师生共同点评:有意识地用修辞手法写。把其他四官都写下来,加上开头、结尾,就成一篇文章了。

同学们,丰子恺先生的语言,大师们这样评价(出示,读,推荐一本书)。

下课。

(注:作者执教本课时并获评教育部"一师一优课"一等奖。)

面向全体,构建个性化阅读平台

《小学语文新课程标准》指出:"阅读是学生的个性化行为,不应以教师的分析代替学生的阅读实践""阅读教学的重点是培养学生具有感受、理解、欣赏和评价的能力。"站在这一高度来重新审视阅读教学,笔者认为就是要充分发挥学生的主体性,张扬学生的个性,淡化"优等生"和"差等生"这一严格的等级概念,让参差不齐的学习个体在质疑问难中发展思维,在品评感悟中形成互动,在阅读反思和批判中锤炼个性,从而不断地提高自身的语文素养。

一、激活学生的主体意识,拓展个性化阅读空间

当前,"教师为主导,学生为主体"的观念已为广大教师所认同,新课标则更进一步指出"教师是学习活动的组织者和引导者",广大教师也正在自觉地实践着角色的转换,但"学生是语文学习的主人"这一理念在阅读教学中还没有得到真正意义上的落实。究其原因,首先,传统教学积淀下来的师道尊严使学生课堂上唯师、唯"本"、唯命是从,不敢越"雷池"半步,不敢有被视为"异端"的独想,长此以往,学生形成思维惰性,成为课堂教学的附属。其次,部分教师在"主导"上仍存在误区,课堂上没有以学定教,仍然采用"轨道式"的以教带学,以"牵"代"导",学生仍然局限在教师设定好的有限范围内活动,师生间只存在单向的"牵"动,没有在平等的对话中形成师生互动、生生联动,学生的感官被束缚,思维被局限。即使采取某些"讨论、交流"的学习方法,也大多表面化,个性化阅读空间极其有限,遏制了学生主动性和创造性的进一步发挥。人民教育家陶行知先生几十年前就期望:解放孩子的头脑,使他能想;解放孩子的双手,使他能干;解放孩子的眼睛,使他能看;解放孩子的嘴,使他能谈;解放孩子的空间,使他们到大自然、大社会去开阔眼界,取得丰富的学问;解放孩子的时间,使他们有一些空闲时间干一点他们高兴的事。可见,确立学生的主体地位,激活学生的主体意识已成第一任务。课堂上,教师不仅要身体力行地"蹲下来看学生",更要鼓励学生"跳起来看老师",让学生的思维自由地驰骋,让有限的小课堂成为无限的"大社会"。因而,只有充分地发扬教学民主,使学生在课堂上实现真正的角色转换,个性化阅读才有实施的空间。

二、激发学生的主体意识,培养个性化阅读品质

当前阅读教学实践中仍存在着大量的"一刀切"现象,如某位教师教《小鹰学飞》一文,在指导学生朗读"小鹰高兴地喊道:'我已经会飞啦!'"这一句时,为让学生体验小鹰的高兴心情,教师先示范朗读,再让学生加动作朗读,结果全班学生都把右手展开放在嘴边作喊读状,动作一致,语气相同,整齐划一,没有一个学生去"张开双臂"地喊、去"手舞足蹈"地喊……一千个读者的心中应有一千个哈姆雷特,而我们的阅读教学,不同的学生面对同样的文本却作出同样的理解,学生实质上是在猜测着老师心中的答案,体验着老师心里的感受,在这种刻板地、被动地接受性学习中,学生失去自我,迷失个性。

阅读教学中,教师要成为学生的学习伙伴,必须坚持启发性原则,引导学生自主合作,主动探究,鼓励学生发表自己的见解,大胆地表达自己的观点,而不应急于将自己的观点灌输给学生。课堂上可以引入辩论法,根据讨论的问题把全班分为正方、反方进行辩论,或者以某学生某小组的观点为"靶子",教师有意识地提出相反的意见引导学生进行辩论,将讨论不断引向深入;还可以采用互相提问法,引导学生在阅读的基础上互相提问,可以男女生互相提问,小组间互相提问,甚至对教师的观点提出诘问和异议,问题由学生中来,再回到学生中去,由学生自行解决,这样,在"质疑问难"中,学生的个性化阅读异彩纷呈。如某位教师在教学《小珊迪》一文结束时,启发学生:课文已经读完了,此时,你有哪些问题要提呢?经过酝酿,学生有的问:如果小珊迪受伤后没有让弟弟送回零钱,那位先生会责怪他吗?有的问:如果小珊迪没有受伤,事情会怎么发展呢?有的问:如果小珊迪没有受伤,他会怎样花那一个便士呢?还有的问:如果小珊迪受伤后及时来到中国,事情的结果会怎样?等等,引导学生展开想象的翅膀,把可能发生的事情写下来,从而加深了学生对中心的理解,使他们深切感悟小珊迪的美好品质。只有这种"多角度的有创意的阅读",才能培养学生的个性化阅读品质。

三、启动积极的评价方式,打造个性化阅读平台

新课标明确规定,阅读评价要"重视对学生多角度、有创意阅读的评价""对学生独特的感受和体验应加以鼓励",精读"要重视评价学生的感情体验和创造性的理解"。因此,在阅读教学中,我们要将过去那种"答案标准化"的僵化模式改为"答案多元化"的弹性模式,以积极的语言评价学生,鼓励学生,允许多种观点并存,提倡标新立异,只有这样引发学生见仁见智地去解读文本,才能使学生的思维活跃起来。如某位教师教学《鸟的天堂》时,在学习了榕树是"大"和"美"的特点后,指名学生有感情地朗读第5—8自然段,其他学生闭眼想象榕树的样子。通过想象,学生表达了不同的感受:有同学说"这棵树像个绿色的大帐篷",有的说"像一片树林",

有的说"榕树就是一个绿色的小岛",也有的说"是一座小山",还有同学说"和那棵高大的皂荚树差不多"……一个个生动的比喻充分证明,只要教给学生方法,给予学生空间和时间,引领一颗颗充满灵气的心去展开想象,学生自身的情思就能充分地展示出来,各具特色,独领风骚。这样的教学不仅培养了学生的学习兴趣,张扬了学生的个性,也丰富了文本内容。

　　学生对文本的理解是千差万别的,对语言文字的感悟是迥然不同的,对作品的赏析品评也都有独特的见解。这些理解感悟没有严格的"好坏"之分、"对错"之别,只有体验的深度不一,角度不同。只有在充分尊重学生个体差异的基础上,肯定学生独特的感受、体验和理解,并加以发展,才能调动学生的阅读积极性,鼓励他们大胆地思考,创造性地阅读,促使他们在不同的层面上共同提高,缩小差距,消除"质"的差别,形成百花齐放的生动局面,最终才能形成个性化的阅读品质。

　　(注:本文获江苏省"弘謇杯"新世纪园丁教育教学论文大赛一等奖。)

天開新宇

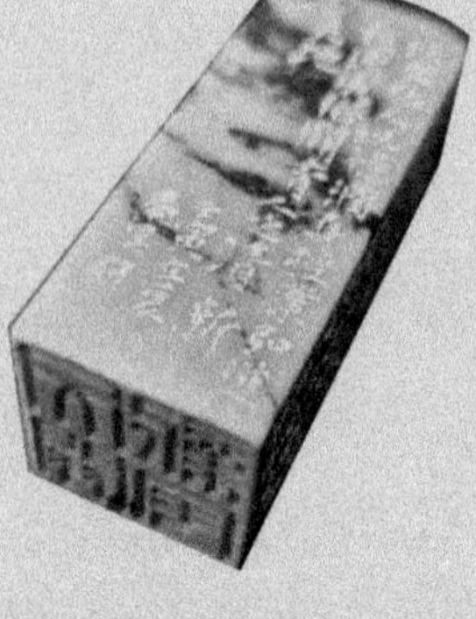

三

精神牧场：品读生命的气息

小学语文课堂教学中生成问题分类与处理策略的行动研究

江苏省教育科学规划课题《小学语文课堂教学中生成问题分类与处理策略的行动研究》经过二年多的研究,已完成规定的研究任务。

一、课题研究的背景

自 20 世纪 90 年代以来,我们开始关注"课堂动态生成""课程资源建设""课堂生成性"等问题。这一阶段,华东师范大学叶澜教授于 1994 年 9 月开始实施"面向 21 世纪新基础教育"探究性研究课题。她在 2004 年发表的《让课堂焕发出生命活力》一文中批判了教师在课堂教学中以完成认识性任务为唯一目的的表现。倡导要从更高的层次——生命的层次,用动态生成的观点,重新认识课堂教学,构建新的教学观。叶澜教授把"课堂动态生成"这一观念以比较正规的途径完整表达了出来。她在《重建课堂教学过程观》一文中指出:"要把教学过程看作师生为实现教学任务和目的,围绕教学内容,共同参与,通过对话、沟通和合作活动,产生交互影响,以动态生成的方式推进教学活动的过程。"这些都是我们进行研究的理论基石。

伴随着国内课程改革的推进,理论界和实践领域开始关注课程生成,很多学者对课堂中的生成性问题进行了研究,华东师范大学郑金洲的《新课程课堂教学探索系列:生成教学》一书中较为系统地进行了生成理论与实践的探索。围绕教师素质的提高和学生学习行为的转变,重点探讨了教学实施中生成的几个方面:在互动中生成,在生活中生成,在情境中生成,在探究中生成,在反思中生成。衢州市龙游县桥下小学的《小学"生成性"课堂构建的研究》,从教学模式的构建层面进行了尝试,提出了一些教学策略。无锡秀洲区《构建小学语文生成性课堂的教学策略研究》注重了以动态生成的观念来认识语文课程,以教学活动中师生、生生的多重组合,教学环境的不断变动和教师及时处理调控来推进教学进程,探讨出了一些有益的策略。

关于中小学和学科生成性教学的研究,主要有王霞的《生命因灵动而精彩——对中学政治课堂生成性教学的感悟》、颜培德的《生成与对话在新课程背景下中学化学课堂教学的实现》、李冠莲的《中学音乐欣赏课之生成性教学研究》、高学仓的《构建生成性中学语文课堂教学的思考》、林国乐的《论小学语文的生成性教学》等。

综上，从目前的研究状况来看，从宏观的理论层面论述课堂教学生成的比较多，如何从理论与实践的结合中研究课堂教学生成性问题与应对的较少。相关研究只是研究教师在课堂中个体的、随意的行为，基本上还处于经验层面，结合具体课例谈自己对课堂教学生成问题的经验与体会，缺乏一定的理论深度和系统性，对课堂生成性问题缺乏规律性认识，还没有形成有学科特色的有效调控策略，特别是针对小学课程教学中生成性问题的分类与处理等缺乏全面的研究。因此，有必要开展课堂教学生成性问题和应对策略的理论与实践结合的研究，从理论与实践相结合的视角，探索课堂教学中的生成性问题，为小学语文教师如何应对课堂教学中的生成性问题提供行之有效的策略。

二、核心概念及其界定

课堂生成问题是指在小学语文课堂教学情境中，通过积极的师生互动、生生互动，在共同思考和共同发展的过程中随机出现的在教师预期之外的超出预设方案的影响课堂氛围、师生思路及行为的即时信息。

分类及处理策略：针对小学语文课堂教学情境中出现的生成问题，从教师与学生、有效与无效、预设之内与意料之外等方面进行分类，并提出解决的思路、原则、方法。

小学语文课堂教学中生成问题分类与处理策略的行动研究：从小学语文课堂教学中生成问题的内涵、出现的必然性、特点、类型、影响及处理等方面研究小学语文课堂教学中生成问题的理论与实践，重点探讨小学语文课堂中问题的分类与处理策略。

三、研究目标概述

（一）本课题研究目标

具体来说，主要有以下几个方面的目标：
1. 形成小学语文课堂教学中生成问题的分类坐标与方法；
2. 针对小学语文课堂教学中生成问题的分类，形成可操作、具体的处理策略；
3. 让语文课堂彰显出生成活力的研究。

四、研究内容及其方法

本课题主要从小学语文课堂教学中生成问题的分类坐标与方法，处理策略的形成有别于传统课堂、常规课堂并可供推广的教学策略。具体研究内容如下：

1. 小学语文课堂教学中生成问题的分类坐标与方法的研究

本阶段主要采用文献研究法对《巧用动态生成资源，盘活小学语文教学》《小学语文课堂动态生成性研究》《小学语文古诗课堂有效动态生成策略》等文献进行分析研究，在此基础上通过行动研究法、案例分析法等，对小学语文课堂教学中生成问题的分类坐标与方法进行研究。形成小学语文课堂教学中生成问题的分类坐标与方法。

主要观点：对小学语文课堂教学中生成问题的分类可以从是否可预见视角、产生主体的视角、对教学效果的影响视角建立坐标。具体来说，一是利用多媒体手段，创设意境型的生成性问题。需要教师带领学生主动建构自己的知识，让学生凭借自己的知识经验主动获取知识。而语文特征是感性的，需要通过多媒体手段营造出充满人情味的情境型生成问题，就能主动去获取文章中所承载的情感、情味和情怀。二是挖掘文本的空白，开发想象型的生成性问题。小学生的本性都是诗意的，对事物表现出令人叹服的想象力。因此教师在教学中可以利用文学作品中的留白来开展教学。不仅要关注文章中说了什么，更要关注文章中没有说什么，从而唤醒学生的想象力，丰富生成性教学课堂，通过空白来促进学生人文素养的提升。三是分析词句的内涵，品味内涵型的生成性问题。文学作品欣赏中需要从细处着手，但是目前课堂中字词内涵的分析还存在不足，因此教师就需要注重字词分析的过程，进而提升学生的文学素养。通过对这些细微的文字进行分析，增强学生对文章的敏感度，能够从文章中发现别人发现不了的东西，品味出别人品不出的内涵。四是注重人文性关怀，体验生命型的生成性问题。人文关怀也是语文教学十分重要的内容，教师需要通过语文教学来引导学生感悟生命、善待生命以及尊重生命，体现语文学科特质。教师需要注重人文关怀，带领学生分析文章中的生命内涵，让学生也能够怀着善意来对待周围的生命。而教师也需要关注学生在学习过程中的表现，善待学生，关注学生的成长变化，增强课堂教学活力。五是强调正确的价值观，点拨辨析型的生成性问题。小学生在文化底蕴薄弱、知识积累不丰富的时候，就可能造成理解的偏颇，这会影响学生正确价值观的形成，这与语文特质是相违背的，因此教师要合理利用生成性资源，对学生提出的意外性问题做出正确的引导，注重正确价值观在课堂中的体现，不能盲目崇尚多角度的理解，一切都要基于合理的价值取向来进行。

2. 小学语文课堂教学中生成问题的处理策略的研究

本阶段主要采用文献研究法对《小学语文教师课堂提问存在的问题及对策研究》《探析小学语文课堂教学中的非预设生成》《培养学习兴趣，学会学习方法——基于语文学科特点的小学语文课堂教学设计》等书籍和论文，在此基础上，通过行动研究、经验总结、案例研究等方法概括出小学语文课堂教学中生成问题的具体处理策略。

主要观点：一是以退为进，伺机而动。英国著名课程理论家劳伦斯·斯滕豪斯曾说："当课堂上提出有争议的问题时，教师应秉持中立的原则。"课堂中出现有争议的问题绝大部分是非预设的，也是无法避免的，此时教师加入争议的任一方，都会导致结果的倾向，与另一方形成对立。而一旦师生处于争论状态，教学效率将大打折扣，甚至陷入"动态不生成"的状态。二是点拨引导，推波助澜。苏霍姆林斯基认为，教育的技巧并不在于预见到课的所有细节，而在于根据当时的具体情况，捕捉一些有价值的细节，巧妙地在学生不知不觉之中作出相应的调整和变动。在语文课堂上，能在立足文本的基础上，超越文本，产生独特的见解，并勇敢地表达出来，是难能可贵的。这样的非预设性生成资源，如不加以有效利用，这一资源可能会中断、流失，将会导致课堂的缺憾。此时，教师只要稍加点拨引导，引发讨论，启发思考，就能推波助澜，画龙点睛。三是直面生成，点化归真。语文教学需要预设，但课堂上，即使做了充分的预设，也不能保证学生的生成全部是预设的生成。如果两者发生偏差，只能让位于学生的生成，因为这才是学生主体性的真正体现。在面临这样的局面时，教师不能死守预设的教学流程，而应直面生成，带领学生化解生成，重新自信地进入预设的教学流程。课堂教学中，教师要发挥"信息重组者"和"学习指导者"的作用，充当活动信息向教学资源转化的"催化剂"。遇到非预设性生成资源时，不能采取逃避、牵强附会的策略，而应眼观六路，耳听八方，直面生成资源，对学生阅读中出现的疑难点、偏差点等应整体权衡，精心选择，合理运用，以促进预设目标的达成。四是将错就错，因势利导。学生在课堂上出现的小错误，是基于某种片面认识而做出的认定，其中包含着有价值的思维方式，因此，它是一种教学资源。这些错误是美丽的，它是学生最朴实的思想和经验最真实的暴露，所以应该被允许、包容、接纳。面对错误性资源，有时要将错就错，积极跟进，开发价值，有效利用。五是另辟蹊径，巧妙变通。在教学过程中，问题提出以后，常常会在学生中出现"冷场""分歧"等现象，这就要求教师要博览群书，深钻教材，全面把握课堂教学，有"一览众山小"的宏大气势，巧妙变通，确保教学流程畅通无阻。在教学中遇到冷场或偏离主题的非生成性资源时，教师应适时了解、鼓励学生，并变换角度给予启发，把学生从"尴尬处"解救出来。

3. 让语文课堂彰显生成的活力的研究

本阶段主要采用文献研究法对《智慧学习背景下的小学语文阅读课"生成性"教学探讨》《开发小学语文课堂动态生成性教学资源的策略探讨》《关于小学语文课堂动态生成性研究》等论著和论述进行研究。在此基础上，通过行动研究法、案例分析法、经验总结法等提炼、概括，让语文课堂彰显生成活力的教学策略。

主要观点：一是提升教师的教学能力。尽管许多教师已经意识到生成课堂的重要性，但是由于各种原因，并没有取得预期的教学效果，这就需要教师主动提升自身的教学能力，重新审视自己的教学目的，不断发现自我，激活精神活力，并且用自己的这种激情去感染学生，积极与学生进行交流，在交流中发现教学的闪光点和不足。教师要重视学生在课堂中提出的问题，通过问题引导学生的发展。二是形成弹性的预设空间。动态生成的教学过程并不是对传统预设课堂的全面否定，而是对预设课堂的超越。因此教师需要把握好预设与生产之间的关系，在预设教学内容的基础之上，能够给生成课堂提供一定的预设和灵活调控空间，这能够尽量满足学生的学习需求。教师预留出空白，也能够激发学生的创新、探究兴趣，促进学生主动完成教学内容。三是注重生活情景的体现。小学生是具有鲜活生命的发展中的人，教师要努力吸引学生参与到教学过程中，注重营造活泼有趣的教学氛围。此时，教师可以将一些生活化的情景融入教学，给学生提供多样化的教学资源，让学生从多个角度理解课本内容。教师还可以让学生通过自己的动手操作来完成教学过程，在自我生成中完成教学内容。四是构建多元化的评价方式。生成性的教学课堂不仅包括内容的动态生成，还包括评价方式的动态生成。教师要注重观察学生在课堂中的表现，学会发现学生身上的闪光点，改变过去那种仅仅依靠考试成绩对学生评价的方式，而是将对学生的评价贯穿在整个教学过程中。在动态评价中，教师可将静态的书本知识和学生丰富多彩的生活及情感结合起来，拉进了教学内容与学生之间的距离，更有利于学生掌握知识。

五、研究的结论

1. 对课堂生成问题进行分类，建立坐标，有利于教师形成教学模型。课堂上，生成问题有的可以预见，有的无法预见，教师很难把握。这时，需要对这些问题进行分类，建立一个分类坐标，有利于教师形成教学生成问题的教学模型，有利于提高教师对教学生成问题的筛选速度。

2. 建构课堂生成问题的处理策略，便于教师把握，更易生成教学智慧。对课堂生成问题的处理是教学艺术的关键所在。本课题建立了"以退为进，伺机而动""点拨引导，推波助澜""直面生成，点化归真""将错就错，因势利导""另辟蹊径，巧妙变通"的策略，有利于教师建构教学范式，生成教学智慧。

六、研究的成效

实践证明，研究与总结出小学语文课堂教学中生成问题分类与处理策略，对转变师生教与学的观念，提高师生教与学的效率具有很强的操作性、普适性与实用性。该课题相关研究成果分别获连云港市2018年教育科研成果一等奖、连云港市教育科研成果特等奖。具体来说有以下几个方面。

1. 探索出小学语文课堂教学中生成问题的分类方法。从是否可预见、产生的主体、对教学效果的影响等方面探索出建立小学语文课堂教学中生成问题的分类坐标与方法。

2. 总结出小学语文课堂教学中生成问题的处理策略。一是以退为进，伺机而动；二是点拨引导，推波助澜；三是直面生成，点化归真；四是将错就错，因势利导；五是另辟蹊径，巧妙变通。

3. 丰富了小学语文课堂教学中生成问题的研究领域。本课题围绕小学语文课堂教学中生成问题发表或获奖论文 20 余篇，涉及小学语文课堂教学中生成问题的分类方法、处理策略、教师素养提升等方面；同时积累了一批成功的教学案例，开设了 50 余节富有影响的示范课和讲座，这些都在一定程度上丰富了小学语文课堂教学中生成问题研究的广度和深度。主要发表和获奖论文如下：

（1）论文《捕捉"动态生成"演绎语文课堂教学的精彩》发表于《小学教学研究》2017 年第 29 期。

（2）论文《追寻古诗词教学的诗意》发表于《现代中小学教育》2018 年第 5 期。

（3）论文《让童真童趣落笔生辉》发表于《江苏教育》2017 年第 73 期。

（4）论文《构建红星课程 丰润核心素养——江苏省连云港市班庄中心小学特色课程建设的实践与探索》发表于《江苏教育》2016 年第 22 期。

（5）论文《让语文课堂彰显生成的活力》发表于《小学教学研究》2017 年第 23 期。

（6）论文《构建小学语文生成性课堂的教学策略研究》发表于《小学教学研究》2017 年第 26 期。

（7）论文《即时评价彰显助学课堂的精彩——浅谈小学语文助学课堂动态生成中的即时评价》发表于《小学教学研究》2016 年第 14 期。

（8）论文《基于学习力提升的小学语文课堂教学中生成问题的处理策略》发表于《小学教学研究》2017 年第 32 期。

（9）论文《小学语文课堂教学中生成问题的分类坐标与方法的研究》发表于《小学教学研究》2017 年第 35 期。

（10）论文《儿童形象：启迪儿童心灵的"种子"》获 2018 年江苏省"教海探航"论文竞赛二等奖。

（11）论文《儿童形象：启迪儿童心灵的"种子"》获 2018 年江苏省"教海探航"论文竞赛二等奖。

4. 带动了一批教师专业成长。自课题立项以来，先后有 4 名教师成长为连云港市"333 工程"第三次培养对象，4 名教师成长为区"411 工程"第三层次培养对象。先后有 4 名教师在市区基本功竞赛、教学研究能力大赛中获一、二等奖，6 名教师在区级基本功竞赛、教学研究能力大赛中获奖。对比中发现，教师的业务素养、教育教学技巧等在课题研究中有了很大提高,备课更加精细,课前搜集的资料、课后撰写的反思越来越多,课堂不再是照本宣科地上预案,生成的火花不断闪现。学生的个性得到解放,独特的见解得到尊重,孩子们思维活跃、主动学习、互动学习的氛围越来越浓厚。主要获奖教师为:

(1) 谭鑫之于2018年被评为连云港市教学研究先进教师,科研成果分别获市特等奖、一等奖各一项,同时获2018年市第三届中小学教师专业研究能力大赛一等奖。

(2) 王珊珊、王海涛、王伟、万招娣等教师被评为区"411工程"骨干教师。

(3) 王珊珊、祁丽朵、贺坚、吴静、仲启慧、万招娣等教师在区语文基本功竞赛中获一、二等奖。

(4) 李大森、赵世标、仲启慧、贺坚等老师被评为连云港市"333工程"培养对象。

(5) 自课题立项以来,课题组成员在市区级开设公开课、讲座累计达50节次以上。

七、研究的反思

自课题立项以来,我们课题组全体成员认真研究、扎实实践,取得了一些成果。但我们仅仅揭开的是这一领域的一面,还存在诸多需要提升之处。

一是教师的教学机智及能力问题。生成性课堂的实施要求教师不仅具有扎实、深厚的专业知识和技能,还要具有高超的教学智慧。教师综合素质的高低决定了生成性课堂的成败。课题组实验教师虽然能及时处理课堂上的生成问题,但有时候在效果上还不理想,因此在今后的教学工作中,我们将继续加强对教师的培训,围绕这一问题重点研讨,以求解决这一问题。

二是专业引领较少,研究过程中需要不断学习相关的理论和他人的成果。可能会遇到暂时的困难,为了确保课题研究的超前性、有效性,需要掌握最新国内外相关研究动态。硬件设施的改善为教师作研究提供了物质保障,教师通过互联网可以很方便地搜索到很多相关资料,但如何正确解读?需要专家适时引领。

今后我们将进一步加强理念学习,定期召开学习交流会,交流学习感悟、教学心得、案例分析等。对教师如何处理"课堂生成问题"还需进一步深入研究。在校内其他学科如何逐步推广生成性教学研究,进行学校层面的生成性校本教研。生成性校本教研是指为了师生知识、能力、智慧、人格的有效生成,将学校教研组的问题研究与个人的课例研究结合起来,帮助教师解决教育教学中遇到的实际问题。

【参考文献】

[1] 张秀.巧用动态生成资源,盘活小学语文教学[J].中国校外教育,2016(28):81+83.

[2] 徐飞飞.小学语文课堂动态生成性研究[J].中国校外教育,2016(6):54.

[3] 段鑫玺,曹俊军.小学语文古诗课堂有效动态生成策略[J].湖南第一师范学院学报,2015,15(4):33-35.

[4] 杨立昕.浅析小学语文课堂的有效教学[J].中国校外教育,2017(5):107-108.

[5] 刘秋华.探析小学语文课堂教学中的非预设生成[J].中国校外教育,2016(26):72.

[6] 丁长友.培养学习兴趣,学会学习方法——基于语文学科特点的小学语文课堂教学设计[J].中国校外教育,2016(S1):76.

[7] 崔辉.智慧学习背景下的小学语文阅读课"生成性"教学探讨[J].中国校外教育,2017(1):12+15.

[8] 赵浩.开发小学语文课堂动态生成性教学资源的策略探讨[J].广州广播电视大学学报,2016,16(6):17-19.

[9] 胡琪.关于小学语文课堂动态生成性研究[J].亚太教育,2016(34):28.

[10] 龙玲,周玉观,邓李梅.小学语文教师课堂提问存在的问题及对策研究[J].亚太教育,2016(34):25-26.

[11] 李淑红.浅议提高小学语文教学效率的策略[J].现代交际,2016(19):187.

[12] 王瑜.小议小学语文课堂提问艺术[J].学周刊,2015(7):116.

(注:本课题为江苏省教育科学规划领导小组批准的普教立项课题,批准号为D/2016/02/05,于2018年1月结题。)

和而不同　乐在其中
——"和乐"课堂教学改革方案

学校真正的变革来自内部，内部变革的主阵地就是课堂。钟启泉说，倡导基于"核心素养"的课程与教学是新时代教育的诉求，这种诉求说到底就在于实现课堂教学的转型——从"知识传递"的教学转向"知识建构"的教学。教育部《基础教育课程改革纲要（试行）》(2001年)强调，新课程改革的具体目标是，要实现从"灌输中心教学"向"对话中心教学"的转变，其要义就是课堂要实施"协同学习"策略，变"教堂"为"学堂"，使每一位学生都能获得主动的生动活泼的发展。基于此，我校在2015年实行"合作"课堂教学改革的基础上，逐步提炼出"和乐"课堂改革主张，追求"和而不同，乐在其中"的教学境界，从技术层面上升为文化层面，进行了有益的探索。

一、改革主题

（一）理论渊源

一是《论语》。《论语·子路》中记载，子曰："君子和而不同，小人同而不和。"和，于事物来说是"多样性的统一"，而对于人来说，"和"是观点与意见的多样性统一。"和而不同"是指保持一种和谐友善的关系，但在具体问题的看法上却不必苟同于对方。《论语·学而》中记载，子曰："学而时习之，不亦说乎？有朋自远方来，不亦乐乎？人不知而不愠，不亦君子乎？"其中"学而时习之，不亦说乎？"是指学习过知识后就去实践它，使它变为习惯，不也是一件很快乐的事情吗？

二是《学校的挑战：创建学习共同体》。日本东京大学佐藤学教授在书中提出，"学习共同体"是学校教育改革的愿景和改革的哲学。"学习共同体"的基本特征是"不同个性的交融，多元声音的交响"。

三是《课堂研究》。钟启泉教授在书中提出"学校的课堂不是单纯的物理空间，而是一个社会的、政治的、历史的、文化的空间"的观点，他在分析"课堂话语的效度"时指出："教学是调动知性、逻辑性思维的冷静思维的过程，传递情绪性情感和脉脉温情不过是背景性的二次性功能。……因此，要尽可能使教学沟通洋溢着知性感动和兴奋，求得教授者和学习者的精神世界融为一体的瞬间。"

（二）校本特征

1. 校训：和你在一起。其意蕴为：和，是在身边，无论身处何地，心手相牵；和，是在一起；和，是不分离；和，是现在，更是未来。
2. 课堂评价标准：学会、会学、乐学。分别指向课程标准的"三维目标"：学会——知识与技能，会学——过程与方法，乐学——情感、态度和价值观。

（三）结构特点

"和乐"课堂是我校的课堂教学愿景，指采用和谐的教育方法，教师生动地教，学生愉快地学。其意蕴为：彰显"和"的文化内核，教师不断完美"人师"形象，注重个人学习，能有效合作，形成良性竞争，唤醒学生潜能并促进学生自主学习；追求"乐"的教学境界，实施课堂教学激励式评价机制，提升师生合作的幸福指数。

"和乐"课堂的具体表现就是：人和、场乐、法活、果丰。"人和"就是建立融洽的师生关系，师生间达到思维共振、情感共鸣。"场乐"是指创设宽松、和谐的课堂教学环境，营造其乐融融的氛围，使学生产生学有所成之乐。通过教师的巧妙设计，激发学生的求知欲，让学生产生所得之乐；通过教师的鼓励开导，激发学生的表现欲，使学生能够寻找到展现之乐；通过教师的启发诱导，激发学生的思维，使学生享受到创造之乐。整个教学过程，教师乐教，学生乐学，达到愉智、愉情、愉心的和乐境界，提高课堂教学效率。"法活"是指多种教育方法、手段和谐运用，调动学生学习积极性。在创设情境时做到贴近学生的现实生活，激活学生开放式和发散性思维，诱活学生表现欲和创造性气氛。在学习新知识时，做到先学后教，教师启发、引导。让学生用自己的语言讲述理解的过程、结论的形成、解题的思路，促进知识的内化。在巩固练习时做到紧扣教学要求和教学目标，多层次、多样化地面向全体学生，以取得尽可能大的练习效益；精心设计、精心组织、精选习题，练重点、练关键，让学生能举一反三。在进行课堂小结时，做到概括总结、整合知识、归纳梳理。"果丰"是指教育教学成果丰硕。一是课堂教学效益高，学生学习的主动性、积极性被完全调动起来，学生的参与意识、探究意识、交流意识得到很好的培养，学习成绩稳步提升；二是学生的综合素质得到较大的发展，他们善于钻研，兴趣爱好广泛，成果突出；三是教师与学生都得到发展，个性化潜能都得到提升，不但成就了学生，而且成就了教师，造就了一批名师、优生。

二、实施策略

1. 加强理论学习，提升课堂教学改革的领导力

一是完善组织网络。建立"课堂教学改革领导小组—'和乐'课堂教学改革工

作室—学科组—学科教师"的绿色通道,落实校长亲自抓的"一把手"工程。二是提高经费投入。两年来,投入6万余元订阅教师专用图书、报刊,建好、用好教师书吧,将部分图书赠阅课题组或奖励学科教师。三是撰写读书笔记。

"和乐"课堂转型要求教师教学观念的根本转变:第一,在课堂教学中不是让学生懂得与记住什么,而是让学生去理解、思考与判断;第二,学习的目标,不是单独一个人个别地达成,而是借助团队达成;第三,作为学习活动的成果,不仅在于让学生习得知识与技能,而且能够让学生觉悟到自身的变化,并从中感受到成长的乐趣。

2. 加强校本培训,提高课堂教学改革的执行力

钟启泉说,学校改革的核心环节是课程,课程改革的核心环节是课堂,课堂改革的核心环节是教师专业发展。所以,我们认为,"和乐"课堂教学改革的逻辑真正内化为每一位教师的行动才是成败的关键。

(1) 做优课例研究。开展"一师一课,一课一品"的课例研究活动。借力"一师一优课"工程,通过课堂录像观摩一堂课,组织有效讨论,以"课例评点"为引领,推动"和乐"课堂的建构。课例评点聚焦于三个方面:第一,你发现全班同学的学习在哪些方面是成功的;第二,你发现全班同学的学习在哪些方面还存在困惑;第三,你从主讲教师的教学中学到了什么。这样,淡化了教师教学行为的评价,瞄准了学生的学习状态。

(2) 做实校本研修。以"和乐"课堂教学改革的理念重塑为重心,以建模塑形为着力点,以学科组研讨活动为载体,要求骨干教师上好观摩课,青年教师上好研讨课,全体教师每年至少上好一节课改课。每位教师以学生的学习为中心,围绕自身的课例进行研究,在学科组之间开展合作研究,加上全校性的校本研修,形成课堂教学改革的研修"同心圆"。同时,学校聘请市、区专家及兄弟学校的名师、学科带头人多次到校深入课堂现场指导,提高了青年教师的反思实践能力,促进他们的专业成长。阶段性评选出的优秀教学设计和小论文已结集。

3. 加强课堂研究,实现课堂规范的重新建构

聚焦"和乐"课堂教学改革,需要我们不断探索、实践、创新,进行传统课堂教学模式的解构与"和乐"课堂的建构,做到"目中有人——至'和',心心相印——达'乐'"。

(1) 学生学习三要素:活动作业、合作学习、分享表达。"学习"在本质上是一种对话性实践,在课堂中引入这三种活动,必然打破教师"一言堂"的格局,给予学生活动与思考的空间,形成活动式学习、合作式学习、反思式学习。

(2) 教师上课三件事:倾听、串联、反刍。倾听是教师教学活动的核心。应着

青小教师在诵读

重倾听如下三种关系的发言：倾听这个发言同教科书内容的关联；倾听这个发言同其他学生发言的关系；倾听这个发言同其先前发言的关系。基于此，教师进行有效的串联和即时、精准的反馈。

（3）课堂教学三境界：澄明、合作、交响。"澄明的学习"是指每一位学生的学习和每一位教师的学习得到了品质上的磨炼。"合作的学习"是指多样性学习的交流通过个体与个体之间的交融而得以发展，意即"互惠学习"。"交响的学习"是指学生学习的多样声音与教师学习的多样声音的交响。从而，借助每一个人的个性差异的交响，培育"和而不同，乐在其中"的课堂文化。

三、改革成效

"和乐"课堂通过教师指导下的学生自主、合作、探究性的学习，落实了学生学习的主体地位。在课堂上建立"师生—生生"学习共同体，是学生由"学会"到"会学"，再到"乐学"，不断提高学习的层级、效度和品质。通过学习共同体内成员间的相互协作，共同参与学习活动的过程，使学生在充满合作机会的个体和群体的交往中，学会沟通、学会互助、学会分享。学生之间知识、技能、情感、体验都得到和谐发展。其中，语文课堂教学实施"三环节"模式，即"预习—展示—反馈"；数学课堂教学落实"五趣"，即"问题激趣—探究生趣—展示享趣—反馈引趣—联系得趣"；英语课堂教学实施"游戏化学习"模式；科学课实施"课题探究模型"，即"设定目标—收集信息—问题分析—制作展示—分享评价"；等等。

"和乐"课堂也为每个教师的智慧和才能的发挥创造机会和条件。学校多次承办不同层级的课堂教学改革专题观摩会，让更多的教师在立体可感的课堂教学中快速掌握"和乐"的精髓。两年来,学校承办市级研讨活动2次,区级研讨活动4次,片级观摩活动5次。在"和乐"课堂的引领下,青年教师茁壮成长,屡创佳绩。从校级领导到一线教师,无论是课堂教学评比、课题研究还是论文发表,都收获颇丰,在一定区域内产生了良好的影响。

"和乐"课堂教学改革也促进了教学质量的有效攀升。课堂教学改革初期,许多教师产生了焦虑:一是生怕控制不了学生的自主活动,从而会耽误教学的进度;二是生怕学生"开无轨电车",徒劳无功。实践证明这种担忧是多余的,课堂教学的改革追求的是每一位学生学习的效率,并非追求教师独自上课的效率,教师的责任在于支援学习、引领学习,教师不是课堂的主宰者,而是协作者。

一把钥匙开一把锁。"和乐"课堂是我校在课程改革基础上,结合办学理念、教育教学实践提出的一种"校本"教学泛化模式。它的最可贵之处在于教会学生学习方法,让他们学会学习,快乐学习,真正成为学习的主人,实现自身的和谐发展。虽然我们的"和乐"课堂尚属粗糙,但"和你在一起",我们将继续在实践中探索,在探索中反思,在反思中前进,以和至乐,以乐达和,不断推动学校工作走向内涵发展的道路。

语文课堂的智慧生成与处理策略

【摘要】课堂教学是一个智慧迸发、动态推进的过程。在这个过程中,要准确把握生成的分类坐标,把脉生成的演化趋势,有针对性地提出动态生成的应对策略,以生为本,激活生成的空间,点亮学生的智慧,提高学生的语文素养。

【关键词】生成;分类;处理;策略

在从传统的"圈养式"课程到现如今的"游牧式"课程进行翻转的过程中,更多的教师纷纷削减了"预设"拐杖的支撑,更加注重课堂教学过程中的动态生成。所谓的动态生成,是指在教师与学生、学生与学生合作、对话、碰撞的教学活动中,教师以即时出现的超出预设方案之外的有价值、有创见的问题情境或观点为契机,调整或改变预先的教学设计,挖掘学生的潜能,引发学生深入思考,充分展现学生的个性,从而达成或拓展教学目标,使教学获得成功。这是一种开放的、互动的、动态的、多元的教学方式,目的是使学生的生命更完美成长。叶澜老师曾说:"课堂应是向未知方向挺进的旅程,随时都有可能发现意外的通道和美丽的图景,而不是一切都必须遵循固定线路而没有激情的行程。"课堂教学是师生、生生之间相互作用的一种开放、创新活动的过程,必定会有许多灵动生成的精彩。那么,在小学语文课堂教学中,我们该如何巧妙地引导,让动态生成资源精彩纷呈呢?

一、解析生成的分类坐标

一般而言,课堂上的"生成"主要分为"可预设的生成"和"不可预设的生成"。前者是教师有意识地预设一定的问题,引发学生相关的生成行为;后者则是课堂上随机的、偶发的,是教师想不到的,甚至是突然事件或者行为。广义的生成分类,还可以从如下几个维度来考量。

1. 教学目标的生成

备课时预设的教学目标不是固定的,当学情发生了变化,需要教师适时地进行调整,还要鼓励学生在互动学习中即兴创造,开放地吸纳各种信息源,甚至有些是超越目标预定的要求。

2. 教学进程的生成

学生具有强烈的主观能动性，带着独特的知识、经验和思考，参与课堂活动，使教学充满智慧的挑战，生成新鲜的资源，呈现出丰富性、多变性和复杂性，促进或者阻碍了教学进程的顺利实施。教师要根据学情的变化随机调整教学进度，适当增减教学环节。

3. 教学方法的生成

灵活多变的教学方法是打造高效课堂的有力手段，能激发学生的学习兴趣，释放学生学习的潜能，在选择时不但要契合课堂的教学内容，还要适应学生的生理、心理特点。教学有法，但无定法，贵在得法。教师要尽量做到"以学定法"，根据学情的变化活用教法。

二、把握生成的思维走向

1. 氛围牵动

宽松的学习氛围能诱发学生喜欢学、主动学的内在动力，使学生的心灵自由伸展。教师在课堂上要努力为学生铺设求新求异的路径，引导学生多角度地观察、思考、分析，去"展开思维和想象的翅膀，一个问题，多种方法，多种体验"。教师要巧抓时机，一是要捕捉学生思维的兴奋点，引导学生深度参与，形成一个强大的思维动力场，更好地完成知识的吸收、内化、建构。二是要捕捉学生思维的求异点。思维总是从问题开始的。构建开放自由、灵动活力的课堂，就要尊重学生的个性体验，鼓励学生大胆质疑，敢于发表自己的独特看法，尝试解答自己提出的问题，从而培养学生的创新精神。

2. 问题驱动

陶行知在谈到课堂提问的重要性时，曾说："发明千千万，起点是一问。禽兽不如人，过在不会问，智者问得巧，愚者问得笨。人力胜天工，只在每事问。"教学是一门问的艺术，我们要充分把握好问题驱动，让课堂教学的进程由问题来引领，环环相扣，步步深入，让问题成为教学环节推进的主线，并贯穿教学过程的始终。备课过程中，教师要精心设计问题，难易适度，既让学生获得成功的喜悦，又能激起学生的思考。同时，问题又要具有一定的开放性，便于学生用不同的形式，从不同的角度去分析和解决问题，以培养学生的发散性思维。

3. 方向拨动

小学生的思维具有跳跃性，因而在课堂教学的动态生成过程中，我们要时时把握住学生思维的"方向盘"，恰到好处地进行点拨，实现"导"与"学"的最佳结合，始终保证学生的思维与课堂教学的中心目标不发生大的偏离，最大限度地优化教学效果。

4. 高效互动

所谓高效互动，是指课堂上针对有意义的内容进行互动，是一种"学生积极的思维活动"和"有意义的内容生成"都表现出显著效果的互动。我们要充分利用各种教学策略，让"互动"真实、有效，避免小组合作的表面"热闹"。

三、探究生成的应对策略

1. "自由争论"策略

课堂上常常会出现学生就某一个问题发表不同见解的情况。面对争论的焦点，教师要把握住机会，让学生结合课文内容或生活经验各抒己见，让各种不同的声音在争论中彼此交锋、碰撞、融合。比如下面的教学片段。

生：我有疑问，诗人到底是在船上还是在楼上？

师：插图中诗人是在楼上，结合"望湖楼下水如天"，我想诗人应该是在楼上吧！

生：不对，不对！我觉得诗人是在船上。这是"醉书"。喝了点酒，在船上又有些摇摇晃晃，才能写出这样的诗。

生：我觉得是在楼上。插图中诗人不是正在楼上喝酒吗？

生："望湖楼下水如天"，只有在楼上才能看到这样的景色。

生：不对，"白雨跳珠乱入船"，我觉得是在船上，只有在船上才能这样近距离地感受到。

师：大家说得都很有道理，其实我们还可以展开联想，能不能把"船上"和"楼上"结合起来呢？

生：我猜，诗人一开始是在船上喝酒，他正有点醉意的时候，突然下起了大雨，于是连忙靠岸，等他登上望湖楼时天却放晴了，于是他写下了这首诗。

教师敏锐地抓住课堂中生成的资源——诗人的落脚点是在"船上"还是在"楼上"，引导学生进行辩论，并及时地去引导，鼓励学生发展"存异"思维，让教学过程真正成为充满生机与活力的、真实而丰富的学生成长发展的"生命过程"。

2. "重组信息"策略

学生的个性不同,知识体系不同,在课堂上生成的信息也是纷繁复杂的,有的信息是对学生有益的,有的则是影响学生身心发展的。这就需要教师对这些生成的资源进行信息重组,将学习拉到"教学目标"的轨道上来。

(1) 层层剥笋式

在课堂对话的过程中,学生会生成一些比较简单却又亟待解决的问题。这是因为学生的经验和能力存在很大的差异,不同的学生对问题的敏锐程度也不一样。为了使所有的学生能对这些即时生成的问题产生兴趣,并进行深入思考,我们就要进行不断的追问。如在教学《彭德怀和他的大黑骡子》的"三次命令"时,为了引起大家的思考,可以设问:彭德怀每次下的命令内容分别是什么?他为什么要下令杀掉牲口?彭德怀为什么要杀掉自己心爱的大黑骡子?在这步步紧逼的提问对话中,学生不仅把握了课文的主要内容,而且感受到了彭德怀在艰难选择时内心的痛苦,体会到了彭德怀对战士的热爱之情。

(2) 曲径通幽式

我们备课时,常常会预测学生的思维走向,设计出不同的教学预案。但是,学生是活泼善变的,在课堂上会提出一些意想不到的问题,也会听到一些很有新意的想法。对此,我们要抓住这些稍纵即逝的表现,反思自己的教学行为,调整、重组教学思路,让教学过程在曲径中获得更美的风景。

比如教学《鹿柴》这首古诗时,有的学生对前两句"空山不见人,但闻人语响"产生了质疑:"既然是'不见人',那为什么还有说话的声音呢?"这是一个非常有价值的生成资源,但是学生们似乎百思不得其解。此时,可以结合之前学习过的"凌寒独自开"这句诗,引导学生理解"凌寒"是为了反衬梅花高洁耐寒的品格。在教师的启发引导下,学生纷纷顿悟,有的学生说:"'空山'尽管'不见人',但并不是一片寂静;偶来传来'人语响',却又看不见人影,那是因为大山特别幽静,从很远的地方传来的声音都能听得到。"有的学生说:"这几声'人语响'似乎打破了大山的寂静,但实际上是以偶尔的响声来反衬大山的长久空寂。"有的学生说:"这句诗用'有声'来反衬'无声',这'无声'更能侵入人心。"

教师通过"曲径通幽"式的启发引导,让学生学会举一反三地运用所学知识,对古诗句进行创造性的理解,在想象古诗描绘的画面中产生了豁然开朗的自我感悟,轻松地掌握了反衬这种写作方法,并体会出其中的妙处。

3. "将错就错"策略

小学生的思维发散性强,对文本的理解有时候会发生偏离。当出现这种情况时,不必急于扭转过来,可以采取"将错就错"的策略。如在学习《花瓣飘香》时,设问:"这是一个什么样的女孩?"有的学生说:"这是一个懂事的女孩。"有的学生说:"这是一个孝顺的女孩。"有的学生说:"这是一个可爱的女孩。"……但也有不同的声音响起:"这是一个不爱护花草的女孩。"面对学生的这一错误理解,可以因势利导:"同学们认为他说得对吗?大家先不要急着下结论,让我们读读课文,用文中的语句来证明自己的说法。"这样就将学生的目光再次拉到了文本中,引导学生从文中找出相关语句,如"小心地摘""一片""我舍不得把整朵花都摘了……"让学生通过这些词句的品读,知道小女孩舍不得摘花,她只是为了让生病的妈妈开心,才轻轻地摘了一片花瓣,从而感受到小女孩的孝顺以及对花草的爱护。

在这个"出错—纠错"的过程中,教师巧借其中可利用的因素,让学生抓住文中的语句来辨析小女孩摘花这一行为的对错,从而感受到小女孩纯真美好的心灵。

4. "拓展迁移"策略

如果把语文书上的知识比作正餐的话,那么通过拓展迁移而获得的知识便是美味的零食。在文本教学中,教师把目光延展到课外,通过语文学习的拓展和延伸来扩大学生的知识面,开阔学生的视野,进而加深学生对于语文学科的理解。如《孔子游春》的教学片段。

师:水仅仅有这四点美德吗?从哪里看出?
生:不仅这些,我是从文中的"……"看出来的。
师:选择其中一句,补充完整。(出示填空)
水波涛汹涌,好像_____。
生:水清澈透明,一眼见底,好像很单纯。
生:水川流不息,好像有坚强的意志。
生:水源源不断,好像有韧劲。
生:水海纳百川,好像有博大的胸怀。
…………
师:你们真是孔子的知音啊!短短的数十个文字,表达了孔子对水怎样的感情?
生:热爱、敬佩、赞美、感激……
师:一个字,一片情。话传情,语动情,难怪孔子凝望着泗水如此深情。请大家读出孔子的这份深情。

在这个片段中,教师通过填空题的仿写练习,让学生通过想象来促进生成,促进学生多元解读文本,有效拓展了学生对水的理解。可见,在语文课堂上进行拓展,可以让学生的思维更好地开枝散叶,也可以让学生的想象变得丰富多彩,有效地激发了学生的学习与生活经验,更好地将语文知识与他们的原有经验结合起来。如此一来,学生不仅掌握了文本知识,而且在拓展迁移中将学到的知识也纳入已有的知识体系,可谓收效甚多。

总之,在课堂教学中,我们要拥有一双慧眼,准确把脉学生生成的动态资源,巧妙地运用一定的策略,引导学生更加深入地理解文本内容,为课堂教学注入新的活水,让学生的语文学习真正快乐而有收获。

【参考文献】

[1] 郑金洲.新课程课堂教学探索系列:生成教学[M].福州:福建教育出版社.2005:1-2.
[2] 胡庆芳.精彩课堂的预设与生成[M].北京:教育科学出版社,2007:23.
[3] 赵琴."船上"还是"楼上"?[J].小学教学设计,2008(16):25-26.

(注:本文发表于《教学与管理》,2019年第7期。)

捕捉"动态生成"演绎语文课堂教学的精彩

【摘要】 小学语文教学中教师需要把握好预设与生成的关系,预设是生成的基础,而生成是预设的升华。在具体的教学过程中,教师需要灵活调整教学方案,以学定教,促进动态课堂的生成。

【关键词】 预设;捕捉;生成

对话预设与生成的关系是目前小学语文教学中教师需要思考的内容。预设是提前对整个教学内容、教学环节、教学组织以及过渡形式进行预案,而生成课堂是根据具体的教学内容进行教学,在课堂中会出现一些没有提前预料到的情况,而教师需要对这些情况做出及时的反应,然后进行恰当的调整。目前教学中,教师需要把握好预设与生成之间的关系,促进动态生成课堂的构建,让学生在动态生成课堂中体会语文学习的精彩之处。

一、"弹性"预设,促进动态生成

在动态生成课堂中,经常会有一些无法预见的教学因素和教学情境,因此在预设课堂教学内容的过程中,就需要对这些无法预见的内容做一些弹性的设置,在课堂中给予学生表达自己的空间,促进动态课堂的生成。

比如,在学习苏教版小学语文《狐狸与乌鸦》一文时,学习接近尾声时,教师问道:"学习了这篇课文,你想对文章中的狐狸或者乌鸦说些什么?"此时,有的学生说:"狐狸你太狡猾了,以后再这样是没有好下场的。"有的学生说:"乌鸦你太爱听好话了,以后可要吸取教训啊。"还有的学生说:"狐狸你太聪明了,每次都开动脑筋吃到了肉。"面对课堂上这种异样的声音,教师要保持淡定,让学生阐述自己的理由,然后带领学生从不同的角度思考这个问题,让学生联系现实生活中人与人之间的信任,如果只是一味考虑自己,就很容易失去朋友,狐狸的这种行为是不值得学习的。在这样的动态课堂中,教师根据学生的课堂表现,对学生渗透了思想品德教育。

二、制造"冲突"激发动态生成

在教学过程,教师提出某一个问题后,学生往往会出现不同的意见,此时,教师就需要抓住学生争论的契机,适当制造冲突,把握好学生争论的节奏,让学生充分阐述自己的观点,各种观点在争论中碰撞、融合,最后激发动态课堂的生成。

比如,在学习苏教版小学语文《半截蜡烛》一文时,教师让学生说一说自己最佩服文章中的谁,并说明理由。有的学生说自己最佩服文章中的伯诺德夫人,这是因为其在遇到情报可能暴露的情况下,依旧能保持冷静,并且能够安抚孩子们的紧张情绪;有的学生说自己最佩服大儿子杰克,这主要是因为在其遇到事情的时候能够像妈妈一样保持镇定,是一个勇敢的孩子;有的学生说自己最喜欢的是小女儿杰奎琳,主要是因为其善于分析敌人的特点,凭借自己的可爱最终取得了胜利;有的学生说自己最佩服德国军官,主要是因为与其他纳粹分子相比,他还能够保持一定的善良。该学生说完之后,在其他学生之间就起了争执,有的学生说德国军官心中只有自己的女儿,并不关心其他孩子,因此是自私的;有的学生还说德国军官能被一个十岁的小女孩骗了,就是太愚蠢了。针对学生的这些看法,教师需要对学生进行引导。学生说出最佩服德国军官,这尽管与课文阅读的价值观有一定的冲突,但是这确实是学生的真实感受,此时教师不要一味排斥,而是要对学生进行引导,带领学生重新对文章进行解读,增强学生对课文的理解,这样在面对冲突的时候,学生就能主动改变自己的看法。与此同时,教师需要鼓励学生畅所欲言,然后对学生的语言进行及时的引导、辨析。只有经过这样的锻炼,学生的思维水平才能大大提高。

三、深层"对话",催化动态生成

在动态生成性课堂中,需要注重教师与学生之间的交流,学生可能提出一些较难的问题,教师就需要认真聆听,给学生指出正确的方向,引导学生反复思考,促进学生创新思维的形成,催化动态生成的课堂。

比如,在学习苏教版小学语文《音乐之都维也纳》一文时,有一个学生提问:"文中说维也纳是一座音乐装饰起来的城市,但是音乐是看不见、摸不着的,它是怎样装饰维也纳的呢?"教师面对学生的疑问,不需要急于回答学生,而是将这个问题抛给学生,让学生思考。面对这个问题,学生开始认真阅读课文,有的同学说:"文中说,到处可以看到大音乐家们的铜像和大理石。这就是音乐的一种实体符号。"有的学生说:"文中说维也纳有许多街道、公园、礼堂、剧院、会议大厅,并且都是用音乐家的名字命名的。这也是音乐的一种体现。"此时,教师对学生的思考进行总结:"音乐家的雕塑、巨大的音乐符号、音乐家的名字等,这些都是看得见的音乐,所以说,文中说维也纳是用音乐装饰起来的城市并没有说错。"经过教师的引导之后,学生的思维开始发散,纷纷表达自己的观点:"铜像和大理石就是凝固的音乐,也只有维也纳会有这么多音乐家的雕塑。""塑像是永恒保存的音乐,将音乐大师的青春都保留下来,能够延续人的生命。"学生的这些分析都是对文章的深层次理解,是在一个动态问题的引导之下形成的自己的观点。因此面对学生提出的问题,教师就需要面对问题的内涵进行深度挖掘,提升学习的层次,促进学生学习的动态生成。

四、抓住"意外",拓展动态生成

在课堂学习中,学生经常会提出一些出乎意料的问题,教师需要正确地对待学生的这些问题,探究"意外"背后的原因,巧妙利用"意外",对学生进行有效的引导,拓展动态生成课堂。如果教师忽略了这些课堂"意外"的话,就会打击学生的积极性,不利于学生的成长。

比如,在学习苏教版小学语文的《狐假虎威》一文时,教师让学生分角色对文章进行朗读,在读到某个片段,有一个男生学着狐狸装腔作势的样子说:"你敢吃我?"另一个女生学着老虎的样子说:"为什么不敢?"读到这里的时候,全班同学都开始哈哈大笑起来,此时教师严肃制止学生:"要认真听别人读书,不能笑别人。"但是教师的话并没有起到作用,每次朗读到这里的时候,学生就会出现课堂"意外",教师没有实现预设,面对这种情况,教师可以用另外一种方式来教育学生:"同学们看,狐狸都要被老虎吃掉了,在这种紧急的情况下,你们怎么还笑得出来啊?"经过教师这样的处理,学生就能够重新审视学习情境,了解课堂应该是和谐、尊重以及规范的,学生就将自己更多的精力放在角色的扮演上,能够设身处地地了解角色的心情。这样就巧妙化解了课堂上不和谐的小声音,教师对不曾预设的教学情况进行了改变,促进了动态生成课堂的形成。

五、及时"反思",完善动态生成

在动态生成的课堂构建过程中,教师要及时进行课后反思,对自己的教学行为和学生的课堂表现进行回顾分析,及时发现自己在教学中存在的问题,分析教学目标是否达成,学生的积极性是否强烈,然后根据反思的结果优化动态生成课堂。

比如,教学苏教版小学语文《司马光》一文时,在预设的过程中,教师主要是让学生体会司马光遇事冷静、机智果断的品质,整个教学是通过自读自悟式与讲解式相结合的方式让学生进行学习,并且结合插图对文章进行理解。教师动态生成的"点"就是让学生分析司马光的人物性格。但是教学后发现学生在整个课堂中的参与性不强,教师对学生提出的问题,学生也没有出彩的回答,答案都是集中体现在司马光的勇敢、机智上。此时教师就需要对自己的教学行为进行反思。经过反思,教师发现自己留给学生动态生成的时间较少,提出的问题也不新颖,不能引起学生的表达欲望。教师就对教学过程进行调整,增加了学生表达的时间,给学生提出了一些新颖的问题:"如果你当时遇到落水的儿童,你会怎么救他?""如果你是落水的儿童,你会怎么做?"这些问题更能够激发学生的表达欲望,需要学生发挥自己的聪明才智,在回答这些问题的过程中,学生就能够了解司马光在当时危险的情况下作出砸缸的选择是多么勇敢。这就对动态生成的课堂进行了改进,学生能积极参与到课堂学习中去,丰富了教学内容。

综上所述,动态生成的课堂是多变复杂的,这就对教师的素质和教学能力提出了新的要求,教师要经常审视和分析自己的教学行为,注重观察学生,及时发现动态生成的契机,灵活调控教学行为,构建动态生成课堂。

【参考文献】

[1] 张秀.巧用动态生成资源,盘活小学语文教学[J].中国校外教育,2016(28):81+83.

[2] 徐飞飞.小学语文课堂动态生成性研究[J].中国校外教育,2016(6):54.

[3] 段鑫玺,曹俊军.小学语文古诗课堂有效动态生成策略[J].湖南第一师范学院学报,2015,15(4):33-35.

(注:本文发表于《小学教学研究》2017年第10期。)

绘本：儿童语言生成的"种子"

【摘要】绘本是一种图文并茂、情节生动的文本样式，充满了趣味性、文学性，是第一学段写话教学的优质资源。本文分析了绘本写话教学中容易出现的问题，把握绘本教学的方向，从图画、文字中去寻找相关的切入点，采用多种方式，提高学生的语言表达能力，开启学生表达的"异空间"，促进学生语文素养的提升。

【关键词】绘本；写话；价值；问题；策略

《小学语文新课程标准》对第一学段学生的阅读提出了"喜欢阅读，感受阅读的乐趣"的目标，同时在习作上也强调"对写话有兴趣""写自己想说的话"。但是第一学段的学生识字量、阅读量少，以致语言表达能力不强。这给第一学段的写话教学造成了不小的障碍。

绘本，英文称"Picture Book"，因而也叫图画书，它图文"合璧"、色彩鲜艳、文质兼美，是第一学段儿童课外阅读的首选。目前，绘本已经被越来越多的语文教师引进了课堂，并为学生的阅读与写话教学提供语言生长的"种子"。

一、绘本写话教学的价值考量

绘本以图码为主、语码为辅，构思巧妙、造型生动、色彩优美、文字简洁、故事精彩纷呈。依托绘本进行写话教学，重在引导学生掌握基本的绘本阅读方法，学习从图文中获取信息，并根据图文信息进行推论、联结和整合，然后再通过自己的阅读体会、感悟和想象等方式，进行仿写或创作新的故事。以趣激趣，以文学文，以情动情，在提高第一学段学生的读写能力方面，绘本具有独特的价值和意义。

1. 以趣激趣

从整体设计上看，绘本主要以第一学段及以下年龄段的学生作为主要阅读对象进行设计，不论是故事内容还是配图，都充满了趣味性，符合低年级学生的身心发展特点。这一学段的学生以具体形象思维为主，而绘本精彩又富有想象力的图画与简洁的文本配合，就如同一个巨大的磁场，强烈地吸引着他们。从内容设计上来看，绘本更多来源于童话、传说、民间故事等，如取材于童话的《穿靴子的猫》，这些故事同样对学生有着巨大的吸引力。从绘本的角色设计看，它尊重儿童的特点，角色多为拟人化的可爱的小动物,如《猜猜我有多爱你》中的小兔,或者是儿童熟悉的身边人,如《爷爷一定有办法》中的"爷爷"。这些因素,充满着趣味性,以趣激趣,可以激发学生读的兴趣和写的欲望。

2. 以文学文

绘本为了叙述一个完整的故事,通常要实现图、文、音的联动。单从绘本的语言来看,也是难得的言语范本,不仅简洁精炼,充满着诗意美,而且还能言简意赅地表达出绘本的主旨。写话教学中,适时地引入绘本阅读,可以让学生在简约的文字里感悟故事所蕴含的道理,从而潜移默化地产生某种表达上的感悟。此外,绘本中的文字也是我们写话教学中独具价值的资源,教学中要引领学生抓住关键词句进行品读体味,以文学文,感受语言文字绽放的精彩,积累精美的绘本语言。

3. 以情动情

优秀的绘本就像一部精彩的动画片,是由一幅幅画面串联起来的。这些图画构成的绘本内容,在设计初期就充分考虑到了儿童的心理成长与情感熏陶,其源于儿童生活、高于儿童生活的故事情节很容易唤醒学生已有的经历,使他们在不知不觉中实现角色转换,并融入自己的情感。

例如,在阅读安东尼·布朗所著的经典绘本《我妈妈》时,学生会情不自禁地想到自己的妈妈。因为在每个孩子的心目中,妈妈都像蝴蝶一样美丽,像猫咪一样温柔,但是发起脾气来也会像狮子一样怒吼……所以,在写话教学中,教师要将生动的画面与学生的生活经历进行有机链接、融合,学生就会披文入情,写出自己的真情实感。借助绘本这个"跳板",以情动情,可以让学生的表达言由心生。

二、绘本写话教学的问题纠偏

在以绘本促进写话教学的过程中,由于认识的偏差、操作的失策,在处理"教"与"学"、"图"与"文"这两组关系上,很容易出现一些偏颇,影响了写话教学的质量和效益。

1. "教"多"学"少

对于第一学段的学生而言,教师的精心指导显得很重要,甚至常常会带领学生逐一观察图画,逐句读通文字。但是教师的指导不能代替学生独特的观察与阅读体验,更不能挤压学生想象和练说的空间。教学中应着重改变这一传统的教学方式,相信学生,设计几个有价值的问题,让学生带着问题读绘本,了解故事的主要情节;发展学生,让学生能用自己的话来讲述出这个故事。

2. "文"多"图"少

学习绘本时,我们往往过分关注文字内容部分,并绘声绘色地进行范读,不厌其烦地引导学生反复朗读,而绘本中最有价值的图画却被我们忽略了。教学中,我们应当引导学生仔细观察图画,建立图与图之间的信息交互关系,在学生的脑海中"过电影",真正让这个故事和故事中的图画在学生的心中扎根。如绘本《我爸爸》中,每一幅图都美轮美奂,每一幅图下面都配着一句生动优美的文字,帮助学生图文结合,理解故事。学生看图时很容易产生想象,这些想象也许与故事的发展不谋而合,也许相差悬殊,结果并不重要,重要的是他们经历了思考探究的过程,提高了观察、想象、推测的能力。"看图""读文""想象"有机结合起来,三管齐下,学生的绘本写话教学才会真实发生。

3. "人"多"己"少

绘本中的语言很凝练,或通俗直白,或生动含蓄,或诙谐幽默,或发人深思,加之与图意相吻合,往往精当无比,是学生学习语言运用的精妙范文。但在具体的学习过程中,学生常常采用"拿来主义",将绘本中现成的词句拿来表述,尤其缺乏自己独立的创作与表达。教学中,我们要采用仿写、续写等方式,引导学生站在文本的起点拾级而上,用自己独特的方法表情达意,实现语言真正的内化。

4. "静"多"动"少

静静地阅读,是阅读的常态。但对于第一学段的儿童来讲,只静不动,显然不符合他们的年龄特点。目前的教学中,学生们对于绘本的阅读大都是静态的,即看看图画、读读文字,缺乏有创意的动态的阅读。有的绘本人物形象鲜明,故事情节曲折,非常适合分角色表演,就可以采用边读边演的方法,让学生化身为绘本的主人公,获得真切的体验。如《我的幸运一天》,让学生在表演中了解小猪是如何用智慧成功脱险的,感受小猪的聪明、机智。此外,还可以让学生自己设计人物角色之间的对话,并根据自己的理解,配上相应的动作、神态及说话的语气,在自己的表演中走进故事情节,提高听说能力与肢体语言的表现力。

三、绘本写话教学的策略实施

绘本写话教学的终极目的是让学生学会说话,并尝试进行简单的故事创编。"创作"的过程饱含着学生智慧的生成。在这个过程中,学生要把自己头脑中想到的支离破碎的内容整合起来,具象化,赋予其生命活力,把自己的生活体验和情感融入其中,让它们代替自己来表达出所思所想。佩里·诺德曼曾说:"一本绘本至少包含三种故事:文字讲的故事,图画暗示的故事,以及两者结合所产生的故事。"

写话教学中，我们可以从绘本中的图画、文字中去寻找相关的切入点，让学生的写话能力得到多方位的训练和发展。

1. 寻找图中的秘密

一幅图往往蕴藏着一个动人的故事，我们要引导学生通过自己的眼睛和心灵去观察、想象，用他们的智慧之心抵达图画的内核，寻找图中的秘密。

（1）于图像"无字"处

许多绘本，在图文结合讲述故事的过程中，会出现只有图画没有文字的页面，这并不是作者"无话可说"，而是"此时无声胜有声"的一种艺术境界。"无字"处，恰恰是一种诗意的丰富的哲学存在。教学中，我们可以调动学生的想象，让学生用文字去填补空白。

《母鸡萝丝去散步》讲的是母鸡萝丝走过院子、绕过池塘、越过干草堆、经过磨坊、穿过篱笆、钻过蜜蜂房时，跟在她后面的狐狸遭遇的尴尬和受到的耻笑。作者用图画将整个故事情节完整、层次分明地展现在读者眼前，让我们看到狐狸所有的惨状，但很多地方都以"无字"的形式，仅用图画展开故事情节。这时候，我们可以引导学生根据图画展开想象，为图配上文字，让每个学生都能展示自己的创作。

（2）于图文"丰富"处

大多数的绘本，文字故事非常简单，有的页面只有一个短句，甚至只有一两个词语，但是画面上的内容却是极为丰富的，几乎每一页都暗藏着一个甚至好几个有趣的故事，我们可以引导学生对图画进行扩充，以丰富图片上所蕴含的故事内容。

《小房子》是美国的维吉尼亚·李·伯顿创作的绘本，它讲述了一座会呼吸、有感情的小房子看着四季变换、时代变迁而发生的故事。教学时，可以引导学生在想象中化身为小房子，去了解、体会看到的景象。例如，其中一个画面下只有"再一次，有人住进了小房子，又来照顾她了"这一行文字。仔细观察画面，我们能看到温暖的橘黄色光芒、碧绿的草地、盛开着繁花的树、在树枝上荡秋千的孩子、自由飞翔的鸟儿、修剪草坪的园丁以及微笑着的房子……因此，不仅要引导学生观察并说出"从图上看到了什么"，还应要求他们用心去听、去想"鸟儿们会说些什么""小房子心里会想些什么""孩子和修剪草坪的人脸上会是什么样的表情"……在这个过程中，学生的想象空间是广阔无垠的，他们联合调动自己的视觉、听觉等各种器官进入活灵活现的画面之中，使他们身临其境，这样的写话就水到渠成了。"一千个读者就有一千个哈姆雷特。"学生以自己独特的视角对画面进行解构与感知，写出来的语句也就精彩纷呈了。

2. 拓宽文字的外延

绘本中的文字叙述很简单，可以让学生用其中的话把整个故事讲出来，也可以展开想象,适当地"添枝加叶",既能让学生与故事产生共鸣,又能培养学生的写话能力。

(1) 于文字省略处

作者在编写故事时,有时候为了表达某种感情,或者引起人们的某种思考,会故意省略掉一部分内容。课堂教学中,要找到这样的"留白",给予学生充分的时间,让学生尽情练说。如《爱心树》中,当孩子年老时再次来到大树面前,大树说:"我已经没有东西可以给你了,我的苹果没了,树枝没了,树干也没了。我真希望能给你些什么,可是我什么也没有,我只剩下一块老树墩,我很抱歉……"这时候,我们可以让学生想一想,大树抱歉什么呢?它会如何说?在这个"说"的过程中,学生感受到了大树对孩子无私的爱。

(2) 于故事转折处

好的故事一波三折,引人入胜。教学时教师要引导学生在故事的转折处进行大胆揣测。如绘本《我的幸运一天》故事情节变化大:原本应该是狐狸的幸运一天,结果他却没有得到食物;而小猪本来很倒霉,结果却凭着自己的智慧脱离了危险,使原本倒霉的一天变成了自己幸运的一天。教学时,我们要巧妙地抓住这一"转折点",让学生想一想,小猪会想到哪些办法脱险呢?学生真是天生的作家,他们的创意令人惊叹。小猪对狐狸说:"狐狸先生,您可能有所不知,我前几天刚得了很严重的流感,现在还没完全好呢!您最好让我去买点药吃,要不会传染上您的!前几天我在新闻上看到,有人因为感冒而形成心肌炎,结果因为治疗不及时造成了截肢。狐狸先生,不吃我事小,万一您被传染感冒了,那就得不偿失了。"他说完,还故意连打了两个大喷嚏。"嗯!"狐狸自言自语道,"要是真被他传染上那可就糟了。"于是,他和小猪一起去买药。路上小猪急中生智,趁机逃走了。在这个想象的过程中,学生创编着故事的结局,也让学生的阅读力、思考力和表达能力得到了有效的提升。

(3) 于文字留白处

绘本的语言简洁生动,往往一词一句皆蕴含丰富的内容,给我们无尽的想象空间。这种意涵丰富的词句,也是创意写话的亮点,让学生依托已有的图文,丰满简约的语言,让文本因此更加丰盈。如《好饿的小蛇》中"啊呜——咕嘟"反复出现了多次,但是每一次的含义都可以是不相同的。如小蛇吃掉苹果后,他发出"啊呜——咕嘟"声,可能会说:"这个苹果又香又甜,滋味可真好啊!我真想再吃一个啊!"在小蛇吃掉一个带刺的菠萝后,他发出"啊呜——咕嘟"声,可能会说:"这个菠萝怎么有刺?虽然味道酸甜可口,但是这刺也太让人难受了。下次吃,我要先把皮削一削,那样就更好吃了。"在这种想象说话中,学生能结合自己的生活经验,把小蛇在吃到不同水果时的表现有声有色地表达出来,准确把握人物的情绪,让自己漫溯到绘本故事的更深处。

(4) 于文字无尽处

有些绘本的故事情节非常简单,而且存在着许多相似之处。如《母鸡萝丝去散步》,写母鸡萝丝去散步的不同地方,并交代了在散步过程中狐狸遭遇的各种尴尬,极具相似之处。还有《好饿的小蛇》,连续写小蛇在散步的六天中,在路上看到不同的水果,吃了之后会怎么样。每一个故事情节都以"第×天,好饿的小蛇扭来扭去在散步……它发现了……你猜猜,好饿的小蛇会怎么样"这样的形式来写,结构上非常固定。针对这一特点,我们可以让学生仿编故事,想一想,第七天、第八天,小蛇去散步,他看到了什么?又会怎么样呢?这样的仿写,在降低难度中培养了学生的写话能力,也锻炼了学生的思维能力。

绘本,在第一学段写话教学中,可以让学生在积极的阅读中储存语言,在丰富的想象中致用语言,使阅读与写话"双剑合璧"。我们应该让绘本写话教学成为一种全新的语文课程样态,开启儿童语言表达的新空间,提高学生的语文核心素养。

【参考文献】

[1] 林春曹.绘本习作:开启表达新空间[J].教育视界,2016(10):66-71.

[2] [加]佩里·诺德曼,梅维丝·雷默.儿童文学的乐趣:风信子儿童文学理论译丛[M].陈中美,译.上海:少年儿童出版社,2008:12-13.

[3] 彭懿.图画书:阅读与经典[M].南昌:二十一世纪出版社,2017:42-43.

(注:本文发表于《江苏教育》,2019年第10期。)

优化师生交往活动　增强语文课堂教学效果

语文教学过程中,师生双边的交往活动贯穿始终。课堂上,无论是语言交往,还是非语言交往,都是以教师为主导,学生为主体,以训练和培养学生听、读、写、思的能力为目的,进行思想上的交流和感情上的沟通,从而达到教学效果的最优化,提高课堂教学的达成程度,实现教学目标。

师生课堂上的交往活动主要有提问导读、讨论交流、质疑释疑、作业指导及非语言因素的态度交往等形式。

一、提问导读

提问是启动学生思维的主要形式,也是课堂上师生交往最常见的方式。巴尔扎克曾说:"打开一切科学的钥匙都毫无异议的是问号。"因此,教师在教学中可以通过课堂提问来激发学生的求知欲,及时掌握反馈信息。提问的设计应以引起大多数学生思维的冲动、回答的愿望为基本要求,使学生从外部到内部都动起来,进入"愤、悱"的状态。

青小师生及家长在诵读

现在的课文,学生在扫清字词障碍后,一般都能读得通、读得懂,因而在课堂上讲读时,应少一些疏通性的提问,要在课文的重、难点部分,把问题设计得具体、精当,在有关键词的句子上设问引读,指导学生品味感悟,从而避免"满堂问"的现象。如苏教版小学语文第五册《军神》第四段中有沃克医生和病人的对话,可以在提示语上重点设问:病人怎么说的?医生怎么问的,又是怎么讲的?学生读后回答:病人笑着说:"我一直在数你的刀数。"医生吓了一跳,不禁失声喊道:"了不起,你是一个真正的男子汉,一块会说话的钢板!你是一位军神!"教师再问:从这些提示语上,你感悟到什么?学生通过分角色朗读,领悟到刘伯承经受了手术的剧痛还笑着说"我一直在数你的刀数",可见刘伯承多么坚毅顽强!沃克医生吓了一跳及失声喊出的话,则生动地表现了他对刘伯承由衷的敬佩。从而使学生对词语的理解直接切入到文章的中心思想。

二、讨论交流

课堂上,讨论交流的形式是全方位、多方向的,既有教师与单个学生的交流,又有教师与全体学生的交流,还有学生与学生的交流。采用这种形式,可以调动全体学生的学习情绪,活跃课堂气氛,沟通师生的感情,在愉悦适宜的教学情境中大面积、高效率地训练学生的多种能力,提高学生的整体素质,达到学生之间平等竞争、互相启发、共同提高及教学相长的目的。

如一位教师在教学苏教版小学语文第四册《狐假虎威》一文时,讲到"狐狸和老虎一前一后,向森林深处走去……"的时候,提问:狐狸为什么要走在前面?学生对照课文分组讨论后发言,有的说:狐狸要让老虎看看他的威风,所以要走在前面。有的说:不对,狐狸是要借助老虎的威风,所以走在前面。要是让老虎走在前面,就显不出它的"威风"了。还有的说:狐狸要是跟在老虎的后面走,老虎就不相信百兽是被狐狸吓跑的,也就骗不了老虎了。学生们你一言,我一语,把狐狸狡猾的本质揭露无遗,从而统一了师生的思想认识,达到了教学目的。

三、质疑释疑

亚里士多德曾说:"思维是从疑问和惊奇开始的。"古人云:"学起于思,思源于疑。"学生对于课文的语言文字、思想内容或教师的教授提出疑问,通过师生们的共同探讨,不仅可以帮助学生深入理解课文,提高阅读能力,而且有利于活跃学生的思维,促进他们创造性思维的发展,同时也能使教师及时获得信息反馈,使教学的进行更有针对性。

如教学《草原》第一段时,有的学生问道:作者来到草原,为什么一会儿想"高歌一曲",一会儿"又想坐下来低吟一首奇丽的小诗"?这个问题提得有一定深度,但老师并没有急于解答,而是引导学生思考:"高歌"前作者看到的是什么景色?会产生什么心情？后来又看到什么景色？为什么又想"低吟"？如果你处在这样的情境中，会有何感受？学生带着问题细读课文，将心比心，终于体会到作者刚入草原时，看到的是天高地阔的景象，心胸一下子豁然开朗，感情激昂豪放，所以想"高歌一曲"；而当他细览了茸茸碧草，"白色大花般"的羊群和小丘"柔美"的线条时，草原的美景把他带入了真正诗的境界，他此刻的感情细腻而深沉，所以想坐下"低吟"一首小诗。可见作者遣词造句的精妙！这样的质疑释疑，既是知识的传递和作品的赏析，又是作者、教师、学生感情的沟通，增强了教学效果。

四、作业指导

课堂作业是对学生认知水平的检测和教学效果的检验。现在的教学，为了减轻学生过重的课业负担，教师尽量把部分作业安排在课堂教学环节中，无论是书面作业，还是口头的朗读、复述、背诵作业，教师都能巡视指导学生，及时掌握学生学习的实际情况，并当堂给予评价，或面批一部分作业，写上几句富于激励作用的评语。当教师发现带有普遍性的问题时，能及时提醒全班注意，便于提高作业的整体质量，从而提高课堂教学效率。对于学生而言，能得到教师的当面指导，留下的印象更深刻；看到教师的批改，能及时得到鼓励，获得成功的满足，增强进一步学习的信心，同时能迅速纠正作业中的错误，为继续学习扫清障碍。

这样，师生间以课堂作业为纽带，在使教与学的信息相互传递、相互渗透、相互作用的同时，师生的情感也从中得到了交流。

五、态度交往

"态度"是指人的举止神情，态度交往是伴随说话时以人的动作、神态、表情的变化来传递信息的一种无声语言，是一种特殊的信息载体，美国心理学家艾帕尔·梅拉别恩在实践的基础上得出这样一条公式：信息交流的总效果＝7%的文字＋38%的音调＋55%的面部表情。其中教师的神态举止对教学影响的研究，已成为一门新的科学——动觉学。小学生特别是低年级的学生注意力的集中性和稳定性不够强，课堂教学中恰当地使用态势语言来配合有声语言，有着"此时无声胜有声"的效果。教师和蔼的微笑，会给学生以温暖；亲切的目光，会形成和谐的气氛；恰到好处的手势动作，会增加语言的表达效果。例如，教师提出问题，微皱眉头是示意学生动脑筋思考；听了回答，轻轻点头，表示肯定与赞许；而慢慢摇头，则说明尚有疑问，是鼓励学生再深入思考……

有位教师在教学苏教版小学语文第七册《在大海中永生》时，步履缓慢地走进教室，表情庄重而严肃，板书课题缓慢而有力，立刻将学生带入了为人邓小平离我们而去的悲壮气氛之中。可见，教师的神态举止同样可以传递信息，沟通着师生的感情，增强了教学效果。

课堂教学中,师生交往的方式还有很多,但不论何种方式,均应遵循以下原则。

1. 实效性原则。课堂上师生交往的一切活动都应讲究实效。讲究实效的总目的是为了加大课堂容量,提高课时效率。因此,师生交往时,首先,目的要明确,要围绕教学目标,要有助于学生的认知水平并向目标靠近;其次,针对性要强,要结合本课、本班实际进行;最后,要适时转入新的问题,如果对某个问题争论不休或学生的理解达不到教师期望的高度,教师要出面直接解析或留作疑问,课后再议,避免课堂"疲软"。

2. 平等性原则。苏联教育家巴班斯基曾说:"如果没有学生积极地、自觉地学习,任何教也不会产生预期的教育效果。"师生交往中讲求平等的目的就是为了形成民主的教学气氛,全面调动学生的积极性,使学生真正成为学习的主人。因此,教师要自觉地把自己放在与学生平等的地位,坚决杜绝"一言堂",并不因平时学生学习成绩和表现的差异,而在交往中表现出或轻视或重视的倾向,使学生感到教师不公正。

3. 启发性原则。启发学生,首先,要留给学生思考的时间与空间,要允许学生去想。教师不要急于宣布现成答案,那样会限制学生的思维或使学生养成依赖的心理。其次,要给学生提供尽可能多的发言机会。学生发言的过程是进行思维的过程,也是培养和锻炼思维能力、口头表达能力的实践过程,因此,要创造条件让学生多实践,并坚持下去,可以使教学思路流畅,师生默契,高潮迭起。

4. 鼓励性原则。鼓励是指教师在评价学生的发言、作业时,要以肯定、表扬为主,使他们感受到成功的喜悦,从而坚定信心。鼓励的目的是为了保护、巩固学生学习的积极性。当然,鼓励不是迁就,对学生回答中的错误也要及时恰当地给予纠正,提请本人深入思考。经常运用鼓励性原则,可以使学生精神振作,全身心地投入到学习中去,从而获得最佳的学习效果。

(注:本文发表于《连云港教育》2000年第3期。)

情感教育：后进生转化工作的主旋律

学生的发展是参差不齐的，后进的学生是客观存在的。造成学生后进的原因有多方面，但有一点是共同的，就是在他们的心灵中普遍缺乏爱的滋养。转化后进生的方法多种多样，但有一点不能缺失，那就是"爱"。作为教师，应当走进学生心灵，与后进生开展平等对话，激活他们沉寂的心田，唤醒他们自尊的意识，激起他们奋进的脚步，引领他们走出"沼泽"，走进阳光地带。

一、转变观念：心中有爱，目中有人

孩子需要爱的温暖，后进的孩子更需要教师的悉心呵护，他们是班集体中的弱势群体，但他们首先是人，是学生，有对知识的渴望，有被尊重的渴求。他们也希望得到同学的友爱和老师的关心与信任。但由于各种原因，他们落后了，作为一名教师，不能把他们看成没希望、扯后腿的坏孩子而冷落了他们，鲁迅曾说："小的时候，不把他当人，大了以后，也做不了人。"作为教师要时刻记住后进生也是被教育的对象，他们也有享受爱的权利，他们对爱的需求甚至比优等生更迫切、更强烈。当我们面对后进生摇头扼腕的时候，我们应该蹲下来看看学生，回过头心平气和地想想自己，通过他们气人的一面，看到他们的热情上进，看到他们的真善美，看到他们纯洁的心灵。只有在观念上真正确立了这一点，才能在教育教学工作中把他们当成主动发展的人并进行施爱与施教。

教育实践中，有的教师不是把后进生放在心里，而是动辄挂在口头上，肆意羞辱，使得班级的其他学生也认为他们是差生而不愿意与之交往，最后导致这些后进生产生认同感，把自己定位在班级的最底层。如果教师不注意引导，后进生一旦形成思维定式，羸弱的心灵使他们再不敢与老师交流，羞于与同学交往，孤独的阴影笼罩着他们，心灵会自我封闭，长此以往，使转差工作阻力重重。

二、规范言行：提升素养，敬业奉献

"野蛮产生野蛮，仁爱产生仁爱。"只有自己具有美好的心灵，才能使别人的心灵更美好。因而，在教育教学中，对待后进生，要杜绝一切体罚和变相体罚的现象，要求学生做到的，教师首先必须做到，自觉接受职业道德规范的约束，用精深的学问、友好的态度、高尚的品格、浓厚的教学兴趣、适当的情绪表现以及合理的语言与动作为后进生做出榜样。反之，如果教师品德不良、行为不当，或精神不振、心理不健康，没有一种敬业奉献的精神，学生就有可能受到影响，出现不正常的行为表现，比如对学习漠不关心，不思进取，导致先进变后进，后进更后进。著名教育家于漪对事业孜孜以求，特级教师斯霞的"母爱"博大精深，济南市六里山小学提出的"用爱心去塑造，用真心去感召，用榜样去激励，用人格去熏陶"等等，无不是后学者的光辉典范。

三、坚持对话：真情交流，心心相印

从一定意义上说，任何形式的教育都是施教者与受教育者的一种心灵对话。后进生的转化工作更需要在教师与后进生之间搭建一个基于理解、平等、宽容的对话平台，摈弃那种教训与被教训、灌输与被灌输、征服与被征服的单一关系，构建和谐、民主、平等的师生关系，彼此开展真情对话，心灵撞击心灵，达到推心置腹的情感交融，使后进生对教师产生"自己人"的近距离感，愿意把自己的欢乐和痛苦向老师倾诉，这样，教育效果才会凸现，转差工作才能事半功倍。白居易说得好："功成理定何神速，速在推心置人腹。"

没有爱的教育永远不会是成功的教育，对后进生尤其如此。相对于学优生而言，后进生因难于获得教师的爱而总是倍加珍惜，并会成为他们奋发向上的巨大动力。因此，应发动全体学生帮助他们，鼓励他们，创造一个和谐、温馨，充满爱意的、富有凝聚力的集体，使后进生在班级中处处都能体会到关爱，使他们与班级融为一体，解除思想包袱，找回失落的自我，真正由后进转化为先进。

（注：本文发表于《连云港教育》2005年第1期。）

激活想象　引领感悟

——《蚂蚁和蝈蝈》教学案例分析

【背景】

　　心理学研究表明:想象在儿童的学习和思维发展中具有重要作用。爱因斯坦说过:"想象力比知识更重要,因为知识是有限的,而想象力概括着世界上的一切,推动着社会进步,并且是知识进化的源泉。"在小学低年级语文教学中,应通过种种途径给学生插上想象的翅膀,让教学内容与学生的想象世界融合起来,从而使小学语文课堂教学焕发生命的活力。我在教学《蚂蚁和蝈蝈》一课时,注重引导学生在读中感悟,激发学生的想象力,加深了对文本的理解。

【教学片段一】

　　师:(板书"夏天"一词)看到这个词,同学们想到了什么?

　　生:我想到火红的太阳烤着大地,热得我们满头大汗。

　　生:夏天太热了,太阳把树叶都晒蔫了,我只想躲在空调房间里吃冰棒。

　　师:夏天真热,谁能读好文中第一句话,读出夏天的热(指名读)。

　　师:夏天这么热,可是一群蚂蚁仍在烈日下搬粮食呢!请用你的朗读,让大家一听就明白蚂蚁是怎样搬粮食的(指名读第二句话)。

　　师:听出蚂蚁是怎么搬粮食的吗?(生答师板书:背、拉。)

　　师:看着插图展开想象:蚂蚁还会怎么搬粮食呢?

　　生:蚂蚁还会抱着粮食回家。

　　生:要是粮食太重,蚂蚁抱不动,它会和别的蚂蚁一起抬着走。

　　生:聪明的小蚂蚁还会把粮食滚着回家。

　　师:大家的想象力真丰富!你们能照着课文句式说话吗?

　　夏天真热。一群蚂蚁在搬粮食,他们有的(　　　　),有的(　　　　),个个满头大汗。

　　师:能表演出蚂蚁搬粮食的情形吗?(一群"小蚂蚁"上台,先商量一下各自搬粮食的方式,再表演。)

　　师:我是中央电视台的记者,现在要作一个现场采访。(转向表演中的"蚂蚁")小蚂蚁们,你们好!夏天这么热,你们为什么还要搬粮食?

　　生:我们在准备过冬的粮食。夏天食物充足,我们吃不了,就把它搬到洞里,贮藏起来,留着冬天吃。

师：等天气转凉了,再搬不行吗?
生：不行呀!我们现在不搬,冬天就没吃的了,我们会饿死的。
师：同学们,你觉得这群蚂蚁怎么样?
生：他们勤劳能干。
生：他们能吃苦,不怕热。
生：他们是一群有打算的蚂蚁。
师：让我们一起朗读第一自然段,读出你对蚂蚁的佩服。

【评析】

李吉林老师说过:"言语的发源地是具体的情境,在一定的情境中产生语言的动机,提供语言的材料,从而促进语言的发展。"以上教学片段能紧扣文本,创设情境,把学生带进炎热的夏天,观看蚂蚁搬粮食,并引领学生补充想象蚂蚁搬粮食的多种方式。学生读着想着,头脑中逐步产生一幅幅画面,文中的语言文字就转化为学生的思维材料。通过表演,学生感同身受,老师创设的记者采访镜头,使他们在接受采访时,一下把自己当成了一只只活生生的小蚂蚁了,所以讲得真切,演得生动。"春江水暖鸭先知",体验是学生增长知识、产生灵性、激发创新意识的沃土,借助学生已有的生活经验,让学生读读、想想、说说、演演,创设了丰富多彩的教学情境,符合儿童认识规律和年龄特点,有助于激发学习兴趣,发展思维,促进对语言的感悟。

【教学片段二】

师：正当蚂蚁忙得满头大汗时,另一种动物蝈蝈又在干什么呢?请通过你的朗读,清楚地告诉大家(多名学生朗读后,生回答问题)。
师：看图上蝈蝈正躲到大树下乘凉,真是——
生：(接)自由自在。
师：生活中,你会自由自在干什么呢?
生：星期天,我写完作业就自由自在地玩。
生：下课了,我们自由自在地做游戏。
生：过年了,我自由自在地看电视。
师：长时间看电视会影响视力,可要保护眼睛哟!
师：蝈蝈自己不干活,还取笑蚂蚁是傻瓜,想象一下蝈蝈会怎么取笑蚂蚁。
生：大家快来看哪!这么热的天,蚂蚁还在干活,真傻!
生：这群蚂蚁也真是,大热天,搬什么粮食,自讨苦吃。
师：听了蝈蝈的话,蚂蚁会怎么做、怎么说?
生：蚂蚁不理睬蝈蝈,继续干活。
生：有一只蚂蚁会放下粮食,一边擦汗一边说:"现在你们只知道玩,冬天吃什么?快来和我们一起准备冬粮吧!"

三、精神牧场：品读生命的气息

生：你们只知道享受,冬天就等着挨饿吧!

师：我想也许有一只老蚂蚁会这样教育蝈蝈:"孩子们,你们听说过这样几个成语吗?"(挂出成语:人无远虑,必有近忧。有备无患,防患未然)人若没有长远打算,不久就会出现忧愁的事。在坏事发生之前,应多做准备,防止它的发生。"(师带读几遍成语,生齐读。)

【评析】

本教学片段能图文结合解读课文,注意加强语言文字的训练,引导学生联系自己的生活实际,用"自由自在"练习说话。同时,通过合适的拓展,激活学生想象:蝈蝈会怎么取笑蚂蚁?蚂蚁又会怎么做、怎么说?唤起了学生的情感体验,调动了学生的思维积极性,营造了一种人人动脑、动口的学习氛围,把信心和快乐送给学生,让学生走进文本,享受到学习的乐趣。此处阅读教学能巧妙地结合练习中将要学到的成语,前后呼应,彼此解释,并灵活运用教材的前后联系,促进学生对语言的感悟,增加了语言积累,使教学收到事半功倍之效。

【总评】

一、以读为主,拓展学生想象和创造的空间

在教学中,授课老师留出充足时间让学生读书,感悟文本,做到点拨恰到好处、朗读指导不露凿痕,没有重音、停顿的要求,而是指导学生凭自己对文本的理解用心读出感觉,读出夏天的热,读出蚂蚁是怎么搬粮食的,读出自己对蚂蚁的佩服,以及读出蝈蝈在干什么,表现出蝈蝈的自由自在,等等。这样,充分体现了"语文学习重情感和感悟的特点"。

"想象是创新的基础,要把学生培养成为创新人才,就必须让他们学会想象。"在学生的心田里播撒创新的种子,激发和利用学生的想象力,是新时代赋予我们的责任。学生的想象力有赖于教师的发掘和培养,我们要努力让学生展开自由想象的翅膀。为此,教师在课堂上注意对文本的补充,设计了一些富有启发性的问题,让学生感受到夏天的炎热和蚂蚁搬粮的辛苦,以及蚂蚁搬粮方式的丰富多彩。学生也能想象出蝈蝈如何取笑蚂蚁,以及蚂蚁相应的反应,从而大大丰富了学生的思维和想象空间,充实了课文内容,加深了学生对文本的理解,并受到了审美教育,为把学生培养成为创新人才打下了基础。

二、以生为本,改变阅读教学的方式

阅读教学改革的重点是改变阅读学习的方式。教学中要充分考虑到学生是学习的主人,他们有自己的感官、自己的头脑、自己的喜好。教师不可能代替学生读书,代替学生感知,代替学生观察、分析、思考,教师只能通过引导、点拨,让学生自己读书、感悟、分析、思考,从而使他们自己明白问题,掌握知识。

教学中，教师要努力为学生营造一个宽松、民主、开放的学习氛围，与学生平等对话，师生互动，生生互动，尊重学生的个人感受和独特体验。在这样的情境下，学生的思维不停地跳跃，情感不断地激荡。随着心灵的放飞，书本中原本一个个平面的形象都栩栩如生地展现在学生的眼前。当学生畅所欲言时，当学生登上"舞台"表演时，当学生接受"采访"、答"记者"问时，他们成了课堂的主人，感觉不出自己是在课堂上学习，而是感觉在活动、在玩耍，他们在乐中学、学中乐。事实证明，我们的教育只要适合儿童，他们就会忘我地活动和游戏，忘我地学习。

（注：本课时由赣榆区实验小学王波老师执教，本书作者点评。）

三、精神牧场：品读生命的气息

片片落叶情

——《秋姑娘的信》教学案例分析

【背景】

秋风起了，天气凉了，校园里到处飘落着枯黄的梧桐树叶。

上课的铃声响了，学生们大都立刻雀跃着钻进教室，跟着值日班长唱起拍手歌："铃声响，进课堂。把嘴闭，坐端正。放好书，来听讲。"教室外，竟然留下几个不和谐的音符——几个调皮鬼还在尽情地捡着梧桐树叶。

【情境描述】

我站在教室门口，满脸怒色地等着、等着……当那几个学生回过神来，发现情况不妙，急急忙忙往教室跑来。望着学生们紧张要命的模样，我忽然冷静下来。学生有错吗？他们对自己感兴趣的事情常常会痴迷到忘记一切，这是很平常的现象，如果换个角度看，这恰恰说明了学生们对落叶产生了浓厚的兴趣，说明他们想更多地了解大自然，接近大自然，观察大自然。如果我严厉训斥并制止他们，会对他们那颗对任何事物都充满兴趣的幼小心灵带来怎样的伤害呢？转念一想，这节课仍学《秋姑娘的信》一课，书后就有这么一项作业："采集几种落叶，说说它们的形状和颜色。"何不就地取材？于是，我心平气和地对匆匆赶来的学生说："你们这么喜欢落叶，那就向大家介绍一下它们的形状和颜色吧！也让同学们跟你们一样喜欢。"听我这么一说，学生们顿时来了精神，举着手中的落叶，抢着向大家介绍起来，好像这些落叶成了他们的战利品。听得在座的学生们蠢蠢欲动，巴不得也去捡几片落叶炫耀一下。于是，我趁热打铁，布置大家课后多采集几种落叶，观察后说说它们的形状和颜色，可以说给家长或小伙伴听，学生对待此项作业的兴趣很高。

"树叶怎么会纷纷落下了？"

沉默一会儿，学生陆续举手回答。有的学生竟讲出有关落叶的科学常识，有的学生得意地说："落叶是被秋姑娘摘下来给她的好朋友写信的。"这样便很自然地引入本课阅读教学："这节课我们就来仔细读读秋姑娘的信。"细读课文后，学生知道秋姑娘在信里叮嘱大雁南飞时要"多加小心"，叮嘱青蛙冬眠时要"盖好被子"，要松鼠"快准备食品"，要山村孩子给小树披上"冬衣"，体会到秋姑娘对好朋友无微不至的体贴和关心。这时我根据体会稍做引申设疑："秋姑娘还会给哪些好朋友写信，都写些什么呢？"一石击起千层浪，学生发散性思维被激活。他们抢着回答问题，全班六十多名学生，一时招架不了。我就让学生在小组内交流，然后请他们把秋姑娘的信用拼音写出。

下午上课前，我的讲台上竟出现几封落叶信，看着学生用水彩笔在落叶上写有或祝福或关心的话语，我深深地感受到：片片落叶，寄托了学生对老师的浓浓深情！

【评析】

教学工作中，学生"违规"现象经常会使老师感到烦恼，特别是影响教学秩序的事。然而冷静一下，老师却能够开发出新的课程资源。文中的现象很典型——小孩子对自己感兴趣的事常常痴迷到忘记一切，那么，如何看待他们痴迷的事情并且将其利用起来，作为新的课程资源加以开发利用，这就是教育艺术了。

学生是语文学习的主人，对于一年级新入学的学生来说，兴趣是其主动学习的前提。因而，我十分注重对学生好奇心和求知欲的激发，本次教学活动中，能将学生们的兴趣和"违规"现象与他们的学习发展联系起来，因势利导，利用学生的兴趣和"违规"现象来促进学生的自主发展。这次教学事件的处理使我深刻明白：从学生们感兴趣的事情中去分析、开掘课程资源，巧妙地加以利用，能够更好地促进学生的健康发展。

班上的邹同学属于那种学习不是特别突出，然而绝对称得上优秀的学生。我原以为这样一名学生应该对自己的学习很有信心，可是我发现连续几次的自评他一直都自评"良好"，以我眼光来看，很多次都称得上优秀的，是他对自己缺乏信心，还是对自己要求过高呢？

于是我与他进行了一次面对面的交流。通过交流我才知道，他觉得前面每次老师都给他"良好"，所以他不敢自评"优秀"，我发现这个学生对自己极自信，同时我也发现，当我的评价与他的自评有了一定差距的时候，我有责任帮助他们了解产生差距的原因，重新审视自己，实事求是地作出自我的评价。我告诉他，只要自己感到比上一次做得好，就可以自评"优秀"了。在以后的几次作业中，我及时地参与到他的作业评价中，和他一起找优点，改缺点，一段时间后，他的自信心明显增强了，再自评时也就客观多了。

经过这件事，我感触很多，我得到以下的两点启示。

1. 自评——学生展现情感的舞台

随着新一轮课程改革的实施，学生在学习中的主体地位已越来越明显，教师用作业评价学生的"一言堂"的做法已经不能适应课程改革的发展了。而自评作业是

三、精神牧场：品读生命的气息

一个舞台，一个学生展现自我情感的舞台，通过自评，学生的思想情感在此有了反映，它使原本深藏在学生心中的情感以书面的方式展现出来，虽然这种书面的展示是那么单薄，但它毕竟是一条线索，抓住它，教师才有可能深入下去，从而真实地把握学生的情感波动。

2. 交流——教师把握学生情感波动的武器

如果说只有学生自评而没有师生间的交流，那么自评作业就仅仅是一种形式了。当学生的情感呈现在书面的自评中时，教师如何抓住这条线索深入下去呢？我觉得交流不失为一种很好地把握学生情感波动的武器。只有教师真正成为学生最忠实的学习伙伴，从居高临下的强势位置上走下来，走到与学生平起平坐交流的关系上，你才能真正地在交流中把握学生情感跳动的脉搏，才能真正地了解他们，帮助他们，和他们共同进步。

（注：本案例由本书作者与赣榆区实验小学王波老师合作完成。）

附：

温柔的"班头"

连云港市青口中心小学五（1）班　李艾

我的语文老师是徐老师，她个子不算高，但身材非常匀称，具有东方人的那种神韵美。徐老师一头短发，圆圆的脸庞上，架着一副象征着智慧的眼镜。她每天身穿休闲装，足登运动鞋，走路总是悄无声息的。每次徐老师出现在教室的后门或是窗口，当我扭头发现她的时候，心里总是一激灵——老师什么时候来的？还好我的表现不错！时间长了，大家对那扇门和窗户充满了敬畏感，它们似乎代替了徐老师，时刻在督促着大家学习。

徐老师不仅知识渊博，而且管理班级有方，"文明班级"的锦旗几乎成了我们班的"常驻大使"，为此大家背地里都喜欢叫她"班头"。但在我心里，徐老师最大的特点是温柔，是我们所有同学的知心朋友。

记得去年夏天，我转到了这个学校。陌生的班级、陌生的同学和老师……一切都是陌生的。上第一节课，我就感到手足无措，心里忐忑不安，紧张到把手指都扣在了一起。此时一个温柔的声音将我拉了回来："李艾同学，你来回答这个问题，好吗？"我站了起来，支支吾吾地说出了自己的想法，老师说："你的想法很不错，大家给李艾同学鼓鼓掌!"霎时间,班级里响起了雷鸣般的掌声,那掌声大得仿佛连全校师生都能听到。我的心已经被徐老师温柔的话语所融化!

　　这就是徐老师,一位温柔的"班头",也是我的良师益友,我前进道路上的引路人。那一次的温柔,至今仍让我记忆犹新。

　　(注:本文发表于《赣榆教育·读写月报》2023年5月28日第3版。指导教师:徐艳。)

在回环往复的吟咏中升华情感

——《清平乐·村居》教学感悟

《清平乐·村居》这首词,作者通过对农村清新秀丽、朴素恬静的环境描写,以及对翁媪及其三个儿子形象的刻画,抒发了他对农村安宁平静生活十分喜爱的思想感情。

这节课,笔者带领学生走近辛弃疾,走进宋词,感受这朵艺术奇葩的独特芬芳。在具体的教学活动中,笔者着重从以下几方面对学生加以指导。

一、互助学习,感知节奏美

《清平乐·村居》这首词,对于五年级的学生来说,比较通俗易懂。课前,笔者布置学生借助学习单自主预习。课上,笔者首先引导学生在小组中汇报自己在预习中的收获及产生的问题,让生生之间得以有效互动。紧接着,引导学生在全班进行汇报交流。交流主要从以下几个方面进行:第一,展示课文的朗读情况。在学生朗读的过程中引导学生去发现词的押韵,并且指导学生读出词的节奏感。第二,说说自己理解的词语。整首词比较通俗易懂,个别词语,比如"翁媪""无赖"等,学生课前通过查工具书也理解了词语的意思,笔者适时点拨学生,引导学生知道古代有许多词的意思到了现在就发生了很大的变化,知道古今词义的差别,在理解课文的关键词时,还应该联系实际情况。第三,引导学生把对这些字词的理解带到整首词中,用自己的话说说这首词的意思。因为学生对于词语的理解已经做足了功课,因此,这一环节的教学也就水到渠成。

二、反复吟诵,感受语言美

《小学语文新课程标准》要求:"诵读优秀诗文,注意通过诗文的声调、节奏等体味作品的内容和情感。"在教学中,笔者把朗读作为一根主线贯穿始终。初读阶段自由读、个别读、齐读、教师范读、全班读,读出词的韵律和节奏,充分让他们感受词的韵律美和节奏美;细读阶段边理解边朗读,头脑中浮现出清新的农村景象,感受农家生活的祥和与宁静。在反复吟诵的过程中,对不同的朗读任务提出了不同的要求。让学生在读中思考,在读中讨论,在读中探究,在读中感悟。这样,使得课堂上的朗读指导更有针对性,进而提高了朗读的实效,同时达到了熟读成诵的目标。

三、词画结合,领悟意境美

启发学生们的联想和想象,是为了教会他们挖掘词的意境。引导学生从词到画,由抽象到形象,这样就可以栩栩如生地感受词的意境,受到美的熏陶,培养学生感受美和创造美的能力。教学时,笔者抓住"词中有画,画中有词"的特点,把"词"与"画"结合起来进行教学。笔者让学生在读懂了词意的基础上,借助课文插图,在想象中朗读,在朗读中想象,使文中之境成为学生心中之境,口中之言。比如,引导学生读"茅檐低小,溪上青青草"一句时,笔者适时引导学生:"欣赏美景不仅仅要用眼睛看,还要学会用耳朵听,要用心去想一想:你仿佛还看到了什么?"从而引导学生深入体会词中的意境之美。

四、了解背景,体会情感美

词是作者情感的载体,引导学生体会词的情感是教学的重点,也是难点。充分利用词的写作背景,让学生对作者的处境以及心态等情况有所了解,再结合词中的句子体会情感。在教学中,笔者让学生结合辛弃疾的写作背景思考:他为官多年,看到过高堂广厦、锦衣玉食的生活。为何对这种农家生活如此向往,如此陶醉?他最渴望的是什么?学生从资料中了解了辛弃疾当时所处的环境,这样一来,学生理解了词人辛弃疾为何如此向往农村生活,渴望像普通人一样过上像词中老夫妻一家那种"心安茅屋稳,性定菜根香"的幸福安宁日子,很容易体会到作者深深的爱国爱民的情感。

作者在上课

三、精神牧场：品读生命的气息

总之，这节课，笔者尽力营造一种宽松和谐、自主探究的学习氛围，用自己的热情来感染、带动学生，不失时机地赞赏学生。积极有效的引导，让学生体会到学习语文的成就感，感受到诗词的独特魅力。在今后的教学中，笔者一定会不断学习、不断实践，让教学更优化，以此取得更好的效果。

（注：本书作者执教该课时获评江苏省中小学教研室小学语文优质课二等奖。）

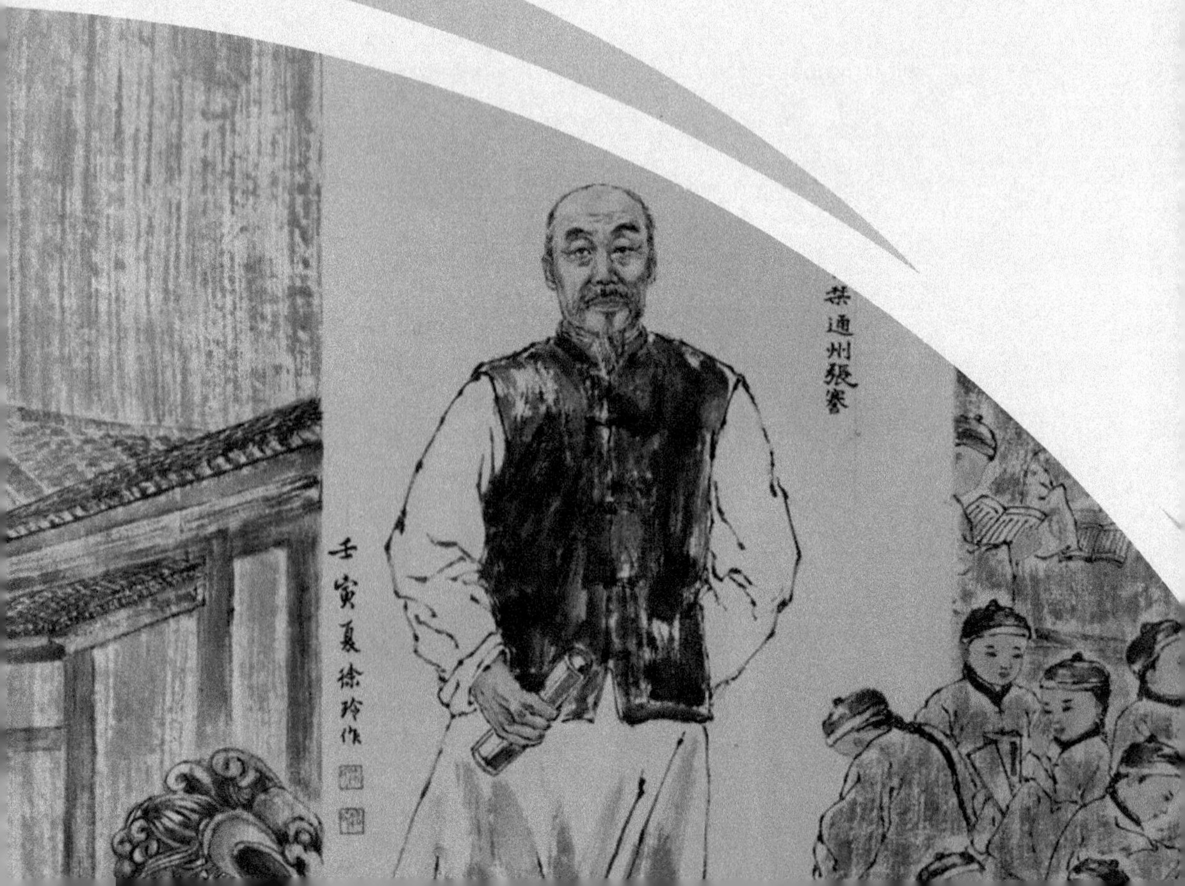

通州張謇
壬寅夏徐玲作

四

素养高地：品读童年的色彩

"基于PBL教学模式下小学语文主题习作教学的实践研究"课题开题报告

连云港市赣榆实验小学　祁丽朵
连云港市青口中心小学　谭鑫之

一、课题的研究背景及意义

（一）课题的提出

PBL，指的是"基于问题"的学习或者是"基于项目"的学习。在教育的过程中，我们逐渐发现擅长记忆多少信息并不重要，能够根据真实世界中的真实问题去获取信息、协同他人、解决问题，在这个过程中真正认识自己、了解社会，并掌握终生学习的能力，这些才是教育的重点。PBL教学模式具有强大的理论基础，它以问题的创设和问题的解决为主要形式，是一种比较成熟的、行之高效的教学方法。这也是PBL的教学模式日渐被人们所认同的原因。

面对当前"学习任务群"的教学新走向，如何科学高效地实施习作教学，落实、内化单元语文要素？基于这个问题的产生，我们提出了本课题"基于PBL教学模式下小学语文主题习作教学的实践研究"。

（二）研究现状

提出课题以后，我们通过各种途径，搜索相关的文献资料，发现了以下相关的理论观点。

1. 以"PBL教学模式""习作"为关键词搜索，共搜索4篇类似文章

谢彩凤提出：学生若能经过亲身经历，能够把自己的思想观念、意识形态和生活体验贯穿于写作的整个过程中，这样的习作，更能体现深刻的真情实感。曾海玲建议用项目化学习与游戏化思维重构语文课堂，站在学生学的角度来设计学习活动，让学生在一个真实问题所产生的内驱力中，用类似于专家解决问题的方式，让学生经历一个真正的探究过程，一个完整的习得过程，并通过支架的搭建、资源的整合，主动发现或积累新的知识经验。两位专家都强调了问题式情境、项目化学习对习作教学的重要性。

2. 以"语文主题习作"为关键词,搜索到相关文章 96 篇

其中王旭卿认为,要"分析任务语境,激发习作动机""转化生活经验,生成习作内容""丰富语文经验,训练表达技能";詹静认为,整合资源提炼习作主题,多维实践促进师生发展,深度研讨夯实教研成果是主题作文具体的研究策略;董会慧认为,"学科融合"视角下的小学主题式习作教学,淡化文体的特点,以自由开放的形式适时训练,实现了写作内容的序列化、写作知识的结构化,从而达成了学生思维品质的进阶。

赣榆实验小学"立新课堂"倡导以真实问题与任务,组织学生互动探究,开展合作式学习、探究式学习、论证式学习。教师为学生提供必要的方法指导和材料支撑,引导学生解决真实情境中的问题,提升学生的高阶思维能力。

在以上理念的指引下,我们有了较为科学的认知,这些也为我们课题的研究提供了有力的参考。

(三)课题的研究价值

然而,我们从中也发现了现有研究主题习作的领域,主要侧重单元主题进行习作教学、学科融合式的主题习作教学,所涉及的内容,仍以单个的课例、单个的单元为主,缺少从语文要素的角度进行主题习作教学方面的实践研究。在学校校本课改理念的指引下,我们对习作教学进行了深层次的研究,发现了更加适用于习作教学的"PBL 教学模式"。在此基础上,我们做了深层次的思考,提出了 PBL 教学模式下的主题习作教学,主要体现了以下三点研究价值。

第一,凸显"语文要素"主题,基于习作能力的序列,形成习作要素的图谱,从易到难,循序渐进,促使学生习作素养更好地提升。

第二,通过习作过程的项目化、活动化,学生在问题驱动下,借助课内外多种渠道,打通习作与自我、习作与自然、习作与生活的通道,提升了学生习作生活的幸福感。

第三,紧密结合生活实际,营造特定的写作情境,促使学生在生活中发掘写作素材,展开丰富想象并尝试创造。学生在习作中不断拓展思路,发挥主观能动性,进而不断提高习作创新能力,写出层次鲜明的习作内容。

学生张芷菡发表的习作

二、课题的核心概念及其界定

（一）课题核心概念的界定

1. PBL 教学模式

PBL 教学法以"以学生为中心，以问题为基础"，通过采用小组讨论的形式，学生围绕问题独立收集资料，发现问题、解决问题，培养学生自主学习能力和创新能力。

PBL 教学法强调以学生的主动学习为主，强调以问题解决为中心，多种学习途径相整合，强调社会性交流合作的作用，强调支持与引导等，强调把学习设置到复杂的、有意义的问题情景中，通过学习者的合作来解决问题，从而学习隐含在问题背后的知识，形成解决问题的技能和自主学习的能力。

2. 主题习作

部编版小学语文教材中每个单元的习作教学部分，一般都是围绕单元主题而设计，即单元主题习作。主题习作也是单元语文要素的落实点，它以单元主题为基础，遵循小学生习作的一般规律，尊重小学生的心理认知特点，落实、内化单元语文要素。

（二）课题的界定

"基于 PBL 教学模式下小学语文主题习作教学的实践研究"，是在小学语文主题习作教学过程中，教师创新主题习作的教学方式。把握编者意图，梳理、解构语文要素，策划创设问题情境，启发引导学生充分参与自主探索，激发学生积极参与言语实践活动；学生通过问题驱动，进行探究性、合作性学习，搜集相关习作素材、理清习作思路，创作出属于自己的主题习作。

（三）核心概念再认识

经过这段时间的研究，我们发现问题或项目的本身能够激发学生去体验生活、查找信息，并能学习关于此问题的知识和结构，以及解决问题的方法，因此，对于课题概念我们重新界定。

本课题研究，创新主题习作的教学方式，建设开放的习作学习空间，激发学生探究问题、解决问题的内部动机，通过主题习作的任务驱动，引导学生在多样的日常生活场景和实践活动中搜集整理习作素材、理清习作思路、进行创造性表达。在自主探索过程中，建构宽厚而灵活的习作基础，发展学生习作的技能，学会自由生动地表达。

三、课题研究的理论依据

（一）PBL 理论

问题是课程的组织中心，它们往往没有简单、固定、唯一的正确答案，但能激起学生探索、寻求解决方法的欲望，激发学生的思维；学生是致力于解决问题的主体，他们识别问题的症结，寻找解决问题的方法，并努力探求、理解问题的现实意义，构建并重构自己的知识，成为自主的学习者；教师是学生解决问题时的学习伙伴、指导者，他们要努力创造出一种支持开放性探究学习的环境，给予学生适时适量的指导。

（二）新课标理论

《义务教育语文课程标准（2022 年版）》提出："义务教育语文课程内容主要以学习任务群组织与呈现。设计语文学习任务，要围绕特定学习主题，确定具有内在逻辑联系的语文实践活动。语文学习任务群由相互关联的系列学习任务组成，共同指向学生的核心素养发展，具有情境性、实践性、综合性。"

四、课题研究目标与内容

（一）研究目标

1. 从"教"的角度，探索总结 PBL 教学模式下的小学语文主题习作教学策略，形成系统科学的主题习作教学策略体系。

2. 从"写"的角度，探索总结 PBL 教学模式下的小学语文主题习作方式与路径，形成主题习作如何"写"的序列。

3. 研究 PBL 教学模式下主题习作评价的标准，对主题习作的过程进行积极评价，形成科学的评价形式和方法，创立主题习作评价方法体系。

（二）研究内容

围绕研究目标，本课题研究有以下主要内容。

1. 基于 PBL 教学模式下的主题习作情况调研。对实验班学生进行"习作满意度测验""习作幸福感测验"，做好研究的调查和数据的搜集工作，研究 PBL 教学模式对学生主题习作过程的影响。

2. 基于 PBL 教学模式下的主题习作目标的厘定。厘清部编版小学语文三至六年级语文要素体系，研究不同年级语文要素的特点，细化不同年级的主题习作目标，形成语文要素与主题习作目标序列。

3. 基于 PBL 教学模式下的主题习作教学策略的研究。围绕 PBL 教学模式下的主题习作教学目标，利用每周的习作课，开展教学实践，转变教学理念，创新教学方式，研究形成科学的教学策略。

4. 基于 PBL 教学模式下主题习作的方式研究。做好主题习作教学中的个案研究。聚焦学生"如何写"的研究，探索总结多样、高效的主题习作方式，用以指导学生习作。

5. 基于 PBL 教学模式下的主题习作评价研究。探索总结 PBL 教学模式下的小学语文主题习作教学的评价手段，对习作教学的取材、立意、构思、起草、修改等环节进行积极评价，构建较为科学的主题习作管理、评价机制，达成语文要素培养目标，提升学生的习作水平。

五、课题研究思路与方法

（一）研究思路

遵循目标明确、方法科学、循序渐进的原则，指导学生对主题习作进行过程性体验,细化教学环节和流程的内部层次,设计真实的写作任务和情境,激发学生的写作动机和兴趣,行之有效地解决"写什么""怎么写"的问题。通过实际观察,并进行深层次分析,由表及里,将个案进行分类整合,找出共性及个性,及时总结反思,得出结论。

(二) 研究方法

文献研究法:搜集与"PBL 教学模式"有关的教学文献资料,进行分析研究;选择与语文要素和主题习作教学相关的理论书籍,进行研究思考。

调查法:采用问卷调查法、测验法,了解习作教学的现状和习作的幸福感等因素。在课题研究实践的过程中,对实验班级教师学生再次进行调查,了解课题研究实践给课堂带来的变化情况。

观察法:观察并记录教师在教学各个环节的实施策略和学生在学习过程中的相应变化。对课题教学个案进行切片式的细致观察和分析,根据实际情况调整研究内容,为课题研究提供保障。

行动研究法:在自然、真实的教育环境中,本课题组成员按照既定的目标实施,综合运用多种研究方法与技术,探索主题习作教学的推广路径。

案例研究法:通过对大量教学案例的筛选和分析提炼。通过同课同构的方式不断改进课堂教学,课后进行问卷测试,不断总结经验和规律,探索更为有效的教学方法和途径,提炼形成研究结论。

六、研究的计划进度及预期研究结果

(一) 计划进度

本课题预计自 2021 年 10 月开始启动,于 2023 年 9 月完成,具体实施步骤如下:

第一阶段(2021 年 10 月—2021 年 12 月):规划设计阶段。

1. 组建课题组,确定子课题组长和人员(负责人:祁丽朵)。

2. 文献阅读,搜集与本课题相关的文献资源,研读主题习作原理,确定本课题的研究方向与研究范围。我们搜集并阅读了大量的理论书籍和文章,如《真实的幸福》《活出乐观的自己》《认识自己,接纳自己》《教出乐观的孩子》《持续的幸福》等,观看、聆听了相关的专题讲座,了解了该领域课题研究的现状(负责人:祁丽朵及课题组所有成员)。

3. 设计课题研究计划、方案,确定目标、内容、措施、方法等(负责人:祁丽朵),

各子课题组结合总课题实验方案制订子课题的研究计划(负责人:课题组各成员),报省教科所审批、立项(负责人:祁丽朵)。

第二阶段(2022年2月—2023年5月):研究阶段。

1. 现状调查分析:明确课题分工,确定研究对象。对两所学校360名学生和80名教师通过调查问卷的形式,了解学生、教师对作文的兴趣及习作课堂教学现状,对实验班学生做了问卷调查和心理检测,搜集了大量的数据,并根据调查的数据整理和分析小学语文习作课堂教学目前存在的问题,以期找到切实有效解决问题的办法和策略(调查问卷负责人:赣榆实验小学万秋 青口实验小学王颖)。通过对中高年级语文教师的访谈,客观、真实地得到现实条件下主题习作教学存在的问题,以及对习作教学现有的教学方式方法的思考,以便为进一步研究找到提升点(访谈负责人:赣榆实验小学李艳青 青口实验小学董淑贵)(2022年2月—2022年3月)。

2. 实验班教师根据自己年段的特点和自己的研究特长,寻找研究突破口,以子课题的研究为抓手,形成自己的特色课程(2022年4月—2023年3月)。

各子课题制订个性研究方案,通过学生实践情况进行分析,再结合课题研究目标,调整研究方案,针对学生个性发展需要,进行有效指导,然后将经验总结、记录,形成有价值的文字。

3. 定期进行课堂观察,做好案例、数据的积累(负责人:各子课题负责人)(2022年4月—2023年3月)。

4. 定期开展课题研讨学习活动。课题组定期开展教育研讨活动和网络教研,不断加强课题组教师资格培训。定期组织课题研究沙龙、课题研究过程性汇报等(2022年4月—2023年3月)。

5. 通过在区、市等区域开设公开课和讲座,推广阶段性成果,总结规律,形成阶段性研究报告(2023年2月—2023年5月)。

第三阶段(2023年5月—2023年9月):总结阶段。

1.收集整理实验阶段的资料(教学案例、教育个案、优秀论文、视频录像等)。

2.进行数据统计分析,撰写研究报告或论文,做好结题工作。

3.通过专家评估验收,结题。

4.召开课题成果推介会,推广课题实验成果。

（二）预期研究成果

课题预期研究成果一览表

	成果名称	成果形式	完成时间
阶段成果 （限5项）	"基于PBL教学模式下的主题习作教学实践研究"课题研讨课	光盘	2022.10
	"基于PBL教学模式下的主题习作教学实践研究"阶段性报告	研究报告	2022.11
	"基于PBL教学模式下的主题习作教学实践研究"课题研究论文	论文	2022.12
	"基于PBL教学模式下的主题习作教学实践研究"教学案例及反思	案例反思	2023.03
最终成果 （限3项）	"基于PBL教学模式下的主题习作教学实践研究"课题论文	论文	2023.06
	"基于PBL教学模式下的主题习作教学实践研究"课题案例集	案例集	2023.07
	"基于PBL教学模式下的主题习作教学实践研究"结题报告	结题报告	2023.09

七、课题组织结构及成员分工

（一）课题组织结构

本课题可分为PBL教学模式下主题习作的教学策略、学习方式、教学范式、习作评价、资源开发与运用等几个方面，为此把本课题分解为五个方面的研究活动。

1. 基于PBL教学模式下的主题习作教学策略的研究；
2. 基于PBL教学模式下的主题习作学习方式的研究；
3. 基于PBL教学模式下的主题习作教学范式的实践研究；
4. 基于PBL教学模式下的主题习作评价的实践研究；
5. 基于PBL教学模式下的主题习作资源开发与运用研究。

（二）课题成员分工

课题主持人祁丽朵、谭鑫之负责研究活动的设计和实施。具体工作有：课题的整体规划，组织学习课题相关理论并进行梳理，列出习作训练的目标序列和内容序列，负责课题实施过程的指导和总结。

秦艳：连云港市兼职教研员，正高级、特级教师。指导课题研究和负责课题管理分工。

刘翠娟：赣榆区名师，赣榆区兼职教研员，曾获省教学基本功比赛二等奖，中学高级教师。负责开展习作健康课堂和习作健康评价研究并进行个案研究记录。

王玉兰：连云港市学科带头人，中学高级教师。负责开展基于 PBL 教学模式下的主题习作教学范式的实践研究并进行个案研究记录。

李秀平：曾获连云港市基本功比赛一等奖，小学高级教师。负责在中年级开展基于 PBL 教学模式下的主题习作学习方式的研究并进行个案研究记录。

王菲：连云港市骨干班主任，曾获市青年教师优秀课一等奖，小学高级教师。负责开展基于 PBL 教学模式下的主题习作教学范式的实践研究并进行个案研究记录。

李艳青：曾获连云港市语言文字教学能力大赛一等奖、区教学基本功比赛一等奖，小学高级教师。负责研究习作过程中学生积极情绪和优势的具体内涵，探寻学生在习作过程中的积极情绪和优势的培养途径和方法，开展习作健康课堂和习作健康评价研究，制定更具体的"主题习作健康评价"标准并进行个案研究记录。

万秋：连云港市语文骨干教师，曾获区基本功比赛一等奖，小学高级教师。负责在中年级开展日记中改革评价方法的研究，并进行个案研究记录；开展班际"漂流评"、教师团队和家长团队网络评价实践研究，研制"主题习作健康评价"的标准，并进行个案研究记录。

董淑贵：连云港市语文骨干教师，曾获区教学基本功比赛一等奖，小学高级教师。负责在高年级开展基于 PBL 教学模式下的主题习作资源开发与运用研究。

王颖，曾获连云港市赣榆区基本功比赛一等奖、市教师研究能力大赛一等奖，一级教师。负责在中年级开展基于 PBL 教学模式下的主题习作资源开发与运用研究。

课题研究分工情况见下表：

课题研究分工表

研究工作内容	负责人
课题研究活动的设计和实施	祁丽朵、谭鑫之
指导课题研究和负责课题管理分工	秦艳
基于 PBL 教学模式下的主题习作教学策略的研究	祁丽朵、刘翠娟
基于 PBL 教学模式下的主题习作学习方式的研究	秦艳、李秀平
基于 PBL 教学模式下的主题习作教学范式的实践研究	王玉兰、王菲
基于 PBL 教学模式下的主题习作评价的实践研究	李艳青、万秋
基于 PBL 教学模式下的主题习作资源开发与运用研究	董淑贵、王颖

提质增效："双减"背景下的教学行为转向

百年老校青口小学，经过多轮办学结构的调整，建立新的发展模式。特别是近年来，在"双减"背景下，学校根植"选青"文化，赓续红色基因，重新定位发展目标，创新实施"减负增效"工程，落实"双减"政策，转变教学行为走向，实现四个"提质"，全面赋能学生健康成长，助推教育事业高质量发展。

作者在作讲座

一、绘制"选青"课程新图谱，助力课程提质增效

课程是学校育人的载体，是兴校之源。我们着力加强课程领导力建设，推进研发"选青"课程行动，完善课程体系，丰富课程内涵，提升教育品质。

1. 加强课程领导力建设，规范课程实施

大力推进"教育部学校课程领导力建设实验项目"，制订学校课程实施方案，规范课程开设，加强国家课程校本化实施，提升课程实施水平和研发能力，发挥课程

育人的最大效能，形成"以项目促改革，以改革促创新，以创新促内涵提升"的工作思路，打造青小课程实施新样板。本学期，先后完成了课程方案的优化升级，全过程、多层次、递进式投入实施当中。

如何保证课程开齐、上足、教好？首要一条是要解决师资不足、学科结构失衡的问题。本学期，我校聘用了26名代课教师，除了21名语、数、英代课教师以外，还聘用了科学专职代课教师2人，体育专职代课教师3人。在课程管理上，以"过关"评价来倒逼课程"落地"，保障儿童全面发展。

以部分学科的管理为例：一是科学实验操作人人过关。科学实验是科学课程的重要内容。为了"教好"科学课，确保课堂教学质量，我校坚持开展科学实验操作人人过关活动。学期初，组织专职科学教师对兼职教师的实验操作进行过关培训活动。梳理各年级科学教材中的实验项目，跟随教学进度，逐班进行科学实验操作过关。在期末假期以前，各年级、各班级所有学生完成本册教材的实验操作达标。操作过程中，学生出现失误时，评委及时给予点拨指导，再请学生重新操作，直至达标过关，不让一个学生掉队。二是"劳动与技术"作业班班过关。我校坚持巡课制度，跟随教学进度，分年级检查、记录各班"劳动与技术"作业的完成情况。对于手工制作类作业，每班、每次作业用一个袋子或箱子集中起来。对于种植、养殖等实践作业，检查学生作业记录单或照片视频。综合每次检查结果，作为各班"劳动与技术"学科期末评价的主要指标。三是"道德与法治"教学堂堂过关。我校组织开展了"道德与法治"教学的跟踪督查工作。首先督查教学进度。逐班访谈学生，掌握教学情况；对于进度不当、教学效果差的教师进行提醒谈话并记入业务档案，再跟进检查。其次推进综合评价。期末阶段，用"优秀、良好、合格、待提高"四个等级，给每名学生以适当评价。对于"待提高"的学生，酌情组织二次评价。这样，"监督"与"评价"双向发力，引导教师教好"道德与法治"课程。

2. 研发"选青"课程，丰盈课程体系

青口小学的前身是建于道光二十六年的"选青书院"，清末状元、近代著名实业家、教育家张謇曾在书院担任三年山长。张謇先生主张教育要"尚实"，注重实践，提倡学生要实地练习。他主张做适合的教育，即"学必期于用，用必适于地"。此外，赣榆第一个党总支在青口小学建立，党总支书记卢伯玉牺牲时年仅19岁。

基于此，弘扬"选青"教育理念，传承红色基因，挖掘和整合课程资源，开发人文、艺术、体育、劳动教育、财商、研学等一系列课程，丰富课程内涵，丰盈课程体系。今年，我们统筹规划并系统开发了统整项目课程，组建了10个项目共同体，从"建构模型、研制典型案例""实践改进、辐射推广""调整课程结构、研发综合课程"三个方面进行实践探索。现已开发《张謇在赣榆》《七彩语文》《责任教育综合实践教程》

等一批课程。如今,统整项目课程已成为我校课程建设一道亮丽的风景线。

二、建构"童行"课堂新范式,助力课堂提质增效

"双减"要取得实效,关键要提高课堂教学质量。我们汲取张謇的教育思想,为课堂改革服务,确立教学要以儿童视角为出发点和落脚点,让儿童行动起来,探索适合儿童成长的课改,即所谓的"童行"课堂教学改革,激发儿童的学习内驱力,学习方式由"同伴互助"升级为多元探究,积极践行乐学、会学、善学的"童行"课堂目标。

1. 落实深度学习理念,优化课堂教学策略

我校以"课改沙龙"为载体,推进校本研修活动,每学科两周一次,每次聚焦一个主题,深入开展大单元结构式教学、主题式学习、项目化学习等专题研究,更加注重情景教学。教师们畅所欲言、坦诚表达,在智慧碰撞中,逐渐达成共识,不断丰富课堂改革的理论经验,探索深度学习视域下的"童行"课堂教学范式,实现"知识、生命、生活的深刻共鸣",帮助学生构建高层级的学习机制。通过沙龙活动,教师"实践—反思—再实践",畅通了教师的课改路径,提升了教师的专业水平,教学理念从文本变成行动。近年来,教师们通过课堂研究,撰写的论文在市级以上获奖91篇,其中董淑贵老师连续获得2020、2021年省"教海探航"征文一等奖。

2. 丰富专业培养模式,优化教师成长路径

教师是立教之本,教师专业素养的提升是落实"双减"政策、促进教育公平和高质量发展的关键。没有教师的成长,就不可能有学生的发展。我们积极营造"教师主动发展"的良好氛围,改变教师的"行走方式",建设一支高素质、专业化创新型教师队伍。一是组建骨干团队,建立帮扶机制。各年级、各学科精选2~4位教师作为课改带头人,率先"试水",推出课改放样课、展示课,做出榜样示范,其他教师观摩学习、借鉴提高,形成课改的"雁阵"效应。为了帮助26名代课教师尽快融入课堂教学,开展了师徒结对活动,从区级以上"411""333"骨干教师中遴选出26位导师,一对一、点对点帮扶,覆盖教学"六环节"。学校建立师徒结对考评办法,教导处跟踪日常结对工作进展情况,阶段性组织师徒结对成果展示活动。期末进行专项考评,表彰奖励优秀师徒团队。二是丰富教研形式,加快教师成长。教导处转变管理职能,着力推行"课改微研究",聚焦课堂教学的每个细节,提升课改执行力,提高课堂达成度。同时,运用项目研究、同伴互助、区域联研、成果提炼等多种策略,分学段、多方式展开教研活动,为教师赋能,帮助教师更新观念、拓宽视野、完善知识结构、提高自身综合素养。三是坚持问题导向,完善培训体系。视问题为课题,视研究为培训,人人有话语权,开展教材统研、单元集体备课、主题学习等"沉浸式"教

研活动,线上线下培训约 700 人次,构建备、教、学、辅、评一体化体系。

3. 完善课堂教学评价,优化课堂改革生态

制定科学的课堂观察量表,多维度监测教与学的过程,引领课堂教学行为。发挥课堂教学育人功能,重视学生全面发展;满足学生个性化发展需求,注重因材施教。践行"以集体的方式站立"的发展理念,组织同课异构、教学沙龙、课堂评比等活动,构筑"生本成长性""童行"课堂,优化全校课堂教学生态。为了做好课堂教学评价,我们还有计划地开展了全员"晒课"活动。教干带头晒课,教师全员晒课,学科组统筹安排,组织好听课、评课,形成了人人研究课堂的良好氛围。2020 年 12 月,学校被评为连云港市教学质量先进校。近两年来,我校教师在各学科基本功大赛、优秀课评比、研究能力大赛活动中,获区级一等奖 77 人次。

三、定制个性成长"新套餐",助力作业提质增效

我们加强作业管理,提高作业质量,建立个性化服务体制,提高课后服务质量,促进学生全面健康发展。

1. 建立作业管理长效工作机制

按照"压总量、控时间、调结构、提质量"的作业管理总要求,健全长效管理机制,强化作业设计指导,提高教师的作业设计能力。一是实施作业公示公开制度,多元监督,确保作业量的控制;二是将作业设计与实施纳入教师培训、学科教研范畴,探索探究性、实践性作业,提高作业质量;三是压实班主任的主体责任,明确班主任是班级作业管理的第一责任人,切实做好任课教师之间的日常协调工作,出现问题,责任倒查。

2. 设计"四有"好作业标准

正视学生的差异化,我们要求作业"数量有区分、难度有层次、内容有兴趣、形式有选择"。落实分类要求,设计分层作业,体现作业的弹性,实现作业的个性化定制,既能让学困生"吃饱",又能让优等生"吃好"。教导处制定统一的《作业管理行动公约》(见下表),从时间、形式、批改、辅导四个方面督促教师爱心控量、精心设计、细心批改、耐心辅导,发挥作业的诊断、激励功能,以共同的行动标准,确保任课教师"不违约"。

作业管理行动公约

时间公约	一二年级无书面作业
	三至六年级作业总量不超一个小时
形式公约	个人作业与小组作业相结合
	单一性作业与趣味性作业相结合
	即时性作业与长时性作业相结合
	分层作业与弹性作业相结合
批改公约	有发必收,有收必改
	红笔批改、符号标记、适当评语
	重点作业精批细改
	少数作业集体订正
	个别作业专门辅导
辅导公约	强调习惯
	明确要求
	及时帮助
	优秀个案分析
	总结共性问题,摘录典型错题

3. 构建全方位课后服务体系

实现课后服务覆盖率、需求满足率两个100%,全时段无缝隙对接。建立"弹性离校＋错时放学"机制,推行"5＋1"服务模式。统筹利用好校内外资源,开发"1＋X"课后服务体系,增强教育服务能力。"1"是必修课,即学生利用课后服务时间完成家庭作业,确保书包"减负担"、作业"不回家";"X"是选修课,即在学校开发丰富的社团课程和益智类课程,供学生自由选择,满足学生多样化和个性化发展需求。

四、拓宽家校沟通新渠道,助力共育提质增效

我们依托家校合作共育项目,赋能家长,强化家校协同,致力营造育人新生态。

1. 赋能家长,提高共育品质

我们落实《中华人民共和国家庭教育促进法》中关于"中小学校、幼儿园应当将家庭教育指导服务纳入工作计划"的有关规定,精心挑选具有良好师德和业务能力强的教师担任班主任和家庭教育指导师,加强对家庭教育的指导、帮助、支持。9月份,我校"新父母成长学校"家委会顺利换届,进一步健全了家长学校管理机

制,继续开设家庭教育课堂,每名家长每年接受4次8课时的家庭教育知识的系统学习,将"三宽"家长学校建设纳入对班主任的综合考核。

2. 建立机制,凝聚共育合力

强化校、家、社协同育人主体责任,突破学校、家庭、社会的教育边界,打造我校"法规主导、家庭筑基、学校提质、社会参与"的家、校、社协同创新育人新生态,构建"三位一体"的协同育人体系。学校成立三级家长委员会,打造"家校幸福共同体"。充分发挥家长的职业特长,请家长进校开设劳动教育、环保教育等各类特色课程。邀请公安和卫生部门专家、非遗传承人、红十字会、社会公益组织等进校园,开展中华优秀传统文化、安全教育等公益实践活动。10月26日,全区家庭教育工作会议在我校成功召开。

3. 家校联动,激活共育磁场

本学期,我校推出"家校共育"微信公众号专版,每周坚持做到"四个一":即推选一个优秀班级,推荐一位优秀家庭教育指导教师,推介一位优秀家长,推送一组家长优秀学习心得和家教经验。办好第三届"童心童趣同飞扬,共建共享共成长"亲子互动展示活动;成立"萤火虫"亲子共读站,组织亲子共读活动17次。组织"书香班级""书香家庭"等系列评选,营造学区阅读环境。定期组织家长开放日、亲子共学日、亲子运动会、亲子研学等活动,召开"请您来协商"专题会,营造和谐的家校共育环境。

优化农村小学校本教研的"软环境"

【提要】 农村小学校本教研长期处于低迷状态,其主要原因是校本教研没有一个良好的内外环境。因此,上级教研部门要给学校减负,对学校进行评价时应将校本教研摆上位置,组织的活动应让校本教研唱"重头戏",建立校本教研的长效机制,为学校营造自主发展的教研空间。学校在为教师减负的同时,应该唤醒教师沉睡的校本教研意识,努力营建浓厚的校本教研氛围,运用激励手段,让校本教研从自发走向自觉,为教师搭建有所作为的教研平台,从而使校本教研走向良性循环状态。

【关键词】 优化;校本教研;软环境

笔者曾长期在农村小学工作,发现农村小学校本教研长期处于低迷状态。师资水平低、科研经费少、教学设备差是客观因素,导致了校本教研的被动性;主观上,教师为晋级评优而教研,学校为达标验收而教研,有了课题,皆大欢喜,使校本教研蒙上了功利性、装饰性的色彩。实质上,除此之外,还有一个重要的原因是,学校的自主发展权受到制约,管理放不开手脚;教师的课务负担重,校本教研力不从心,上上下下没有给校本教研创设一个良好的软环境。

一、给学校"松绑",为学校营造自主发展的教研空间

1. 对学校的评价应将校本教研摆上位置。多年来,县级的教研部门对学校特别是农村小学,在管理上存在着"善意压制",在指导上存在着"绝对权威",管得过严,统得过死,其中"抽考"和"视导"是经久不衰的两大"法宝",并将其结果作为评价学校的唯"二"标准。于是,中心校在教学管理方面的全部精力都瞄准这两项,无暇顾及校本教研,每学期对各完小相应开展期初、期中、期末三次视导,其间不定期地抽考,学期结束时,一至六年级再普抽一遍,丝毫不敢懈怠。校本教研形同虚设。

2. 组织的活动应让校本教研唱重头戏。随着新课程实验的全面展开,教研部门也陆续做了一些新改革,但总体上是"滚雪球式"的,因为老规定一成不变,新举措层出不穷。如被抽查到的教师备课笔记与班级学生作业,每次都是成口袋地往县城送,简报一下来就是几十页。这种管理貌似到位,实际上是"越位",即淡化了乡镇中心校的管理,削弱了完小的管理积极性。而教研活动呢,则是县级、片级的

各个学科无序开花,学校应接不暇,一时间都没有人可以派出参加了,不但效果差,还影响了各自学校正常的教学秩序。在众多的活动中,要么是一些"课改秀"在表演,要么是极少数级别高的立项课题在唱独角戏,唯独缺少校本教研。

3. 应该建立校本教研的长效机制。改革应该进行适当的取舍,如果"眉毛胡子一把抓",结果只能是"竹篮打水一场空"。因此,县级教研部门要适当放权,一改过去那种课题由上级指定、进度由上级安排,研究结果由上级说了算的做法,应该深入一线,指导学校认真地分析校情、师情、生情,因地制宜地编制本校的新课程实施方案,建立新课程校本教研制度,在组织、启动、指导、服务、交流、激励、保障上予以制度化,使校本教研规范化、科学化、系统化,最终使校本教研的外部环境得到优化。

二、给教师"上弦",为教师搭建有所作为的教研平台

农村小学的师资队伍基本上呈现如下特点:一是结构不合理。教师队伍出现老龄化,民办、合同教师仍占有相当大的比例。二是流动性大。因为各方面条件比较差,青年教师想方设法跳"农门",骨干教师也不断被选调进城,只有本地的老教师长驻"沙家浜"。三是压力大。许多教师拒绝校本教研的理由主要是承担的课程太多,在校只干"保底"工作,上课只是重复着"昨天的故事",不思进取,只求无过。

1. 必须唤醒教师沉睡的校本教研意识。(1)淡化职业意识,强化事业意识。一方面,通过听报告、开展主题学习等活动深化认识,引导教师不要把从教仅仅作为谋生的手段,而应当作为自己一生的追求,不断增强从教的神圣感和使命感;另一方面,开展"寻访心中的名师"活动,让自己贴近名师。(2)建章立制,查偏纠错。长期以来,教师在认识上有"重教学轻教研"的意识,甚至把二者对立起来,认为教研是"自留地",种好种坏无所谓,而教学是"责任田",必须种好,没有退路,抓教研会影响教学成绩。对此,应该让教师明确,校本教研是教学的助推器,在研究的状态下工作会事半功倍,同时,以"全员聘任制""教育教学奖励制度"作导向,让教师放下思想包袱,走出认识上的误区。

2. 努力营造浓厚的校本教研氛围。农村教师特别是小学语文教师的课务负担很重,仅写作一项,除了大、小作文每学期各 8 篇外,还有读书笔记、观察日记等,教师整天疲于应付,无所作为。有所"舍"才能有所"得",因此,学校要善于运用"舍得"辩证法,积极给教师"减负",把教师的精力从高耗低效的劳动中解放出来,投入到校本教研的创造性工作中,让教师"摘下镣铐舞蹈"。

现代校本教研中强调的是自我反思、同伴互助和专业引领,因而学校必须给教师搭建一个交流、互动的平台,建立民主、合作、开放的教研机制,为教师的专业发展提供一片沃土。一是扎扎实实地搞好"一个活动"(集体备课活动),上好"两节课"("研究"课和"课改"课);二是认认真真地写好教学日记和"课改"周记;三是中

心校可以编印《教研动态》等小期刊,为教师提供一块反思、表达的园地。此外,有条件的中心校可以在校园网站中设立"教研论坛"和"个人专辑",建立交流制度;可以采取行之有效的"请进来、走出去"的方法,创造"教师—专家—领导"沟通、对话的契机,进行经常性的信息交流、经验共享、深度会谈和专题研讨;还可以与实验小学等名校"联姻"。

3. 运用激励手段,让校本教研从自发走向自觉。众多的教研中,只有校本教研时间短、操作易、见效快。学校可以在课题上从小处着眼,在研究范围上从大处入手,做到"起点低、底面宽",通过重新建立健全校本教研制度,使教师都能自觉地针对面临的教学问题进行教改实践与理论反思,从而使校本教研形成长效机制。为此可以:(1)举办"读书节"活动,设立"读书奖"。理论指导是促进教师专业提高的有效保证,这种理论学习更加指向实践中发生的真实问题。现代社会已经进入了一个终身学习的时代,对一个人来说,学习是生活,学习是工作,学习是一种责任,学习是人生命的重要组成部分,必须引导教师养成时时、事事、处处学习的习惯。(2)建立教师专业发展档案袋。(3)建立良好的用人机制,帮助和引领教师成为教育的思想者、研究者、实践者、创新者和需要不断发展的专业工作者,并不断地向学者型、专家型方向努力。(4)完善奖励制度,把物质奖励(如发放奖金、设立学校津贴、为教师提供通信设施或订阅杂志等)、精神奖励(如授予各种荣誉称号、提供外出培训等)和政治上的奖励(入党、提干)紧密结合起来,把教师的潜能发挥到极致,真正落实"以人为本"的理念。(5)建立课题研究制度,在政策、时间、空间、资金、技术上形成合力,共同推进农村小学校本教研。

(注:本文发表于《校长阅刊》,2006年第8期。)

建设德艺双馨团队　赋能学生和谐发展

一、守正创新，助推教师专业成长

1. 健全制度，强化师德师能建设

下一年度将分别制订《连云港市青口中心小学教师精致化管理考评方案》《连云港市青口中心小学教师业绩考核奖励办法》《连云港市青口中心小学科室、完小、幼儿园目标考核细则》，修订《连云港市青口中心小学教职工晋职晋级工作实施办

"选青"好教师

法》。发动教师广泛参与制定各项校本管理制度,如请假制度、校本研修制度等,完善评价机制,强化师德师风建设,提升教师综合素养。

2. 多措并举,促进教师专业发展

(1) 引领促发展。邀请名家名师到校讲学,通过高层次的引领,传授先进经验;开展"青蓝工程""师徒结对"等活动,让省、市、区级名师助推青年教师成长;学校定期安排徒弟执教汇报课,评比"传帮带"成果。

(2) 竞赛促发展。每次区级以上的教学竞赛,我校都精心组织青年教师参加,同时组织骨干教师作为指导团队,和青年教师一起学习、研讨。团队合作,众多智慧碰撞,成就的不仅仅是一个人,而是一群人。

(3) 研究促发展。务实校级培训,校本研修活动精细管理、全员参与。每学期分学科举行2~3次论坛活动,进行各类示范课、汇报课、随堂课活动,积极承办区级以上培训会和教学研讨会,给教师参与、展示、反思的平台,鼓励教师在互动中催生思想,共同成长,搭建教师发展共同体,培养"选青"好团队。

二、精耕细作,厚植"尚实"育人品格

1. 打造骨干团队,引领课标落实

成立"课标落实骨干团队",先一步研究,同时手把手教老师们怎样在新课标背景下进行备课、上课,快速、高效地去落实学科素养的培养、大单元作业设计、跨学科学习、"教—学—评"一体化等问题。聚焦新课标中的一个个新主题,研究怎样落实到教学中,在课堂里大胆探索实践,做到各个突破,逐个向纵深推进,把新课标要求与理念融入校本化的课堂教学实践。

2. 优化"童行"课改,形成课堂特色

张謇认为"学必期于用,用必适于地"。提倡学生的实践,要做适合的教育。汲取其思想精髓,我校将"互助"课堂升级为"童行"课堂。重点在小组合作学习方面开展深入研究,以小组合作学习为主,以个体学习、"互助"学习为辅,聚焦学生的"学",转变教师的"教",让学生真正积极、热情地"学"起来。

3. 呵护心理健康,开启生命教育

一是开设生命教育课程,组织生命教育活动,引导学生走出生命的误区,帮助学生学会珍爱生命,体验生命的意义与价值,给予学生保护生命的智慧,为其终生幸福导航。二是整合课程,扎实开展心理健康教育,形成序列化,落实双周一次的心理健康课。每月一个教育主题,开展好师生心理健康教育讲座,充分利用心理咨

询室,发挥我校李金栾等专职心理指导教师的作用,对学生进行心理疏导。

三、家校协同,提升学生综合素养

1. 书香氤氲促养成

每天利用课后服务时间设立一节"课外微阅读课",由老师指导,教会学生读书方法;师生共读,激发学生阅读兴趣;师生共测,夯实阅读效果。举办读书节,通过"故事妈妈进校园""故事儿童进社区""我的书橱秀一秀""诵读经典朗诵会"等活动,让学生沉醉迷人书香,享受阅读的美好和童年的幸福。

2. 社团建设促发展

加强社团建设,采用"外引＋内联"方式,将社团活动与活动课程、综合实践课程相融合,让每位学生参加一个社团,培养一项特长。搭建"童星"小舞台,采用"文化节＋艺术节"的展演形式,每个班级每学年至少有两次校级展示机会,培养学生的集体荣誉感。

3. 创新服务促"双减"

创新课后服务实施样态,一是"课业＋文体",在每天的课后服务时间分年级安排阅读、手工制作、学困生辅导等,然后集中开展25分钟的体育(游戏)活动;二是"校内＋校外",组织学生走进社区、走向社会,开展研学活动,提升其社会实践能力;三是"劳动＋实践",将种植"百草园"和养殖"半亩方塘"交给不同的班级管理,让学生在体验中接受劳动教育。

4. 家校共育促成长

扎实开展好"万师访万家,携手共成长"活动,实施"青小家校共育'四推'工程",实现校内外联动,家、校、社协同育人,依托家校合作共育项目,赋能家长,强化家校协同,致力营造育人新生态,创建市家庭教育示范校。

附:

为党育人铸师魂　为国育才向未来

连云港市青口中心小学教师　郭慧敏

同志们好!

我是冬训主讲人郭慧敏,来自青口中心小学。著名的实业家、教育家、清末状

青小教师郭慧敏在朗诵

元张謇曾在这里担任三年山长,并亲题"诚以待人,恒以学问"的校训。在这里,我有着更广阔的人生舞台,开启了自己全新的教育之旅。

2022年7月,一场主题为"致敬先贤,传承信仰"张謇塑像落成揭幕典礼,在我校隆重举行。揭幕典礼上,我校全体教师郑重宣誓:爱党爱国,服务人民;为国育才,铸就师魂!

张謇先生的教育事迹深深印在我的脑海,他曾高举的那面"教育兴国"的大旗,时刻飘扬在我的心中,我也在用实际行动践行着我们的誓言。

作为一名党员教师,我积极投身于由赣榆区教育局发起的"万师访万家,携手共成长"这一爱的主题活动。我要把爱党、爱国与生活中的爱学生融合在一起,让学生从心灵深处真正感受到爱的感召,时刻不忘党的温暖和教师的辛勤付出。

家访中我了解到五年级的小成和小静,就是众多留守儿童中最具代表性的两个男女生。因家庭原因,无论在学习还是品格方面,他们都存在着自暴自弃和逃避困难的心态。

自暴自弃,学习成绩只会越来越差;逃避困难,品格立身只会越来越难。必须改变这一切!我要为他们的身心健康点燃希望,我要为他们的全面发展保驾护航。

通过访谈,我了解了他们的兴趣爱好,把他们都带进了学校的艺术社团。小成参加校鼓号队,备战区少先队鼓号大赛;小静参加校合唱队,备战区小学生合唱大赛。

那段时间,为了增强他们的信心,挖掘他们的潜能,除了日常教学外,我几乎牺牲了所有的周末和节假日,在学校和家庭之间往返奔波,不顾一切。

可是临近比赛的时候，小成和小静却频频出错，怎么也找不到感觉，甚至提出要退出比赛。是我的水平不够？还是他们的能力不足？或是方式方法存在问题？这些问号沉甸甸地压在我的心头，就在我苦闷彷徨时，有着丰富教育经验的谭鑫之校长前来巡视并为我指点迷津，谭校长说：有时候啊，艺术的真谛并不一定都在训练上！

谭校长的话让我醍醐灌顶，眼前一亮。

于是，我带领队员们来到十八勇士纪念馆，了解革命先烈的英雄事迹，感受他们的爱国主义情怀，学习他们的高尚情操……看到队员们将叠成的纸鹤虔诚地放在雕像前，我很欣慰：有一种红色精神，正在潜移默化地引导着他们，从学习和品格两方面实现精神贯通和价值引领……

当我们荣获全区比赛的金奖，站在领奖台的那一刻，望着台上小成和小静那坚定的身影和自信的眼神，我就知道，孩子们蜕变了、自信了、成熟了，真正懂得了成长的意义。那一刻，我情不自禁地流泪了……

所有的苦和累都不重要，多大的奖项、再高的荣誉也不重要，重要的是为师者在奉献爱心的过程中所升华的感动和沉淀的精神；重要的是我用自己的付出，践行了一名党员的神圣职责，不忘初心，牢记使命，立足岗位，模范先行。

大爱无疆，踏雪无痕。同志们，关爱留守儿童，很像在山间唱歌，无论高亢还是低吟，谁也无法把歌声捡回，但山谷会回应彼此的初心和使命，一如习近平总书记的话语催人奋进："要实现'两个一百年'奋斗目标、实现中华民族伟大复兴的中国梦，必须更加重视教育，努力培养出更多更好能够满足党、国家、人民、时代需要的人才。"

让我们乘着二十大的习习春风，牢记初心使命，为党育人，为国育才——一起向未来！

（注：郭慧敏的另外一个作品《母亲》获江苏省教育厅、江苏省语委办 2023 年"书香新时代，'典'亮新征程"中华经典诵读大赛特等奖。）

四、素养高地：品读童年的色彩

微记：让"小作家"快乐成长

【摘要】"微记"是学生将视角聚焦在某一时刻内，采用特写镜头进行创作的方式。这种习作方式以生活为广角，对抓住的"特写镜头"进行精雕细刻式的"工笔描绘"，引导学生通过多角度观察、镜头定格画面等方式进行片段习作，从而聚沙成塔，提高学生的习作能力。

【关键词】微记；内涵特点；操作范式；有效评价

作为一名语文教师，我们都认识到作文对于孩子语文成绩的重要性。可以说，作文是语文成绩中的"半壁江山"。作文成绩好的孩子，绝大多数语文成绩就高。因此，许多语文教师也往往将教学的着力点放在习作教学上。但是，现在的小学生可谓是"压力山大"，如果每天再要求学生练笔写一篇习作，则无异于"雪上加霜"。那么，如何让学生平时坚持写作，而又不累呢？叶圣陶在《略谈学习国文》中说："作日记，作读书笔记，作记叙生活经验的文章，作发抒内部情思的文章，凡遇有需要写作的机会，决不放过。"也就是说，在学习生活中，我们读一本书，经历一件事情，与朋友谈话，参加一个集会，参观一处地方，有所感、有所悟，这些都可以成为写作的"微"机会。针对这一点，笔者提出了"微记"的习作教学理论，使习作真正成为"童心、童真、童趣的自然流露"。那么，如何进行"微记"的实践活动呢？笔者在对三年级作文计划进行整体规划后，进行了如下操作。

一、微记的内涵特点

1. 微记的内涵

所谓"微记"，就是微型日记，是指学生将身心聚焦到某一"点"上，用笔描写某一瞬间或某个时间段里发生的事情，从而进行的创作。"微记"的主要特点是"微"，篇幅精短，切入点小，用时较少，它以生活中的真实情境为习作的内容，流露出孩子内心最真实的情感。可以说，"微记"是培养中高年级小学生习作能力的训练场，是促进中高年级学生观察能力、语言表达能力与语言文化素养的加速器。

2. 微记的特点

（1）短小精悍，长短自如。"微记"以"短"著称，它不受篇幅的限制，学生有话则多写，无话则可以三言两语。这一点"自由"既降低了习作的难度，减少学生的用时，也在很大程度上减少了学生对于日记的抵触心理，真正让学生乐于习作。

（2）鲜活时速，真实灵动。"微记"的内容都是当天发生的最精彩的事件、最想说的话、最真实的感受、最有价值的收获等，因而是鲜活的、灵动的。人对于刚刚发生过的事情，总是记忆犹新的。当时经历的场景、内心隐秘的想法、同学之间的真情、某场精彩的比赛……这些在脑海里像"过电影"一样呈现出来，因为鲜活，写来不会显得厌烦，而且也不用绞尽脑汁来回忆，这样就显得水到渠成了。

（3）形式多样，灵动有致。"微记"的形式可以是多种多样的，如"一句话日记""摘抄日记""剪贴日记""随感日记""图文日记"等。在日记中，可以在第一行插入心情指数；可以用上网络新词、英文单词等；可以采用连载的形式，一个接一个地编写故事，形成一篇小说。这样的"微记"是有声有色的，是弥漫着生活芬芳的，是充溢着生活趣味的。

二、"微记"的操作范式

1. 生活镜头——成就"微记"的广度

叶圣陶在《拿起笔来之前》里说："在实际生活里养成精密观察和仔细认识的习惯……对于写文章太有用了。""微记"就是让学生走进生活去进行自由观察，记录生活中自己最感兴趣的、印象最深的画面。比如，交警叔叔在学生放学的十字路口指挥交通的画面、上学途中的见闻、同学之间的趣事、家人之间的矛盾等。不仅如此，某人说的一句意义深刻的话、一个特别的眼神、一个精彩的瞬间、一个特殊的动作……也可以作为"微时记"的内容。我们要鼓励学生找准这些"点"，积极构建"生活—日记—习作"的桥梁，从而自由地写、坚持地写。生活"微记"主要可以分为以下几种：

（1）精彩"微记"

我们常写的作文往往是一大篇，如一件事往往要求具备起因、具体过程、结果等。写"微记"则要求学生能够掐头去尾，直接进入最精彩的部分，也就是将事情发生的真实场景精彩地再现出来。如下面的这个习作片段：

人群中间有一个人蜷缩着躺在那儿，衣服已经不成样子了，头靠在路边的花池沿上，地上和脸上全是血。离他六七米远的地方，有一辆摩托车，零件散落一地。一辆小货车也伤痕累累地歪在路边。货车司机的手和小臂在流血，正焦急地等待救护车的到来。"相撞时真是触目惊心啊！骑摩托车的人飞了出去，吓得我心都要跳出来了。""哎呀,这都是争分夺秒惹的祸啊!如果他们能减速行驶,就不会发生这样的惨祸了。"……听着周围人的议论,我想:如果两人都抱着"宁停三分,不抢一秒"的态度,相互礼让,车祸就不会发生了,"抢"的代价实在是太大了啊!

在这个片段中,学生把自己看到的、听到的、感受到的那个"镜头"定格,然后用几行文字真实地记录下来。这寥寥数语,便将学生眼中的世界真实地投印出来了,而教师则通过"微记"这座桥走进了学生的心灵,把脉了学生的观察点和兴趣点。

(2) 观察"微记"

教育家赞可夫曾说:"只有在学生情绪高涨,不断要求向上,想把自己独有的想法表达出来的气氛下,才能产生出使儿童的作文丰富多彩的那些思想感情和词语。"在教学中,我们可以让学生有计划地观察大自然以及在创设情境中观察到的现象,然后写观察"微记",以培养学生在更宽视野、更大空间中强烈的自由写作欲望和自由倾吐的个体化能力。如可以布置学生自己泡豆子,观察豆子生长、发芽的过程,并写成"微记";也可以让学生一边记录一边观察我们的校园,完成观察"微记"。

(3) 新闻"微记"

新闻"微记",是让学生自己从电视或者网络上看一则新闻,用"微记"的形式针对新闻中的某件事、某种现象、某些人进行分析,谈谈自己的感想、体会和收获。也可以学习新闻的写法,记录学校或身边发生的新鲜事、有意义的事等。如可以为学校举行运动会、班级举行的书法比赛等撰写新闻稿。在这种形式的练习活动中,学生的习作能力自然会得到提高。

2. "工笔"细描——成就"微记"的深度

俄国大文豪列夫·托尔斯泰曾说:"艺术起源于至微。"所谓的"至微"就是指那些显示人情美、人性美,具有永久艺术价值的细节。成功的细节描写往往能达到"一瞬传情、一目传神"的艺术境界。在进行"微记"的写作时,我们要用"工笔"的写法,也就是用细腻的笔触,对人物的外貌和生活场景进行精细描写,使人或景物的形象生动逼真,给读者一种呼之欲出之感。在具体的操作中,笔者引导学生采用推近并聚焦镜头的方法,将镜头下的微小内容进行放大,将精彩的瞬间进行"慢动作"的播放,并进行精雕细刻式的描写。

如"说时迟,那时快。只见他双拳紧握,双臂在前后有力地摆动着,腿迅速而有力地一蹬,脚下便像生了风一样,蓝色背心后面一个鲜红的'3'字在人们的眼前一闪而过。"在这个片段中,作者运用"握""摆动""蹬""闪"等动词,通过对人物的手、腿、脚的具体描写,将人物"疾跑"的这一动作进行了慢镜头的回放,如在眼前,真实生动。

母亲在讲故事

其实，除了人物的某个活动片段，"微时记"的每一种素材都可以用"镜头推近"的方式来获得细腻的画面感，如用"镜头"对准静态的事物，展现出它某一动态变化；用"镜头"对准某一精彩的瞬间，全方位展现出人物的动作、语言甚至心理活动；用"镜头"对准人物的某句话，让简短的话语变得回味悠长……总之，用"镜头推近"的方式呈现习作内容，会将学生的视觉带入一个全新的境界，一瞬间将被分解，无限拉长，那些曾被他们忽略的事物会次序跳进他们的视野中，并在脑海中留下深刻的印象。

3. 随文练笔——成就"微记"的高度

我们的小学语文教材就像百宝箱，每一篇不仅蕴含着丰富的人文精神和情感内涵，而且散发着语言的魅力，谋篇布局也别出心裁。所以，我们"微记"的教学则以课文的语言、结构为着力点，引导学生通过仿写来增强语言的张力，提高学生谋篇布局的能力。

（1）仿写句式，增强语言张力

习作中我们会发现，学生的语言有时候就像被榨干的甘蔗一样苍白无味，虽然老师不断地启发引导，但是他们总是不知道如何进行描写才能让事物更加生动具体。此时，我们可以用课文中的经典句式作为学生的"拐杖"，引导学生模仿一些文质兼美的语句进行创作，在原有的基础上积累、提高。如苏教版小学语文六年级课文《孔子游春》中的"广袤的大地是她宽广的胸怀，茂盛的森林是她飘逸的长发，温暖的太阳是她明亮的眸子,和煦的轻风是她甜蜜的絮语……"这个采用比喻、排比修辞手法的句式,如何让学生领会并进行仿写呢?我们可以用下面的句式让学生与原文进行比较:"大地是她的胸怀,森林是她的长发,太阳是她的眸子,轻风是她的絮语……"比较之后,学生感受到了形容词的精妙,加上这些形容词后,描写变得更加生动。然后笔者播放大自然美景的视频,让学生想一想还有哪些事物是大自然母亲的什么呢?这些事物具有什么特点呢?从而引导学生用"＿＿＿＿＿是她的＿＿＿＿＿"的句式进行仿写。学生创作出了这样的佳句:粉红的桃花是她美丽的发卡,滚滚的春雷是她前进的脚步,绿油油的小草是她柔嫩的汗毛……

（2）仿写构段,增强构段能力

学生对于构段还有着比较模糊的意识,这时我们要充分利用课文,让学生有现成的"模式"可以照葫芦画瓢,从而提高学生的构段能力。如《北大荒的秋天》第四自然段运用了"总分"的构段方式,我们可让学生运用"总分"的手法,围绕"花园里的花儿可真美"写一段话,在运用中逐渐体会"总分"的写法,从而提升自己的构段能力。

（3）仿写手法,提升写作技巧

小学生在习作时也要有章可循、有法可依,当掌握了一定的写作技巧,诸如观察的顺序、特殊句式和修辞手法的运用等等,学生的习作水平自然就高了。《广玉兰》的第三自然段关于花的姿态的描写可谓是精品。

广玉兰开花有早有迟,在同一棵树上,能看到花开的各种形态。有的含羞待放,碧绿的花苞鲜嫩可爱。有的刚刚绽放,几只小蜜蜂就迫不及待地钻了进去,那里面椭圆形的花蕊约有一寸长。盛开着的广玉兰花,洁白柔嫩得像婴儿的笑脸,甜美、纯洁,惹人喜爱。先前热热闹闹开过的广玉兰花呢,花瓣虽然凋谢了,花蕊却依然挺立枝头,已长成近两寸长的圆茎。圆茎上面缀满了像细珠似的紫红色的小颗粒,这就是孕育着新生命的种子。远远看上去,一株广玉兰就像是一个数世同堂、生生不息的大家族。

这段文字先总写繁花盛开、姿态万千的美景,然后展现了四个特写镜头,分别写了含羞待放的、刚刚绽放的、盛开着的、凋谢了的四种广玉兰花开的姿态,生动形象。学生在品读中,不仅感受到了广玉兰花的千姿百态,而且也了解了作者的写作思路和技巧,可谓一箭双雕。

"其实,老师觉得我们班的同学一定会写得比作者更好,大家有信心吗?"笔者用一句话激发了同学们的斗志。

看到同学们写作热情高涨,于是笔者播放了一段荷花的视频,并展示了几种荷花开放的姿态图,同学们佳作频现:

池塘中的荷花盛开了,它们开得热热闹闹,各有各的美。你看,有的还是饱满的花骨朵儿,含羞待放;有的只开了两三片花瓣,欲语还休;有的绽放出了自己纯洁美丽的笑容,清新脱俗;有的花瓣凋谢了,露出了嫩黄色的小莲蓬。那一张张碧绿的莲叶上躺着颗颗晶莹的小水珠,在晨曦下,好像碧玉盘上镶嵌了颗颗耀眼夺目的钻石。一阵微风吹过,满池的荷花、荷叶都跳起舞来,漾起阵阵清香。我被眼前的美景深深陶醉了。

经过这样针对性强的训练,学生知道该如何按照顺序观察花开的姿态,并能展开合理想象,将事物描写得呼之欲出。这样,学生以后在写其他事物的时候,也就能自觉地运用这种写作方法了。

三、"微记"的评价体系

及时有效地评价对于"微记"的写作教学来说就是"助燃剂",它能让学生的"微记"写作获得生长性的力量。教学中,我们要采用教师、家长和同学相结合的"三位一体"的有效评价体系,保证"微记"的教学进入自觉修正、蓬勃发展的轨道。

1. 交换阅读,互约心灵

管志刚老师说:"拿起笔来说话,是捧起心灵的钥匙,开启心灵之窗,由此步入人的生命和精神的领域,进行心灵的对接与碰撞,直至冒出火来,流出泪来。"是的,学生在习作中也不能只顾着"埋头拉车",也要学会抬头看天。于是,笔者让学生周五这一天不写"微记",然后用一节课的时间让学生互相交换阅读"微记",以取人之长,补己之短。不仅如此,笔者还让学生选择自己感受最深的一篇,写一写读后感。在这种交换阅读中,学生不仅学习了写好习作的方法,而且还彼此交流了心灵,增进了同学情。

2. 实施奖励,增强信心

为了增强学生习作的信心,笔者还专门抽出一节课进行评奖活动,分别设立了"最佳创意奖""优美文辞奖""小书法家奖"等多种奖项。评奖的人员是老师,以及由班长、学习委员等组成的班级委员会成员。在评一评、奖一奖的活动中,学生感觉到了习作的成就感,自然增强了习作的动力。

3. 鼓励发表,感受成就

发表"微记"是激发学生习作内驱力的最有效的方法。发表"微记"的方法有很多,教师可以联系《少年智力开发报》《时代学习报》《作文指导报》等关于小学生语文的报纸,向他们推荐学生的精彩作品;也可以把好的"微记"用手机拍下来,传到班级的QQ群或微信群;还可以推荐在校报或班报上发表。在"发表"的激励下,班级里形成了一种你写我练、你追我赶的习作新局面,使学生的习作水平达到了一个新的高度。

4. 吸引家长，共同促进

不管做什么事情，想要坚持下来总是需要一定的毅力的。小学生的自制力比较差，此时就要吸引家长参与到"微记"的教学中来，借助家长的力量，以形成合力。比如，对于学生的"微记"，我们教师不可能做到每一篇都看，每一篇都认真批改。此时，我们就可以让家长每天给学生精心批改，提出指导性的建议。此外，当学生写得好时，教师可以拍下精彩的篇章，给家长发喜报，以激发家长继续督促学生写"微记"的积极性；当学生写的是与父母或者家庭有关的内容时，可以让家长看，让他们看到孩子写的"微记"的有趣，从而被孩子的"微记"所吸引，这也会成为孩子努力写好"微记"的一种动力。

在学校时，学生的活动空间相对封闭，他们的心灵需要自由表达。而"微记"便是学生自由抒发心灵的一个有效载体，可以帮助他们随时提取储存在脑海中的生命印记，从而找到写作的"绿色通道"。"微记"让学生的童心得到真情流露，而且也让学生的习作兴趣和能力得到了有效提升。可以说，"微记"是打开学生习作"异空间"的金钥匙。

【参考文献】

[1] 叶圣陶. 怎样写作[M]. 北京：中华书局，2007：190-191.
[2] 陈桂萍. "微时记"：学生习作的助跑器[J]. 江苏教育，2016(49)：31-32.
[3] 管建刚. 我的作文教学革命[M]. 福州：福建教育出版社．2010：159.

（注：本文发表于《语文建设》，2019年第7期。）

让童真童趣落笔生辉

【摘要】"有意思"胜过"有意义"。"我手写我口""我手表我心"的真写作是习作教学的根本要义,也是每一个"语文人"应有的姿态。为此,习作教学中应该从真实的任务驱动、真实的情境创设、真实的情感催生入手定位真实写作;用情感的自由喷发、思维的自由驰骋、形式的自由发挥等催生自由表达;同时应该激活童心童趣、尊重儿童语言、鼓励创意表达,从而让童真童趣落笔生辉。

【关键词】真实写作;自由表达;童真童趣

学生习作,简单地说就是让学生学会用书面语言表达自己的真实感受,交流自己的真实观点,去寻求文化上的美感。只有这样,作文才能避免"虚情假意"。具体教学中,应从"三定"入手,催生真实表达。

一、定位——真实写作

《义务教育语文课程标准(2011年版)》提出:写作教学应贴近学生的实际,让学生易于动笔,乐于表达,引导学生关注现实,热爱生活,表达真情实感。也就是说,学生的作文就是用笔"说"自己的话。所以在教学时,教师应坚持让学生以自己的生活为题材,鼓励他们写真事,抒真情。

1. 真实的任务驱动

"任务驱动型作文"是教育部考试中心张开先生在解读2015年高考作文试题特点时率先提出的概念。他认为可以通过各种方式来增加习作的任务型指令,以发挥习作题目的引导功能,增强写作的真实性。基于此,笔者认为习作任务的设计是学生真实写作的"源头活水",教师要蹲下身来,与学生的习作思维视角"平行",为学生设计真实、适合学生的"任务驱动",从而让学生能够真正达到"我手写我口""我手表我心"的目标。如六年级的学生在读完四大名著之后,教师可以设计如下的习作命题:

四大名著中有许多含有"三"的故事,如三顾茅庐、三打白骨精、三借芭蕉扇、三打祝家庄、刘姥姥三进大观园等。这种写法叫反复叙事,你能运用这种写法,写自己做一件事情的过程吗?如果被校报选中,将会在上面全文刊登呢!

同学们，告诉大家一个好消息。《舌尖上的中国》栏目正在征集《红楼梦》中的美食介绍，一旦录用就有机会跟着节目组去品尝各地美食，机会难得，大家赶快开动脑筋吧！

这两个习作命题是在学生读完四大名著的基础上设计的，"材料"是真实的，学生读的体验也是真实的，任务又是具体明确的，因而便于学生进行真实写作。

2. 真实的情境创设

作文教学也要"未成曲调先有情"，重视在教学的"前奏"上下功夫，努力创设真实的情境，激活学生写作的源动力。

（1）语言再现情境

指导学生写生活中的人和事，教师可根据写作任务，用生动、指向明确的语言引导学生进入真实的生活情境，激发他们去捕捉真切体验。教师可以讲述一篇优美的童话故事，可以用绘声绘色的语言为学生描述某个场景，可以讲述一段感人至深的亲身经历……在语言的导引下，学生逐渐进入了写作任务的世界，催生了写作的情感，为真实写作夯实了基础。

（2）活动展现情境

陈晓灵画作《童趣》（捕麻雀）

平时的习作指导课往往被上成理性的写作方法指导课，显得枯燥无味，让学生对习作课产生厌烦的心理。如果课前或课的起始环节让学生经历一些体验活动，那么就会极大地提高学生习作的兴趣。如写一次比赛,可以利用一节课的时间让学生去参加自己喜欢的比赛;写一次体验,可以让学生去经历当盲人、护蛋等体验活动;描写大自然美景,可以让学生出去踏青、秋游、摄影……只有让学生经历真实的活动或生活的"洗礼",学生才能真实记事、绘景、抒情。

(3)媒体呈现情境

在"互联网+"的时代,多媒体为我们的习作教学增添了一抹鲜亮的色彩。在教学中,可以充分利用多媒体课件,用音乐、色彩、图像刺激学生的感官,唤醒学生的某种生活记忆或再造想象。这样,不仅渲染了情境,触动学生的心灵,还拉近了学生的认知与生活、想象之间的"焦距",浓缩了时空。

3. 真实的情感催生

管建刚老师在《我的作文训练系统》一书中说:"同一件事,同一个物,不同的人内心反应不一样。写作文,要忠于自己的想法、反应,哪怕不一定正确;对作文来讲,那个不一定正确的想法,才是最真实的想法。只有忠实于自己的、真实的想法,作文,才能不只写出外在的事件,还写出由它产生的、贴着自己灵魂的情绪与念想。"是的,作文表达只有忠实于自己的内心,才能抒发真情真意。在教学中,我们可以让学生的心灵扎根生活的土壤,多写一些在生活见到的真事,多写一些随感而发的事。然后让学生谈谈自己对这些事情的看法。为了避免学生泛泛而谈,教师可以引导学生站在不同角度谈对人物行为的看法,可以设想假如当事人是自己又会如何处理……基于生活中的真实事件,再加上自己的换位思考,学生写出情真意切的作文也就显得水到渠成了。

二、定性——自由表达

文学的目的就是要人变得更好。那么,文学如何才能让学生变得更好呢?首先应该鼓励学生自由表达。就像清代王筠在《教童子法》中说:"初学作文,必促之使放,放之如野马踢跳咆哮,不受羁绊。"实践也证明,让学生在习作中自由表达能提高写作水平。

1. 情感的自由喷发

卢梭在其著作《爱弥儿》中说:"儿童有他特有的看法、热情和感情,如果用我们的看法、热情和感情去取代,那简直是愚蠢的。"在习作教学中,教师要唤醒学生习作的"自我场",鼓励学生尽可能抒发自己的真实情感。同时,教师也要尊重孩子的思想,给孩子的"童言无忌"一个机会。如一个三年级的孩子在日记中写道:"我起来一听,原来是雷声大起来了。'吼!吼!'这声音太大了,像一只大狮子在生气地大叫。过了一会儿就下雨了,小雨滴们开心地往下跳,地面成了一架很好的'水琴'。"这段话虽然在语句上还略欠通顺,但却是学生真实情感的抒发。在孩子的眼中,打雷的声音像是狮子在生气大叫,小雨滴是开心地跳,地面成了"水琴"。这些都是孩子的视角,是孩子独特情感的自由喷发,连飞扬出来的文字都是带着体温的。

2. 思维的自由驰骋

学生是一个个鲜活的生命,他们都有贴着"个性"标签的思维和感受。在教学中,教师可以采用话题作文的形式,极大地展开习作的自由度,唤醒学生的写作热情。如围绕"小草"可以设计一系列习作话题:低、中年级可以写"美丽的草""我爱小草""假如我是小草""我变成了小草""小草的诉说"等;高年级则可以写"绿草颂""由草想到的……",以生活为圆心,结合小学生的年龄段特点,以话题作文的形式展开写作教学,能将学生的作文视野引向更广阔的天地,让学生的思维由"程式"走向自由。

3. 形式的自由发挥

传统的作文教学,学生的作文都是写到大、小作文本上的,写的也必须是一篇文从字顺、结构完整、主题鲜明的文章。然而,只要有利于真实表达作者的思想,形式是可以不拘一格的。如管建刚的《我的作文教学革命》,就是把作文训练融合在自编的《班级作文周报》中,作文就是在为班级写稿、轮流组稿、编稿、出报、读报……在这一系列的活动中,学生的作文能力得到了质的飞跃。其实,在QQ空间中写"说说"、编写绘本、在博客上写文章、在微信上发状态、办班级报纸、写广告宣传语等,也都可以是儿童写作的方式。这些新鲜的写作形式,从根本上改变了传统习作的枯燥、单一,使习作更贴近时代、贴近儿童,从根本上促进了"真实写作"的发生。

三、定调——童真童趣

中国式教育模式下,孩子听到最多的一句话恐怕就是"你要听话"。所谓的"话"里,固然蕴藏了成年人的生活经验和智慧结晶,但对于孩子来说,更多的只是意味着一种"解题公式"。至于孩子自己的话,多半是没有人愿意仔细倾听的,久而久之,孩子不仅没有了说话的欲望,甚至就连判断的能力也大打折扣。所以不少孩子,从小写作就有一股成人的味道,这种近乎"黑白"的表达与儿童世界的多彩是格格不入的。管建刚老师说:"拿起笔来说话,是捧起心灵的钥匙,开启心灵之窗,由此步入人的生命和精神的领域,进行心灵的对接与碰撞,直至冒出火来,流出泪水。"教学中,教师要引导学生用童眼看世界,用童心感受世界,将儿童习作拉回童真童趣的轨道,为孩子的诗意人生打好底色。

1. 激活童心童趣

崔峦介绍了两个例子,他认为这样的文章能让孩子得到写作的快乐。一个两岁零三个月的中国小孩,看了爸爸拿手电照东西,他随后说出了这样的诗:小手电,拿手上,我把开关打开了,啪,射出一个小太阳。崔峦说这个孩子是个诗人。一个孩子写了这样一篇日记:"下课了,同学们去厕所小便了,我看见有几个同学,把小便小到外面去了,我就对他们说,老师要你们把小便小在里面,不是小在外面。"崔峦说这些童言无忌的话语多么有趣啊。孩子说得不太好是正常的,教师不必为此烦恼,应鼓励孩子说自己的话才是最重要的。孩子就是孩子,不要让"有意义"毁了"有意思",孩子的这些真心话,有时当然很幼稚,但总比无病呻吟的成人化更有意义。

2. 尊重儿童语言

专家研究表明,孩子有两种语言,一是"正经话",一是"伙伴语言"。"正经话"是按照成人的意愿或学着别人说的话,往往比较成熟,缺乏孩子的灵性。而"伙伴语言",即孩子之间的悄悄话,它更生动、形象,更富有儿童的灵性。因此,教师要鼓励孩子在习作中多使用"伙伴语言",让作文多一点活泼的"孩子气"。此外,教师还可以引导学生在习作中引用一些新词,如"工匠精神""小目标"等,为孩子的习作注入具有时代感的新鲜血液。

3. 鼓励创意表达

出现无童趣作文的根本原因不是学生已经能够成人化,而是某些导向出了问题。语言是人类表达感情的工具,不同职业、不同年龄、不同性格的人都有自己的语言特色。小学生如何使用语言文字来准确表达自己的思想和感情,是教师指导学生作文时应该特别注意的问题。教学中,教师要鼓励学生"反弹琵琶",让学生运用逆向思维来发现别人看不到的东西,彰显习作的独特之处。请看下面这个案例:

老师组织五年级学生观看了一场中日足球比赛的视频。观看之后,要求同学们写一篇观后感。大多数同学看了足球比赛以后,写了比赛的精彩之处和比赛的失误,以及怎样避免类似的失误等。但有一个学生看到比赛现场,观众离开后留下很多垃圾,并以此为主题写了一篇习作,告诉人们不能随地、随手乱扔垃圾,要保护好环境。

在这个事例中,那位学生独辟蹊径,写出了别人没看到的东西,视角很独特,给人耳目一新的感觉,这就是创意的表达。创意表达就是有意识地引导学生去写一点新内容,抒发一点新感受,选材新颖一点,构思精巧一点,写法丰富一点,语言本真一点。这样,就能让学生在写作实践中展现童真和灵性。

四、素养高地：品读童年的色彩

【参考文献】

[1] 王荣生.写作教学教什么[M].上海:华东师范大学出版社,2014:77-79.
[3] 管建刚.我的作文训练系统[M].福州:福建教育出版社,2011:56-57.
[3] 李冲锋.交际语境写作:理论基础与情境创设[J].语文教学通讯,2016(33):4-8.
[4] 管建刚.我的作文教学革命[M].福州:福建教育出版社,2010:159.

(注:本文发表于《江苏教育》,2017年第6期。)

附：

躲在草丛里的星星

连云港市青口中心小学四(11)班　祁钰皓

一个美丽的夜晚,我吃完晚饭,拿着纸飞机在草地上玩。忽然,我隐约听到了一阵哭声,声音好像是从草丛里传来的。我拨开草丛一看,竟然发现了一颗闪亮的星星！

"你为什么在这儿？"我好奇地问星星,"你不应该在天上吗？"

星星伤心地回答："因为在我们星星的世界里,星星的亮度越高,它的地位就越高。我是一颗并不出众的星星。有一颗星星找到了我,在我跟前不停地闪呀闪,闪得我睁不开眼睛,一不小心,我就掉到这儿了。"

"让我来帮你吧！怎么做才能让你重新回到星空呢？"我说。

星星闪着微弱的光芒说："只要把我抛到高空中,我就能飞起来了。"

我找到猫头鹰,让它来帮忙送星星回家。猫头鹰回答："不行呀,我力气不够大,驮不动它。我们去找小猴子和长颈鹿吧,小猴子是一个爬树能手,也是一名运动健将,让它爬到长颈鹿的头上,把星星抛回星空吧。"

于是,我们找到了小猴子和长颈鹿,请求它们把星星送回家,它们爽快地答应了。只见小猴子拿起星星,"嗖"的一下爬上了长颈鹿的头顶,又往上一跳,用它强壮的臂膀把星星扔上了夜空,然后又来了个后空翻,完美地落地。

晚上,我看着浩瀚的星空,发现天上多了一颗星星,它不停地朝我眨眼睛,我猜那就是刚才送回家的那颗吧。

(指导教师:胡娟)

口语交际训练的"慢四步"

在语文教学中,重视对学生口语交际能力的培养,是《小学语文新课程标准》设定的要求,是学生语文素养形成与发展之必需。在教学实践中,我着重从"敢说、乐说、说对、说好"这四个步骤着手培养学生的口语交际能力。

一、营造学生"敢说"的和谐氛围

苏霍姆林斯基曾说:"人的内心有一种根深蒂固的需要——总感到自己是一个发现者、研究者、探究者,在儿童的心理世界中,这种需求特别强烈。"平时,学生往往自己在无主题时能说很多话,但当他们被要求围绕一个主题当众说话时,学生就产生了畏难心理。这时,就需要教师尊重和关爱学生,平等对待每个学生。教师必须从自身做起,牢固树立师生平等的意识,在言行、情感上与学生平等相处;同时在教学中注意让学生学会以放松的表情、自信的心态与人交流,扮演好学生学习过程中的引导者、组织者、参与者和欣赏者的角色。再者,也要教育学生尊重他人,认真听讲,不能挖苦嘲笑他人等,从而形成一种平等友好的师生关系,进而营造出民主、和谐的课堂氛围。在这种良好氛围里,学生可以轻松、自在、无拘无束地表达自己的想法和感受,敢于大胆地说。在实际操作过程中为切实做到师生平等,我一改以往举手回答问题的方式,允许学生在不打断其他同学讲话的前提下自由发言,即当学生有疑问、有补充或有感受时,不需等老师批准也可直接站起来说,说完就坐下。这样一来,课堂上,学生们思路畅通,发言踊跃。

二、创设学生"乐说"的交际情境

列夫·托尔斯泰说过:"成功的教学所需要的不是强制,而是激发学生的兴趣"。根据学生的心理、生理及年龄特点,在教学中,我重视创设情境,丰富学生口语交际的训练方式,激发学生兴趣,使学生乐说。

口语交际是听说双方的互动过程。教学活动应在具体的交际情境中进行。这种言语交际活动如果离开了特定的环境就无法进行。因此,口语交际教学应精心创设符合学生实际生活的交际情境,唯有如此,才能使学生有一种身临其境、似曾相识的感觉,情绪也会因此变得高涨起来,参与互动的主动性就会被激发出来,学习的动力才会增强,学生就会带着情感,怀着兴趣,走进交际情境,在生活化的场景中自主参与,去做进一步的体验。如苏教版小学语文二年级课文《买文具》中有这样的文字提示:你到商店买文具,都会说些什么?售货员会说些什么?教学时,只要让学生弄清这个话题的提示要求,分别让学生扮演顾客和售货员,按照问题的顺序,用说话带动作演起来,就可以进入互动状态。还有一次,我请同学们每人带一本最喜欢的书来,问大家:"你们谁的书好看,借我看看?"同学们顿时兴奋起来,纷纷把书往我手里塞,我笑笑说:"你们就这样借给我吗?我只能先看一本,要不你们先给我说说,我觉得哪本有趣,就先看哪本。"于是,胆大的学生就向大家介绍起了书的内容,还讲了自己为什么喜欢等等。我又走到一些内向的学生身边,表示出对他们的书较感兴趣,也请他们来说一说。紧接着我又发动学生相互借书。一节课下来,同学们不仅听到了很多书的大概内容,更重要的是他们都很愉快地完成了一次交流活动。

三、帮助学生建立"说对"的自信心

小学生内部语言的发展还处在起始阶段,有时举手要求发言后却不知所云,有时又"东一榔头西一棒"地重复、颠倒。因此,教师在对学生进行口语交际训练时不能过于苛责,应给予正确、鼓励性的评价帮助学生努力做到先想后说,想好再说,组织好自己的内部语言。心理学家指出,教师的爱是启发学生心灵的金钥匙,只有在教师充满爱的鼓励下,学生才会充满信心、朝气蓬勃、积极向上。教师在评价时要顾及学生的心理需求,以表扬、鼓励为主,激发学生智慧的火花与学习的兴趣,从而建立表达的自信心。同时,教师也应注意下放评价权,引导学生共同参与评价,形成师评生、生评生、生评师的和谐局面,让学生成为评价的主体。首先,要鼓励学生自我评价。通过自我评价来悦纳自己,拥有自信,懂得自己应该做什么,做得怎么样和怎样改进。其次,引导学生相互评价,让学生相互接纳对方,欣赏对方,发挥学生之间的交际、合作、互补作用。最后,还可以邀请学生家长参与评价,使口语交际学习与学生的生活实际联系起来。教师的一句溢美之词,同学的一句衷心赞美,家长的一句提醒鼓励,往往能调动学生积极表达的欲望。

四、引导学生掌握"说好"的小窍门

小孩子往往是"实话实说",心里怎么想就怎么说。这是由小孩子天真无邪的年龄特点决定的。从孩子的说话中,我们可以窥见他们的内心世界。在进行口语表达训练时,对于学生在说话时暴露出来的问题,我们不必大惊小怪,但也不能回避,而必须加以正确引导。引导时,应该以理服人,以情动人,让学生明是非懂道理,鼓励学生说真话,反对说假话,鼓励学生说出真情实感,说出自己的个性。我在教学中特别注意有意识地引导学生发表自己的新观点,谈一点新见解,说一点不一样的话,也就是鼓励学生说出个性。语言的个性化,往往体现了观察角度、思维方

式、表达方法的独特之处，这是学生形成创造能力的一个方面。提倡说出个性，当然并不是要把所有的学生都训练成文学家、演说家，也不必奢望所有的学生都能说出个性，而是借此培养学生独特的思维方式，在潜移默化的影响中，培养学生的创新精神。苏教版小学语文四年级下册教材中关于口语交际的一课是《陶罐和铁罐》，要组织好这个表演活动，重要的不是做头饰、配音乐，而是表演的内容。为了充分发挥学生的想象力，可以先针对陶罐和铁罐展开联想，如陶罐和铁罐说话时分别是什么语气？神态怎么样？除了这些还会说什么？然后让学生表演陶罐和铁罐的对话。孩子们的表演可能有些幼稚可笑，但只要他们愿意，就不要打搅他们，让他们充分展示自己的个性。我们的教学应当维护和发扬孩子们的这种天性。

　　培养学生的口语表达能力，不是一朝一夕的事，它是一个长期的过程，必须坚持不懈地努力。学生千差万别，必须因材施教，才能取得成效。这就要求我们必须积极地进行探索，认真研究学生和教材，经常进行教学反思，不断总结经验，同时辩证地吸收别人的成功经验，扎实进行"口语交际"训练。

　　（注：本文由本书作者与赣榆区实验小学王波老师合作完成，发表于《中国基础教育学刊》，2009年第11期。）

克服"顿读"现象的几点做法

苏教版新教材将朗读教学放在重要的位置，要求学生能正确、流利、有感情地朗读课文，但多次听课中，笔者发现许多学生（特别是低年级）存在顿读现象。一旦形成坏习惯，纠正起来是很困难的。因此，我们应从低年级学生初学朗读时就加强指导，采取行之有效的方法加以克服。

1. 指导学生词语连读。如第二册《春到梅花山》中"人们喜爱报春的梅花"一句，共有三处停顿，这时就要先指导学生把"人们""喜爱""报春的""梅花"几个词语读好，再进一步把"报春的"和"梅花"连读，这样连字成词，连词成句，读成"人们/喜爱/报春的梅花"。

2. 指导读好轻声字。有顿读现象的学生往往把轻声字如"的""地""得""着""了"等读成第四声（或第一声），应重视指导学生读好这些轻声字。如"蓝天是白云的家"中"白云的家"四个字连读，其中"的"要读轻些、快些，在"云"和"家"中间一带而过。

3. 找规律，诗歌类课文的朗读要帮助学生掌握节奏。如教学第二册《锄禾》和《雨点》时，要帮助学生学会比较和总结：五个字一句的诗歌，一般在第二个字后停顿，后三个字连起来读；七个字一句的诗歌，一般在第二个字后停顿一处，时间稍短，在第四个字后再停顿一处，时间稍长；七个字一句的诗歌的朗读节奏也有例外情况，如第一册《家》的句型为"XX 是 XX 的家"，在两个字后停顿一处，时间稍长，在"是"后面再停顿一处，时间稍短，后四个字连读。学生掌握了规律后，能举一反三，读好同类课文。

4. 培养学生用好语调。有些学生为了显示自己朗读时"感情充沛"，每个字读起来平均用力，一样的节奏，一样的响亮，继而出现了顿读。因此，始读时，老师要帮助学生定好语调，如第一册《种苹果树》与《小松树和大松树》等都是含有一定教育意义的叙事性课文，应让学生用一种娓娓道来的讲故事的语气读。文中孩子的问话、小松树自以为是的话，读起来声音高一些，节奏快一些；老人的话、风伯伯的话要读慢些，声音放低点。这样才会读出抑扬顿挫的语调，可有效地避免顿读。

当然，低年级学生初学朗读，诸如停顿、重音、语调等常常不易掌握，需要有一个循序渐进的过程,这就需要老师经常带读。老师带读,能够更直观地做出示范,使学生在不断地跟读过程中慢慢体会,不知不觉地形成抑扬顿挫的朗读习惯,成效卓著。

(注:本文由本书作者与赣榆区实验小学王波老师合作完成,发表于苏教版九年义务教育小学语文教材《实验研究》,2000年第2期。)

为学生起步作文铺路

【摘要】三年级是作文的起始年级,打好作文基础很重要。其中,引导学生阅读,丰富学生的积累是前提;然后从写实训练、写虚训练入手,逐步抓好习作指导,形成作文技能,同时实行积极的评价策略,增强学生的写作信心。

【关键词】作文;起步;指导

习作教学是从小学三年级开始的。对于三年级的命题作文,学生普遍感到困难。作文在起步阶段不顺畅,容易导致学生对之产生畏难情绪,从而丧失兴趣,直接影响到语文学习。那么,如何让学生的作文顺利起步?如何激发学生写作兴趣?这是三年级作文教学要关注的主要话题。

一、引导学生阅读,丰富他们的知识积累

著名教育家苏霍姆林斯基曾说:"30年的经验使我深信,学生的智力发展取决于良好的阅读能力,阅读的技能就是掌握知识的技能。"他反复向老师和家长们叮咛:"请记住,儿童的学习越困难,他在学习中遇到的似乎无法克服的障碍越多,他就越需要阅读!"

的确,课堂教学的作用是有限的,它只能教给孩子基本的学习方法,而最重要的,能够影响孩子一生的学习,则依赖于大量的课外阅读。有人曾请教过文学巨匠巴金关于写作的技巧,巴金回答说,他没有什么写作秘诀,不懂什么技巧,只因肚子里装下了三百篇文章。所以,苏霍姆林斯基强调"阅读的作用怎么说都不为过"。

很多家长谈到孩子对阅读不感兴趣,怎么办?其实,每个孩子不可能天生就对阅读感兴趣,他们更感兴趣的可能是动画片等电视节目,因为那是一种视觉和听觉的享受,是不需要动脑筋的。也正因为如此,培养他们的阅读兴趣和良好的阅读习惯是首要的问题,需要教师和家长的引领。教师可以在早读课留足时间指导学生阅读,读后让他们谈收获,可以是一个好词,一个好句,也可以是悟出的道理。对于学生的阅读反馈,教师要一一给予肯定,让他们感受到阅读带来的快乐体验。当然,开始要降低难度,读一些浅显易懂、生动有趣的文章。阅读题材要广泛,可以读童话故事、成语故事、寓言故事,也可以是学生自己的习作,还可以读科学家小时候的故事等。为了给学生打造一个展示阅读成果的平台,可以定期召开"故事会",评

选"故事大王",先让学生用几天时间熟读自选的一个故事,然后在家长面前练讲,再讲给全班同学听。孩子们在热烈的掌声中上台,又在教师热情的肯定中下台,从阅读中获得的成就感激起了他们的表现欲,激发了他们的读书兴趣。

读书习惯的培养贵在坚持。教师有必要把学生的阅读当成作业来布置,硬性规定每天中午至少阅读半小时,最好一小时。为防止个别学生懒散,教师可以请家长配合督促。开始时,学生把阅读当成作业来完成,久而久之,阅读便成了他们生活中不可缺少的东西,并逐渐形成一种良好的读书习惯。

就在这日复一日的阅读中,就在学生享受着文字带给他们的快乐中,那些词汇、段落、章法、结构就潜移默化地进入了学生的脑海中,出现在学生的口中、作文中。也许一段时间不能觉察,但如果坚持三年五载,一定会有所变化,学生们一定能"厚积薄发"!正所谓"劳于阅读,逸于作文",这就是书的营养。

二、扎实抓好习作指导,逐步形成作文技能

1. 写虚训练,为学生插上想象的翅膀

鲁迅曾惊叹于儿童的想象,他说:"孩子是可以敬服的,他常常想到星月以上的境界,想到地面下的情形,想到花卉的用处,想到昆虫的语言,他想飞上天空,他想潜入蚁穴。"小学低年级儿童正是借助于想象和幻想来理解他们生活的世界,研究和解释这个世界,用童话的方式来观察和解释世界,这些正是他们固有的特点。刚升入三年级的学生童心未泯,还在一定程度上保留着这些特征。在学生想象力发展的最佳阶段,老师可以做如下尝试:指导学生进行"童话创作",让他们在学习童话写作的过程中,丰富情感,放飞想象,提高语言表达能力。如续编故事《青蛙跳出井口以后》,根据提供的词语或图形编写童话;改编童话《狐狸和乌鸦新传》或自由创编童话。教师可运用虚拟的方法,为学生创设一个虚拟的情景,让学生通过想象走进一个未知的世界,从而获得一种新的情感体验。另外,还要培养学生的创新思维,如指导学生想象创作《假如我有了翅膀》《未来的交通工具》《二十年以后的我》《我的梦想》等。

2. 写实训练,让学生有一双善于观察的慧眼

一线教师大多认为作文难教。写实训练时,教师口干舌燥地指导,换来的却是学生的胡编乱造,千人一面:写人的都是"圆圆的脸,大大的眼",写事的都是为同学补课,或帮老大爷推车一类的,要不就是记流水账,干巴无味。原因何在? 其一,学生不会观察,"生活不是缺少美,而是缺少发现美的眼睛"。其二,生活单调,缺乏鲜活的生活体验。学生除了上课、作业、吃饭、睡觉外,很少参与其他活动,因此,学会观察,丰富生活体验,便是解决现状的当务之急。

(1) 素描训练,教给学生观察方法

众所周知,按照美术教学的经验,要画好人物,首先要通过"素描"来打好造型基础。同样,作文中要把人物和事件写好,第一步就应该让学生学会独立地观察和描写生活中的各个局部。上海师范大学吴立岗教授创建的小学作文素描教学,非常适合初学作文的三年级学生,因为学生的思维特点是从具体形象思维向抽象逻辑思维过渡,他们的观察能力迅速发展,观察的目的性、持续性、细致性、概括性有较大的增长,通过观察能比较正确、全面、深入地感知事物的特点。实践证明,中年级学生观察作文的最佳形式是素描训练,即以观察实物为途径,以片段和简短的篇章作为形式,将描写和叙述结合起来反映周围生活。

进行素描训练时,首先,必须教会学生掌握最基本的观察方法,如主次顺序法、方位顺序法、分析综合法等,使他们对所观察的对象或过程形成完整而丰富的感性表象。其次,必须指导学生进行重点观察,帮助他们从五光十色的感性表象中将典型表象"筛选"出来。例如,进行人物素描,应集中观察人物的动作、神态和语言,以理解人物的内心世界;进行叙事素描时,应集中观察事情"发展"和"高潮"部分的典型变化,以理解蕴含在事情中的思想意义;进行状物素描时,则应集中观察静物、景物和建筑物所具有的典型特征,以体会这些事物本身具有的美的价值。最后,教师还应该引导学生运用准确、鲜明、生动的文字去"强化"各种典型表象。

(2) 创生材料,拓宽学生写作题材,记录多彩童年生活

叶圣陶先生曾说:"习作的根源在于自身的生活。生活犹如源泉,文章犹如溪水,泉源丰盈而不枯竭,溪水自然活泼地流个不歇。"孩子自有孩子的生活,有他们的喜怒哀乐,有些事情看起来是微不足道的,但那也是生活啊!学生常感到无话可说,无事可写,因为他们往往对生活中的写作素材熟视无睹,明明有"米",却找不到,便"烧"不出香喷喷的"米饭"来。

作为引领他们起步作文的老师,可尝试进行一些"材料创生"活动,如让学生学洗碗、学炒菜、学种大蒜、学养金鱼、帮妈妈买菜、给奶奶洗脚……让学生亲自动手,亲身体验,这个过程应该充满乐趣,学生便找到了鲜活的生活素材。学生有不同的方法以及各自独特的感受,因此,习作也便实现了个性化。

游戏是深受学生们喜爱的活动,为丰富学生的生活体验,可以组织学生开展各种有益活动,如吹泡泡比赛、拔河比赛、抢板凳游戏、老鹰捉小鸡游戏等,在活动中提醒学生注意观察同学的表情、动作,记住自己的想法,并自觉、主动、愉快、投入地参与,这样能激发学生练笔的兴趣,为习作的成功奠定良好的生活基础。

电教媒体生动有趣的动态形象备受学生的青睐,作文课上可以充分发挥电教媒体的优势,模拟再现生活场景,指导学生学会观察,由说到写,先攻重点,再串全文,使作文教学更生动、直观,从而降低作文的难度,有效地调动学生习作的积极性。

三、正面鼓励评价,增强学生写作信心

苏联教育家赞科夫认为,作文评讲的目的,首先在于唤起学生对词的艺术的热爱,激起他们的写作愿望。我们在批阅学生起步作文时,应努力放大学生的作文优点,搜集学生在习作中用得好的词句,独到的观察、见解,个性化语言,以及文章里写到的好思想、好行为,然后在班上富有表情地朗读,通过声调来表现小作者们真实的感受和独到的见解,意在表扬和提倡。三言两语甚至文理不通的作文里,也许就有可取之处,也要及时指出,加以赞赏。为激发学生的写作积极性,可以定期举办优秀习作展览,有条件的学校、班级要办好作文小报,把优秀习作刊登在小报上,从而鼓舞学生坚定这样的信念:我以后能写得更好!这样就激活了他们的写作欲望,使他们爱写作,不再"谈文色变"。

(注:本文由本书作者与赣榆区实验小学王波老师合作完成,发表于《新作文教育教学研究》,2007 年第 10 期。)

附:

天福

连云港市青口中心小学三(1)学生　尚紫陌

今年吃年夜饭时,奶奶望着满桌的美味佳肴感叹地说:"现在咱们都享天福了!"我好奇地问:"什么是天福?"这一问唤起了奶奶的记忆,我们一家人边吃饭边听奶奶讲那过去的事情。

奶奶说她小时候饿啊!那时候家里人口多,收成又不好,别说吃鱼肉了,连肚子都填不饱。春天的时候挖野菜配着吃,秋天的时候主要吃地瓜,但是也要省着吃,否则一到冬天就只能喝瓜干水了。记得有一次,家里实在没得吃了,奶奶的奶奶就回娘家讨吃的。娘家也不富裕,只有一些坏了的地瓜,奶奶也带了回来,磨成糊糊烙成煎饼。我问奶奶:"好吃吗?"奶奶说:"苦呀!苦得难以下咽!没办法,只能扁扁舌头闭上眼睛咽下去了,总比饿着肚子好啊!"爷爷补充说:"后来家里种了不少胡萝卜,就一天三顿胡萝卜,用白水煮,吃到想吐。我现在看见胡萝卜还反胃呢!"

听了爷爷奶奶的话,我和姐姐都沉默了。

接着,奶奶又说起了她小时候穷,穷到一家人只穿一条裤子,没有钱上学,没有钱看病……"现在啊,你们不仅有吃有喝,还能坐在宽敞明亮的教室里读书学习,真是享了天福喽!"

我又一次天真地问道:"那天福是从哪里来的呀?"

"共产党给我们的呀!"爷爷接过话头说,"没有共产党就没有新中国,没有新中国,就没有今天的美好生活!"

爷爷的话我听懂了。今天的美好生活,是中国共产党带领人民创造的人间奇迹。我们是长在红旗下的幸运儿,今天的和平仍然是一代代共产党人用生命捍卫的!我深知今天的幸福生活来之不易,我们一定要好好学习,争取早日成才,为祖国的繁荣富强贡献力量!

(注:本文发表于《赣榆教育·读写月报》,2023年2月28日第三版,指导教师:卢华玲。)

外化于"形" 内化于心

——多媒体辅助教学促进感悟例举

在日常教学中恰当使用多媒体,凭借多媒体课件形、声、色俱备的优势,可有效帮助学生感悟语言、激发情感,从而提高课堂教学效益。

一、用形象感悟语言

低年级学生偏重于形象思维,而抽象的语言文字可以通过多媒体的形象展示,为学生提供直观的表象,从而有效地感悟语言。如《美丽的丹顶鹤》第二自然段描写了丹顶鹤的颜色美,教学中,可先让学生读通课文,对丹顶鹤的色彩美有了初步的感知后,再播放素材库中关于《洁白的丹顶鹤》的一段录像,一只只鲜活的丹顶鹤呈现在学生面前,这时再让学生对照着这些可爱的丹顶鹤自读本段课文,抽象的语言文字便在学生的头脑中产生了生动直观的形象,学生能确切地感受到丹顶鹤的颜色美,继而把文中语言变为自己的"内存"。再让学生上台指着图介绍丹顶鹤的颜色美,他们简直就是一个个解说员。于是,背诵本段课文的任务随之迎刃而解。

第三自然段中"高雅"一词非常抽象,学生很难理解,这时也可以通过播放丹顶鹤录像,让学生在观看中仔细体会,从而突破了"丹顶鹤不论是在地上引吭高歌,还是在天上展翅飞翔,都显得那么高雅"这句话在理解上的难点。

第四自然段中介绍了黄海之滨是丹顶鹤的第二故乡,那么"第二故乡"是什么意思?丹顶鹤的第一故乡又在哪儿呢?为解决学生的这些疑问,可以借助多媒体课件辅助教学,先展示我国版图,用箭头指向黑龙江省扎龙地区,告诉学生这儿便是丹顶鹤的故乡。然后,箭头南"飞"至黄海之滨盐城,点击出"第二故乡"的文字,告诉学生冬天快要到了,丹顶鹤就会飞到盐城自然保护区,它们在这儿度过整整一个冬天,所以,这儿便是它们的第二故乡,同时用动画展示丹顶鹤从故乡飞向第二故乡的情景,学生会感到直观易懂。

二、激发学生内心情感

有些课文中描写的生活场景,因年代的久远,或在生活中学生根本无法接触到,文中所蕴含的情感学生便难以体会。生活在和平年代的学生们对反映战争的内容无法理解,如有的学生在观看敌我战争的影片后,竟说:"一个叔叔把另一个叔叔打死了。"敌我不分。教学此类文章,可运用多媒体创设情境,激发情感,在此情此景中,达到"物我合一"的境界,让学生、教师和作者三颗心一起跳动。

如教学《歌唱二小放牛郎》一文,初读时可播放素材库中《王二小》的动画片,让学生先整体感受这个动人的故事,铺垫学习本文的情感基调。看着动画片,学生的脸上会慢慢写着"感动"二字。细读课文时可通过播放一些图片,让学生了解到日军在侵华战争中对中国人民犯下的滔天罪行。随着老师对一个个镜头的动情解说,学生心中激起了对日军的仇恨。再结合朗读训练,让学生透过语言文字,体会到王二小带路的勇敢和机智,读着敌人凶残杀害王二小的语句,学生心中再次掀起对敌人的无比憎恨和对小英雄的崇敬惋惜之情。带着这强烈的民族仇恨和满腔的爱国之情,适时地教育学生懂得"落后就要挨打",要牢记祖国这段屈辱的历史,发愤学习,将来把祖国建设得更加繁荣富强。最后,让学生起立,面对着屏幕上的小英雄,在《歌唱二小放牛郎》的歌声中,以缅怀之情,把最崇高的队礼献给小英雄。这样,通过多媒体辅助教学创设的情境,把学生的语文学习带到了一个理性的高度。

可见,多媒体的使用可以变无声为有声,变抽象为形象,变那情那景为此情此景,创设情境,渲染气氛,丰富学生感受,以此辅助教学,的确能起到事半功倍之效。

要把握好学法指导的"度"

新课程标准倡导"自主、合作、探究"的学习方式,在实践中对应地衍生出了各种各样的学习方法,其中许多方法的运用促进了学生智力的开发、能力的发展,使学生学会了学习。学法指导作为重要的环节,已经成为教学研讨、集体备课的一个热点,这是课改的重大突破。然而,一线课堂教学中的学法指导不同程度地出现了一些偏颇,具体表现在学法指导的"度"上把握不准,有必要探讨一下。

一、要把握好学法指导的"尺度"

教学中,有些教师把学法指导的作用夸大了,不顾教学的实际情况,用学法代替教学,特别是有的高年级教师,把语文课上成学法指导课。这是学法指导"越位"的表现。

因此,正确把握学法指导的尺度就要处理好以下三种关系。

(1) 正确处理教法与学法的关系。根据系统论的观点,教学过程是一个由教与学双方活动融合而成的系统。教师的教与学生的学是构成教学活动的最起码的条件。首先,教法对学法有着制约和影响作用。优良的教法能促进学生良好学法的形成,并能提高学法的质量。教学中不乏这样的例证,学生有些有效的学法是直接从教师具有示范价值的教法中转化而来的。其次,教法也受学法的制约。"以学论教"的传统观点正说明了这种制约关系的存在。因为判定一种教法的优劣,主要看其教学效果,而影响教学效果的因素又是多方面的,其中学法是关键。因此,教法和学法不是对立的,而是辩证地统一在同一教学过程中,从而共同提高教学效率。

(2) 正确处理整体与局部的关系。恩格斯指出:"宇宙是一个体系,是各种物体联系的总体。"(《自然辩证法》)语文教学活动是一个有系统、有层次、多元性构成的整体。从系统看,包括字、词、句、篇;从能力系统看,包括听、说、读、写;从思想系统看,包括德、智、体、美;从动力系统看,包括兴、情、意、习;从方法系统看,包括读、议、讲、练;从管理系统看,包括备、教、批、改、考、研、评等。总之,语文教学活动是一个具有横向、纵向、立向联系的三维立体结构。因而必须用整体的观点、系统的观点来研究学法指导,不能把学法指导的研究从这个系统中分割出来而孤立地进行,还应注意诸因素之间的相互联系,相互促进,形成一个有机整体,从而达到教学目标的最优化。

(3) 正确处理学法指导与语文教学之间的关系。语文教学最大的特点就是工具性与人文性的统一,其基本目标包括:知识与能力、过程与方法和情感、态度、价值观,因此,学法指导是融会在语文教学之中的,是根据教学任务以及教情、学情,有机和谐地渗透的,既不能喧宾夺主,又不能浅尝辄止。

二、注意学法指导的"准度"

一篇文章的学法指导可能包含许多方面,即语文学法指导的"多元性"。教学时,不能面面俱到,眉毛胡子一把抓;必须明确学法指导的指向性,突出重点。在制定每篇课文学法目标时,要细致、集中、恰当,尤其要注意操作和评价的可能性。例如,有位教师制定的《草船借箭》一文的学法目标为"围绕重点词句,联系上下文读懂课文",这就显得过于笼统,学生无法据此操作,教后对目标的达成度也很难评价。如果改为"在整体感知课文内容、弄清草船借箭的起因和结果的基础上,切入重点段,找出'神机妙算'与其他词语之间的内在联系,把握文章的主旨,从中学会围绕重点词句联系上下文读懂课文的方法",这就便于学生操作学习了,评价学习效果也就有依据了。这就是学法指导的"准度"。

那么如何优化学法指导目标的准度呢?这需要体现新课标精神,突出每篇课文特点,考虑学生的认知规律,依据课文类型、文章体裁、施教内容的不同,实现一法为主,多法为辅,互相渗透,融为一体。比如:

(1) 情节感人的记叙文,可把感情朗读、品味欣赏作为学法指导的目标。

(2) 层次段落清晰、故事性强的课文,应当考虑把概述、复述、讲故事作为学法目标。

(3) 学生自己能读懂的课文,可得训练独立阅读作为学法指导的目标。

(4) 语言含蓄、内容较深的课文,可将训练创造思维作为学法指导的主要目标。

(5) 关于常识性的说明文,主要是训练学生自己去发现特点,课堂教学可采取讨论的方式。

(6) 表现优秀人物的课文,要考虑把学会分析、评价作为学法训练的重点。

(7) 写景或有大段景物描写的课文,学法目标应考虑定在训练联想上。

(8) 诗歌,主要是学习朗读吟诵、展开想象、弄懂含义的方法。

三、重视学法指导的"效度"

"效度"是统计学概念,是一个工具能够测出其所要测的东西的程度。语文学法指导的"效度"是指教师进行学法指导获取成功的程度。重视"效度"实质上就是最大限度地发挥语文课固有的优势,使学法指导功能的各项任务落到实处。

要想使学法指导具有更高的实效性,要想真正大面积、大幅度地提高学生的学习质量就必须发展学生的积极的心理因素。学生的学习是由认识系统、智能系统、动力系统组成的复杂的心理过程。学法的掌握不光是认知的问题,还要有智力活动,还需要非智力因素的参与。假如学生对学法没有自觉掌握的愿望,兴趣索然,情感淡漠,意志薄弱,学法的内化吸收就不大可能实现。要知道,自求才能自得,学习动力是掌握学习方法的心理保证。所以,教师在学法指导中,见法要见人,尤其要重视诱发学生领悟学法的兴趣,激发他们运用学法的情感,锤炼掌握学法的意志。这三个动力因素的参与会使学生在掌握学法的全程中始终学而不厌、乐而不疲、难而不怯。所以加强学生非智力因素的培养、提高,是促进学法指导效度的重要途径。具体讲就是要加强以下四个方面的培养。

(1) 培养学生正确的学习动机。学习动机是直接推动学生进行各种学习活动,以达到一定目标的内在动力,它在由各种动力因素组成的非智力因素系统中起着主要的动力作用,它是非智力因素的核心内容,它能把学生的全部精神力量发动起来,进行卓有成效的学习。所以很多优秀教师都非常注重激发学生的学习动机并以此作为教学的第一步。同样,教师在教给学生学习方法之前,也要有意识地激发学生掌握学习方法的动机。正如有位教育家所说:如果孩子没有学习的愿望,我们的一切想法、方案、设想都将化为灰烬,变成木乃伊。

(2) 培养学生浓厚的学习兴趣。从生理角度上讲,兴趣是学习的驱动力。学习兴趣是学生力争认识某种学习对象并参与某种学习活动的倾向和动力,是学习积极性中最现实、最活跃的因素,是课堂教学中推动学生探求知识的一种"激发剂"。有了兴趣,就可以使人入迷,更可以使人心甘情愿地克服重重困难去实现理想;倘若没有兴趣,也就难以使人追求,难以唤起人们学习的主动性。所以,教师不可忽视学生兴趣的培养。正如苏霍姆林斯基所说:"没有兴趣就没有发现,就没有才能和爱好,就没有活的灵魂,就没有人的个性。"

(3) 培养学生坚强的学习意志。学习意志是指学生在学习过程中,自觉调节自己的行动去克服困难以达到预定目的的心理过程。良好的学习意志品质是指对学习具有坚持性、自觉性、顽强性和自控性,它是保证学习过程顺利进行的重要心理条件。学习过程是一种复杂而艰苦的劳动,总会遇到很多的困难,这就需要做出一定的努力。如果没有坚强的意志,不但会使学生的学习半途而废,而且还会影响智力水平的发挥和智力活动的顺利进行,正如墨子所说:"志不强者智不达。"

(4) 培养学生良好的学习习惯。习惯对于提高学生学习效率、保证学习活动的顺利进行是至关重要的。不少学生学习方法不当、成绩低下的主要原因就是在于缺乏良好的学习习惯。习惯有优劣之分。优良的习惯可以保证一个人在一定的情况下,自动地进行一系列有关的动作。优良的学习习惯对于学习活动有着重大的促进作用。要彻底根除影响学习的不良习惯,如不注意选择学习环境;书籍、文具从不整理,丢三落四;不愿动手动笔,不善于独立思考和分析问题以及不愿预习、不及时复习;等等。要积极地在学习实践中领略学习的乐趣,当学生一旦体会到学习的乐趣时,就会巩固优良习惯,减弱不良习惯,保证学习活动的顺利进行。正如叶圣陶先生所说:"养成了良好的习惯,做人做事才能得心应手,好的态度才能随时随地表现,好的方法才能随时随地应用。"

总之,我们在语文教学中,进行学法指导,不但要把握"尺度",还要注意"准度",更要重视"效度",只有这样,学法指导才能走出误区,改变高耗低效的现状。

(注:本文发表于《中国教育技术装备》,2008年第5期。)

附录：

选青书院赋

文/李震

书院始于唐，兴于宋。而后弦歌相萦，学脉继承。岳麓拥翠，嵩阳飞甍；武夷传道，象山澄明；守仁布道，东林鹤鸣。学者焕彩，名士生风。

石刻

延至有清，赣榆励精。贤达献资筹募建，前宫定址赋昌明；选青书院，应运而生。健者首选，人两平行；中井会意，心独丹青。青山不老，俊彦有声。闻鸡起舞，酬志追梦；枕书待旦，格物用情。云影伴海浪，赣榆启蒙昧以布道；天光飞山峦，青口开儒学而传经。

咸丰捻军毁学，学统中断；同治许周出资，弦歌再传。结伴常瞻孔圣之像，同学可效仁德之贤。会文堂吟诵琅琅谱新韵，肄业所茂才济济结学缘。南通才子驰骋幕府六载位山长，齐鲁大区绍述儒林一朝中状元。

旧址易名，新建小学。书院不在，中断史河。追忆先贤精瑞，常思祥云画阁。三两同道，志在惠风平畴；七八团队，情聚良苗韵歌。再注选青之名，暂凭存诚以学。虽无红墙碧瓦,而有春阳秋果。立德树人,再传薪火;扬统铸魂,辈出新我。

  赞曰:百年书院,再续道统;

     有我选青,学运昌隆;

     九皋鹤唳,一举扬名;

     黉门蕴秀,高斋雄风。

  (注:李震,三级教授。先后担任江苏省人民政府督学和江苏省人民政府教育督导委员会专家组成员。系享受国务院特殊津贴专家、江苏省中学语文特级教师。)